本书由
中央高校建设世界一流大学（学科）
和特色发展引导专项资金
资助

中南财经政法大学"双一流"建设文库

创 | 新 | 治 | 理 | 系 | 列

"权利与权力"框架下正当防卫制度研究

郭泽强 著

长江出版传媒
湖北人民出版社

图书在版编目(CIP)数据

"权利与权力"框架下正当防卫制度研究 / 郭泽强著.
武汉：湖北人民出版社, 2019.12
ISBN 978-7-216-09951-6
Ⅰ.权… Ⅱ.郭… Ⅲ.正当防卫-司法制度-研究-中国 Ⅳ.D924.04
中国版本图书馆CIP数据核字(2020)第018568号

责任编辑：余兆伟
封面设计：陈宇琰
　　　　　张　弦
责任校对：范承勇
责任印制：肖迎军

"权利与权力"框架下正当防卫制度研究
QUANLI YU QUANLI KUANGJIAXIA ZHENGDANG FANGWEI ZHIDU YANJIU

郭泽强 著

出版发行：湖北人民出版社	地址：武汉市雄楚大道268号
印刷：武汉首壹印务有限公司	邮编：430070
开本：787毫米×1092毫米　1/16	印张：15.5
版次：2021年5月第1版	印次：2021年5月第1次印刷
字数：258千字	插页：2
书号：ISBN 978-7-216-09951-6	定价：64.00元

本社网址：http://www.hbpp.com.cn
本社旗舰店：http://hbrmcbs.tmall.com
读者服务部电话：027-87679656
投诉举报电话：027-87679757
（图书如出现印装质量问题，由本社负责调换）

总 序

"中南财经政法大学'双一流'建设文库"是中南财经政法大学组织出版的系列学术图书,是学校"双一流"建设的特色项目和重要学术成果的展现。

中南财经政法大学源起于1948年以邓小平为第一书记的中共中央中原局在挺进中原、解放全中国的革命烽烟中创建的中原大学。1953年,以中原大学财经学院、政法学院为基础,荟萃中南地区多所高等院校的财经、政法系科与学术精英,成立中南财经学院和中南政法学院。之后学校历经湖北大学、湖北财经专科学校、湖北财经学院、复建中南政法学院、中南财经大学的发展时期。2000年5月26日,同根同源的中南财经大学与中南政法学院合并组建"中南财经政法大学",成为一所财经、政法"强强联合"的人文社科类高校。2005年,学校入选国家"211工程"重点建设高校;2011年,学校入选国家"985工程优势学科创新平台"项目重点建设高校;2017年,学校入选世界一流大学和一流学科(简称"双一流")建设高校。70年来,中南财经政法大学与新中国同呼吸、共命运,奋勇投身于中华民族从自强独立走向民主富强的复兴征程,参与缔造了新中国高等财经、政法教育从创立到繁荣的学科历史。

"板凳要坐十年冷,文章不写一句空。"作为一所传承红色基因的人文社科大学,中南财经政法大学将范文澜和潘梓年等前贤们坚守的马克思主义革命学风和严谨务实的学术品格内化为学术文化基因。学校继承优良学术传统,深入推进师德师风建设,改革完善人才引育机制,营造风清气正的学术氛围,为人才辈出提供良好的学术环境。入选"双一流"建设高校,是党和国家对学校70年办学历史、办学成就和办学特色的充分认可。"中南大"人不忘初心、牢记使命,以立德树人为根本,以"中国特色、世界一流"为核心,坚持内涵发展,"双一流"建设取得显著进步:学科体系不断健全,人才体系初步成型,师资队伍不断壮大,研究水平和创新能力不断提高,现代大学治理体系不断完善,国际交流合作优化升级,综合实力和核心竞争力显著提升,为在2048年建校百年时,实现主干学科跻身世界一流学科行列的发展愿景打下了坚实根基。

习近平总书记指出:"当代中国正经历着我国历史上最为广泛而深刻的社会变革,也正在进行着人类历史上最为宏大而独特的实践创新。……这是一个需要理论而且一定能够产生理论的时代，这是一个需要思想而且一定能够产生思想的时代。"①坚持和发展中国特色社会主义，统筹推进"五位一体"总体布局和协调推进"四个全面"战略布局，实现"两个一百年"奋斗目标、实现中华民族伟大复兴的中国梦，需要构建中国特色哲学社会科学体系。市场经济就是法治经济，法学和经济学是哲学社会科学的重要支撑学科，是新时代构建中国特色哲学社会科学体系的着力点、着重点。法学与经济学交叉融合成为哲学社会科学创新发展的重要动力，也为塑造中国学术自主性提供了重大机遇。学校坚持财经政法融通的办学定位和学科学术发展战略，"双一流"建设以来，以"法与经济学科群"为引领，以构建中国特色法学和经济学学科、学术、话语体系为己任，立足新时代中国特色社会主义伟大实践，发掘中国传统经济思想、法律文化智慧，提炼中国经济发展与法治实践经验，推动马克思主义法学和经济学中国化、现代化、国际化，产出了一批高质量的研究成果，"中南财经政法大学'双一流'建设文库"即为其中部分学术成果的展现。

文库首批遴选、出版两百余册专著，以区域发展、长江经济带、"一带一路"、创新治理、中国经济发展、贸易冲突、全球治理、数字经济、文化传承、生态文明等十个主题系列呈现，通过问题导向、概念共享，探寻中华文明生生不息的内在复杂性与合理性，阐释新时代中国经济、法治成就与自信，展望人类命运共同体构建过程中所呈现的新生态体系，为解决全球经济、法治问题提供创新性思路和方案，进一步促进财经政法融合发展、范式更新。本文库的著者有德高望重的学科开拓者、奠基人，有风华正茂的学术带头人和领军人物，亦有崭露头角的青年一代，老中青学者秉持家国情怀，述学立论、建言献策，彰显"中南大"经世济民的学术底蕴和薪火相传的人才体系。放眼未来、走向世界，我们正以习近平新时代中国特色社会主义思想为指导，砥砺前行，凝心聚力推进"双一流"加快建设、特色建设、高质量建设，开创"中南学派"，以中国理论、中国实践引领法学和经济学研究的国际前沿，为世界经济发展、法治建设做出卓越贡献。为此，我们将积极回应社会发展出现的新问题、新趋势，不断推出新的主题系列，以增强文库的开放性和丰富性。

"中南财经政法大学'双一流'建设文库"的出版工作是一个系统工程，它的推进得到相关学院和出版单位的鼎力支持，学者们精益求精、数易其稿，付出极大辛劳。在此，我们向所有作者以及参与编纂出版工作的同志们致以诚挚的谢意！

因时间所囿，不妥之处还恳请广大读者和同行包涵、指正！

中南财经政法大学校长

---

① 习近平：《在哲学社会科学工作座谈会上的讲话》，2016年5月17日。

序

正当防卫是刑法中的一项重要制度，在1997年刑法修订时，就被列为十大焦点问题之一，而2009年湖北恩施巴东县发生的邓某娇刺死邓某大案、2016年山东聊城发生的于某案以及2018年江苏昆山发生的于某明正当防卫案等案，正当防卫屡次成为公众关注的焦点。这些案件发生后，人们通过不同的渠道发表自己的观点，或认同或存疑。然而从专业人士的视角来看，法律制度却是不能过于感性的，否则就不能有效发挥其调节各种社会关系、平衡各种利益冲突的功能。尤其是经历了久远的历史沿革以后，正当防卫制度已完成了从个人本位到社会本位的嬗变，其内涵也从过去纯粹的以暴制暴转化为相互协调的多元的法律价值追求。因此，在当下法治社会里，为了促进人类文明的进步，正当防卫制度的适用既要照顾到防卫人的权益，也要考虑到被防卫人或者不法侵害人的利益。

需要指出的是，上述案件只是涉及正当防卫界限的若干案例的一个缩影，实际上，现实中类似的情况尤其是民众在遭遇抢劫后开车撞死撞伤逃跑的犯罪嫌疑人的案件时有发生，而且在如何处理问题上也都不无争议。民众与媒体对此也反应不一，有的认为这种以暴制暴之举实不可取，有的则认为司机驱车撞犯罪嫌疑人是正义的，不应追究刑事责任。由此看来，正当防卫的实际界限并不是那么十分清楚的。

司法实践中的种种问题，使得学者们在理论上多年来一直较为青睐正当防卫制度。有关正当防卫主题的学术论文，可谓汗牛充栋。但就我接触的信息来看，目前我国刑法理论界对于正当防卫的专门论著，只有4本：1987年陈兴良教授出版的《论正当防卫》（中国人民大学出版社）一书是新中国第一本关于正当防卫的专著；而后，1988年周国钧、刘根菊编著的《正当防卫的理论与实践》（中国政法大学出版社）和1988年姜伟编著的《正当防卫》（法律出版社）基本上是以实务为主的著述；最后一本是武汉大学的彭卫东博士出版的《正当防卫论》（武汉大学出版社），这是刑法修订后唯一一本以正当防卫为主题的专著。当然，在其他一些学者以正当行为为选题撰写的著作中，也用较大篇幅论及正当防卫问题，这样的书如王政勋教授2000年出版的《正当行为论》、田宏杰教授2004年出版的《刑法中的正当化行为》。这些著作都很有价值，不过在我看来，相对于立法上对于正当防卫制度的精心设计，以及实务中出现的较多涉及正当防卫问题的困惑，目前的研究尚有待进一步深入。

　　本书作者郭泽强于1998年9月进入当时的中南政法学院攻读刑法学研究生后，由我担任其责任导师。泽强入校后，刻苦勤奋，敏而好学，显示出了对学术研究极为浓烈的兴趣。1999年我受邀请参加研究生"青年刑法论坛"一个活动，泽强作为演讲人，重点谈了特殊防卫权的价值和意义，尽管有些观点现在看来不是那么成熟，但他对《刑法》第20条中3个条款的逻辑关系界定让在座老师和学生都有耳目一新的感觉。论坛结束后，我就告诉泽强，其实他可以继续沿着这个话题走下去，他当时并没有表态。不过，一个月后，当泽强把一篇洋洋洒洒近1.8万字的《〈刑法〉第20条第3款性质的反思》一文置于我案头的时候，我才知道他选择了以默默耕耘的方式回应我的提议。后来，那篇文章发表在《法学家》杂志上。泽强撰写论文期间，恰逢学校处于重大机构调整中，我从原来的中南政法学院法律系调整到新组建的中南财经政法大学法学院工作，当时工作千头万绪，确实有点疲于奔命的感觉。可泽强总有办法，把我给"挖"出来，不是趁着会议间歇向我提一些问题，就是追到我的本科课堂，等我下课后"护送"我回办公室，以便利用路上的工夫讨论点想法，甚至有时为了要搞清楚一个小难题守候在我家楼下很长时间。功夫不负有心人，2001年，泽强提交的8万字的硕士论文《论正当防卫制度》，以全优的成绩通过硕士学位论文答辩。作为他的导师，我深感欣慰。当然，故事到此并没有结束，因为如果泽强停止继续前进的脚步，也许我就没有理由在今天再提这些陈年旧账了。令人更欣喜的是，他并没有就此罢手，而是继续执着于这一课题。硕士毕业后，泽强以优异的成绩考入中国人民大学法学院，师从我国著名刑法学家王作富老先生攻读博士学位。尽管在读博期间，泽强将学位论文选题定位于刑法主观主义研究，但他也没有舍弃对正当防卫的关注和研究，连续发表了多篇有见地的以正当防卫为主题的高质量学术论文，获得学界的较好评价。博士毕业后，泽强顺利进入武汉大学法学院博士后流动站从事研究，他利用所收集的丰富文献资料，又进一步对正当防卫进行了探索。今年暑假期间，泽强兴奋地告诉我，他的正当防卫研究一书，已经纳入一流学科建设资助计划，我由衷为他高兴，所以欣然应允为他的新作写点随想。现在读者看到的这本书，和10年前他撰写的硕士论文，已经有了较大的变化。与国内已出版的两本同一主题的专著相比，尽管这本书可能还有诸多不足，比如在论述技巧和火候上都尚待提高，但我以为他所撰写的新著也有一些独到之处。

首先，视角新颖，勇于拓展。之所以对于一个小问题能有如此深入的论述，在我看来，与作者独具匠心的思路有关。例如"权利与权力"本来是法理学研究的范畴，作者将它们带到刑法中的正当防卫制度里，进行为我所用的论述，在国内此种视角尚不多见。当然，泽强的勇于创新之处，俯拾皆是。譬如从行为无价值和结果无价值以及人权保障等角度来分析正当防卫的有关问题等论述，都给人耳目一新的视觉冲击。

其次，论述系统，逻辑严谨。仅就一个《刑法》第20条第3款，该书就大约着墨近3万字。能论述得如此深入全面，显示了作者多年来一直关注此问题的毅力，以及一定的研究功力。另外，泽强特别注意文章的逻辑性，论述环环相扣，娓娓道来，内容层层推进，由此及彼，其中既有宏观的法理阐述，中观的制度剖析，又有微观的理论应用，因此使人开卷后便产生一种不忍割舍、不读不快的冲动。

最后，深入浅出，"雅俗"同赏。正当防卫作为刑法中一项重要的制度，其理论含量是相当高的，当中所蕴涵的价值与利益的冲突和平衡因而也并非能很容易地表达清楚，就读者而言理解起来恐怕更为困难。泽强为此在语言上花了不少气力，在不影响理论深度的情况下强化其可读性，特别是借助一些图表和具体的案例辅助来说明其深刻的道理，使得普通读者读起来不觉乏味，专业人士看进去又能激起火花。我相信，这也必将在很大程度上唤起读者的广泛共鸣与互动。

"板凳要坐十年冷，文章不写一句空"，这是我过去做学生时老师学长常耳提面命的一句话，后来我也总是用来提醒年轻学子们。泽强看来是将这话铭记在心中了。古语云："十年磨一剑"，从当初确立深入研究正当防卫的目标，到今天研究成果即将付梓出版，经历了整整十七载，我希望并由衷相信这"潜伏"十七年的"亮剑"，会不同凡响。同时，作为泽强以前硕士期间的导师和现在的同事，我也衷心地期盼他能继续在学术研究的长河中不懈探索下去，为我校的法学学科"双一流"建设，为中南地区的刑法学振兴，为中国的法学研究事业，贡献自己的聪明才智。

齐文远[①]
2019 年 8 月 1 日于江城寓所

[①] 法学博士、中南财经政法大学刑事司法学院教授、博士生导师，中国法学会刑法学研究会副会长。

前　言

刑法学研究长路漫漫，历经二十余年，一路有妙笔生花的"激滟金波"，也有苦苦探索的"满地霜华"，本人也从最早的热爱之"初心"锤炼成如今的严谨之"匠心"。其中，唯有对正当防卫的研究，始终秉持"恒心"，纵"十年磨一剑"却甘之如饴。哈耶克曾言："在社会演进中，没有什么东西是不可避免的，使其成为不可避免的是思想。"[①] 我以为，在刑法学研究中，如果有什么不可避免的，那就是对正当防卫理论的不断求索。

第一，正当防卫是理论的试金石，判断一个学者是什么立场或者学派，最简单的是让其论一论正当防卫，一试便知。首先，在逻辑体系上，正当防卫是犯罪构成四要件和犯罪阶层论必争之地。其次，对于偶然防卫的处理结论，是判断一个学者是行为无价值论者和结果无价值论者的分野所在。基于刑法中的正当防卫制度在我国耦合式犯罪构成体系中的尴尬地位，学界就犯罪构成体系与刑法中的正当防卫制度等的关系模式展开了较为深入的存改之争，并由此形成了以刑法中的正当防卫制度为代表的排除犯罪性的事由是否应当纳入犯罪构成体系中的争论。对上述争议，目前存在"肯定说"和"否定说"两种见解。"肯定说"主要是有德日留学背景的学者为多，他们认为，犯罪构成是犯罪成立的唯一根据，须将刑法中的正当防卫制度等置于犯罪构成体系之内解决。而只有对中国的犯罪构成体系进行较为彻底的改造，才能在中国的犯罪构成体系中为正当防卫制度等找到一个合理的结构化位置，这既是犯罪构成理论自身完善的需要，也是阻却犯罪事由理论自身发展的要求。经过改造后的犯罪构成体系，对于阻却犯罪事由的考察成为司法人员认定犯罪过程中的一个不可或缺的结构化思维过程，从而有效发挥犯罪阻却事由在保证正确处理案件、保障公民合法权利方面的功能。而"否定说"主要是传统派，他们坚持传统四要件的观

[①] ［英］弗里德里奇·哈耶克著，谭爽译：《通往奴役之路》，京华出版社2000年版，第59页。

点。①"否定说"不赞成将刑法中的正当化行为纳入犯罪构成体系之中，但具体见解存在着相当大的差异。例如，有学者虽然认为刑法中的正当化行为应当置于犯罪构成体系之外解决，但却并不赞同维系现行的耦合式犯罪构成体系，而是力主对其加以改造；而另有学者却是出于维护现行耦合式犯罪构成体系的立场，反对将刑法中的正当化行为纳入犯罪构成体系之内解决。其次，在具体问题诸如在偶然防卫、防卫过当的主观认定等问题的判断上，也可以管窥学者之立场。以偶然防卫的定性为例，学界主要存在结果无价值和行为无价值两派观点，当然两派内部仍有分歧。总体上，结果无价值论是以张明楷教授为代表的学者的观点，成立正当防卫不需要防卫认识，偶然防卫成立正当防卫；而行为无价值论是则以周光权教授为代表的学者的观点，成立正当防卫须要有防卫认识，偶然防卫无防卫认识，故不成立正当防卫。因此，观点不同，立场也是大相径庭也。

第二，近二十年来，正当防卫之研究呈现出"领异标新二月花"之格局。以"正当防卫"为关键词，取时间段为"1997年至2019年7月"，在知网上共能检索到2095篇相关论文，研究的论文数量呈递增趋势，具体见下图所示。

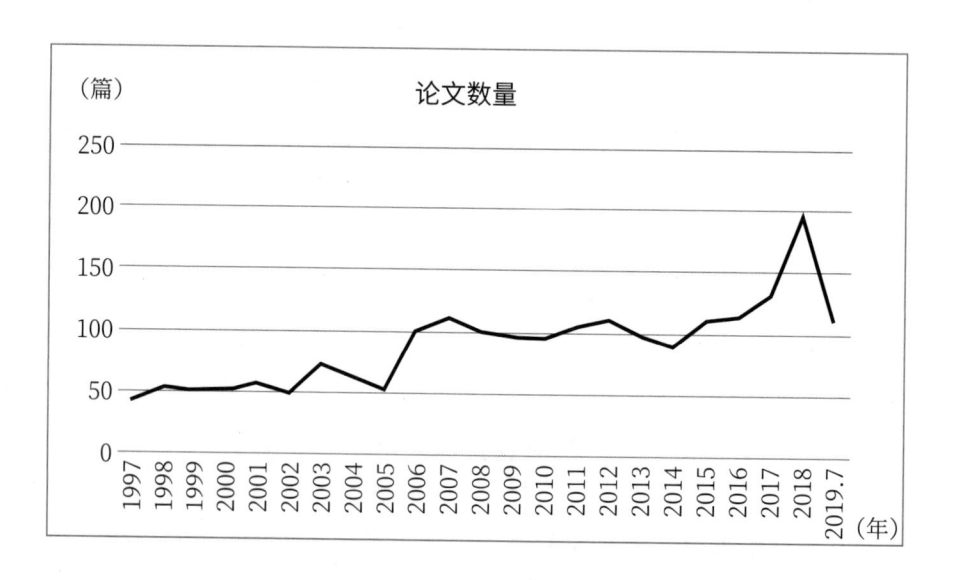

从上图可见，在2006年之前，每年的论文数量基本维持在50篇左右，在

---

① 德日派以及传统派的提法，主要是借鉴了劳东燕教授之著述，具体可见劳东燕《刑法学知识论的发展走向与基本问题》，载《法学研究》2013年第1期。

2006年，论文数量突破100篇，随后近十年维持在每年100篇左右，近两年又突发增长，2017年达133篇，2018年达199篇，截至2019年7月底已有112篇。据我观察，论文数量的增长和时事案件有关，例如2005年四川成都发生的张德军案、2009年湖北恩施巴东县发生的邓某娇刺死邓某大案、2016年山东聊城发生的于某案以及2018年江苏昆山发生的于某明正当防卫案等案，都对案件处理前后几年的正当防卫研究具有明显的推波助澜之效果。

本书根据研究情况将1997年以来对正当防卫的研究分成三个阶段。第一阶段是1997年至2000年，该阶段主要是针对新刑法对正当防卫的修订而进行的分析和评价，学者们的态度褒贬不一。既有对比新旧刑法，肯定新刑法中对正当防卫的应有之义、防卫过当以及特殊防卫进行了明确规定的意义，如段立文教授发表于1998年的《对我国传统正当防卫观的反思——兼谈新刑法对正当防卫制度的修改完善》，也有既肯定了正当防卫保护范围、对象条件和防卫限度的进展，但也对无限防卫权表示了担忧，如赵秉志教授的《正当防卫立法的进展与缺憾》。其中无限防卫权是学者讨论的重点问题，卢勤忠教授的《无限防卫权与刑事立法思想的误区》、杨忠民教授的《对正当防卫限度若干问题的新思考》对其提出了批判，而游伟教授在《防卫权、正当性及其限度》一文中对无限防卫权表示了肯定。

第二阶段是2000年至2008年，主要是对正当防卫的限度进行了全方位的分析，学者们提出了许多观点。有从客观方面着手的《再论正当防卫的限度条件》，也有从主观方面入手的《论正当防卫的主观条件》，还有借助不同情境的《正当防卫成立条件的"情境"判断》，还有采用不同的学说——主观说、客观说、折中说进行分析。在此阶段，也对偶然防卫、假想防卫等情形进行了许多的探讨。

第三阶段是2008年起至2019年，对正当防卫的讨论更加细致。德日刑法理论与传统四阶层的讨论逐步扩大，也将正当防卫作为消极构成要素或是正当化事由进行讨论。此后的研究在违法性或者不法层面对正当防卫各个要件展开教义学分析，包括防卫意识，防卫起因，防卫限度等。比如张明楷教授的《故意伤害罪司法现状的刑法学分析》，陈兴良教授的《正当防卫：指导性案例以及研析》，欧阳本祺教授的《正当防卫认定标准的困境与出路》等。同时这时期还有立足于结果无价值论和行为无价值论对正当防卫的不同研究，比如劳东燕教授的《结果无价值逻辑的实务透视：以防卫过当为视角的展开》，立足侵害人视角进行研究的《侵害人视角下的正当防卫论》。近年来随着一些案件的发生，研究大多都支持放宽认定正当防卫的限度，纠正正当防卫艰难的局面。比如周光权教授的《正当防卫的司法异化与纠偏思路》，陈兴良教授的《正当防卫如何才能避免沦为僵尸条款》，张明楷教授的《正当防卫的原理及其运用——对二元论的批判性考察》等。

第三，本人的二十年正当防卫研究历程需要认真审视。我于1998年进入中南政法学院攻读硕士研究生，当时的刑法学研究很大程度上是对1997年修订刑法典的注释，而这其中正当防卫之修订可谓是十大焦点问题之一。基于此，初生牛犊不畏虎，在导师齐文远教授的鼓励下，我选择了系统研究正当防卫制度，并把其作为硕士论文的选题。硕士期间围绕正当防卫发表的第一篇论文是《正当防卫案件中的举证责任研究》，载《武汉公安专科学院学报》2001年第1期；后来又与杨宗辉教授合作发表了《正当防卫制度的再思考——从刑法第20条第3款切入》，载《法学评论》2001年第4期。博士期间，有了硕士阶段坚实的基础，我对于正当防卫的研究热情丝毫没有消退，在导师王作富教授的悉心指导下，我从逻辑关系角度系统解读了刑法第20条三个条件之间的内在联系，发表了《刑法第20条3款与第1款关系研究》（《法学家》2002年第6期）；针对正当防卫争议最大的限度条件，我从教义学角度进行重新建构，发表了《再论正当防卫的限度条件》（载《法学》2002年第10期）；更是从价值观念层面对正当防卫进行深入思考，发表了《正当防卫制度之价值观念层面的思考》（载《云南大学学报·法学版》2003年第2期，后被人大复印资料《刑事法学》2003年第2期全文转载）；博士毕业后，来到武汉大学法学院从事博士后研究，正当防卫研究的脚步仍在继续，在马克昌教授的点拨下，我借助武汉大学丰富的文献资料，系统梳理了防卫过当的主观方面，发表了《防卫过当罪过研究》（载《中国刑事法杂志》2007年第2期）。

从武汉大学法学院博士后流动站出站后，我的精力主要集中在刑法学派论争方面，但是对于正当防卫的研究却是难以割舍，于是围绕正当防卫又发表了两篇文章，一篇是受冯军教授的启发，对正当防卫实施中的第三方影响进行了教义学探讨，发表了《正当防卫的第三者效果》（载《中国刑事法杂志》2011年第8期）；另外一篇可谓是个人对于正当防卫的总结之作，借助法理学的分析框架，对刑法的正当防卫进行研究，发表了《"权利与权力"框架下的防卫权》（载《法学》2014年第11期），正是这篇文章让我有资格申请学校的正高职称，并最终幸运通过。

从 1998 年 9 月硕士入学阶段开始关注正当防卫，从恩施邓某娇到昆山于某明，十数年的时间，一个个鲜活的案中人物，如同剧情般从眼前一幕幕跃然纸上，使自己沉浸在栩栩如生的画面之中。而我，也从一位研究刑法的旁观者，逐渐"入戏"成剧中的"防卫者"（不少朋友因此赠予我"郭防卫"的绰号）。从曾经的冷眼撰文，到而今的理性思索，不仅反映了我在正当防卫研究上的渐入佳境，也体现了刑法社会治理功能的民众诉求。可以说，没有一项刑法理论能够如正当防卫一般"接地气"，也没有哪一个课题能如正当防卫这样，让我流连忘返，爱不释手——正当防卫真是一个妙不可言的"奇异"制度。

吾生也有涯，而知也无涯。这一次出版仅是对于本人近二十年来围绕正当防卫的研究之全面梳理。收入的论文，我只是稍作修订，基本以原貌展现出来。只是期盼读者能对二十年前那个对于刑法学研究激情澎湃的爱好者，以及当下以刑法学教学研究为谋生之计的"职业者"，都有一个直观全面的了解和认识。从"风华正茂"的少年到"尚能饭否"的中年，虽"不坠青云之志"，却总觉"壶空怕酌一杯酒，笔下难成和韵诗"，似乎到了"芳林新叶催陈叶，流水前波让后波"自我革新进而另辟新径的阶段。学术长路真如铁，而今迈步从头越。谨以此书，致献过去，期许未来。以上片语，以为前言。

目 录

第一章 "权利与权力"框架下的正当防卫之引出
- 第一节 实践问题的反思 …… 2
- 第二节 正当防卫本质：权利与权力之结合 …… 3
- 第三节 正当防卫中权力与权利之平衡 …… 7
- 第四节 警察防卫权中的权力和权力博弈 …… 10

第二章 正当防卫的基础理论
- 第一节 正当防卫制度发展之历程 …… 16
- 第二节 正当防卫的正当化根据 …… 20
- 第三节 正当防卫的概念及意义 …… 25

第三章 正当防卫之权力限制要件——不法侵害条件
- 第一节 正当防卫成立条件概述 …… 32
- 第二节 不法侵害之紧迫性 …… 34
- 第三节 不法侵害之时间性 …… 42

第四章 正当防卫之权利保障要件——防卫方面的要件
- 第一节 防卫行为的对象条件 …… 58
- 第二节 防卫行为的主观条件 …… 63
- 第三节 防卫行为的限度条件
  ——比较法的视角 …… 72

第五章 对我国《刑法》第20条第3款意义的重新思考
- 第一节 法律技术层面的透视 …… 83

第二节　制度设置层面的思索　　96
　　第三节　价值观念层面的探究　　104

第六章　防卫过当教义学研究
　　第一节　防卫过当与正当防卫界限的客观重构　　116
　　第二节　防卫过当主观罪过的再研究　　129

第七章　正当防卫制度的本体思考
　　第一节　正当防卫的第三者效果　　142
　　第二节　人民警察的正当防卫权问题
　　　　　　——兼谈袭警罪的设置问题　　150
　　第三节　正当防卫与紧急避险界限研究　　154

第八章　正当防卫制度的拓展性思考
　　第一节　学派论争下的正当防卫制度　　168
　　第二节　正当防卫与人权保障　　178
　　第三节　正当防卫制度在犯罪论中的定位反思
　　　　　　——兼论我国刑法犯罪论体系的建构　　184
　　第四节　正当防卫案件中的举证责任研究　　191

第九章　正当防卫制度的当代中国命运
　　第一节　邓某娇案件的思考　　202
　　第二节　对当下正当防卫案件的再思考　　204
　　第三节　"权力与权利"框架下正当防卫制度地位之反思　　215

参考文献　　219
附　录　　226
出版补记　　231

第一章
"权利与权力"框架下的正当防卫之引出

第一节　实践问题的反思

晚近以来，围绕着正当防卫的案件引起社会高度关注。不必说 2009 年发生在湖北境内的邓玉娇案，在当时老百姓一致认为构成正当防卫的背景下，法院认定邓玉娇的行为属防卫过当，构成故意伤害罪；也不必说 2012 年 9 月备受关注的广州火车站"90 后"少女捅死性侵大叔案，少女在性侵大叔被击倒丧失反抗能力的情况下，进一步捅刺致其死亡，结局因故意杀人罪被判处有期徒刑 4 年；也不必说最高人民法院 2013 年 9 月核准死刑的沈阳小贩夏俊峰杀死城管一案中，法院没有认可夏俊峰的行为是正当防卫之主张；仅就 2014 年 7 月同样是最高人民法院核准的对酒后枪杀孕妇的原平南县刑侦大队民警胡平执行死刑一案来看，实践中曾发生数起由于警察开枪致人伤亡的事件，警察的行为究竟是正当防卫还是故意伤害或故意杀人，往往争议较大。公众在换位思考上述这些关于正当防卫与不法侵害甚至犯罪的界限时，时常会感觉对正当防卫是否逾限尺度之把握无所适从。

笔者以为，上述案例之所以引起争议，很大程度上是由于正当防卫内部权力与权利的冲突和博弈。而学界对权利与权力这对概念并不陌生。尽管一般认为，传统的法理学最为看重的法现象是权利与义务。然而，近些年传统的见解受到挑战，有学者提出将权利和权力看作最基本的法现象。[1] 笔者不拟在本书中就何为法理学界的基本范畴问题进行深入研究，但不可否认的是，权利和权力是法律生活中不可或缺的一对概念，它们具有相互依存、相互制约的密切关系。权利作为现代法哲学的基石范畴已经得到了越来越多学者的认可，而权力则是法律生活中最强有力的因素之一，体现了最大的利益，也正受到越来越多学者的垂青。而我们认为，正当防卫作为刑法中的一项十分独特的制度，它是公民

---

[1] 童之伟：《再论法理学的更新》，载《法学研究》1999 年第 2 期；童之伟著：《法权与宪政》，山东人民出版社 2001 年版。

的一种防卫权，它的存在使国家刑罚权有所限缩，从而形成对其的侵蚀。[①] 在正当防卫制度中，也始终贯穿着权利与权力之间博弈的印迹（对此下文还要详细展开）。理论上的困境使得笔者尝试跳出刑法学思维的固有模式，选择法理学中的权利与权力作为分析工具，来对刑法中的正当防卫制度进行探讨，希望能拓宽正当防卫研究的视野。

第二节 正当防卫本质：权利与权力之结合

一般认为，正当防卫的本质问题可能会由于社会根本制度不同而有所不同。但我以为，尽管社会制度的迥异，造成世界各国刑法中的正当防卫制度的诸多差异，但抛开各国意识形态方面的不同，可以找到一个适用于所有社会中正当防卫的共通本质，那就是权利和权力的结合。

首先，从防卫人角度，正当防卫体现了权力的意蕴。什么是权力？关于这个问题，尚未达成一定共识。而德国学者马克斯·韦伯的观点可谓有一定的代表性，他认为："权力乃是这样一种可能性，即处于某一社会关系内的一个行动者能够不顾抵制而实现其个体意志的可能性，而不论这种可能性的基础是什么……某个体所有的品质及环境的一切组合都可能使他在某种特定环境中强施其意志。"[②] 韦伯的权力概念虽简单，却明白无误地道出了权力的核心就是强制力。作为一种强制力的权力实际上广泛存在于社会生活之中。从马克斯·韦伯所界定的权力概念中我们可知权力包括个人权力和集体（政府——此处应作广义理解）权力。而集体权力主要指的就是来自国家的公权力。韦伯认为："国家者，就是一个在某个固定疆域内肯定了自身对武力之正当使用的垄断权力的人类共同体。就现代来说，特别的乃是：只有在国家所允许的范围内，其他一切

[①] 参见陈兴良《正当防卫的制度变迁——从1979年刑法到1997年刑法》，载《刑事法评论》第19卷，北京大学出版社2006年版，第461页。
[②] [德] 马克斯·韦伯著，林荣远译：《经济与社会》（上卷），商务印书馆1997年版，第81页。

团体或个人,才有使用武力的权利。因此,国家乃是使用武力的'权利'的唯一来源。"①这段话清楚地表明,在韦伯的观念中,国家是一个有着固定的疆域并在此疆域内能合法地垄断使用暴力的权利的组织。垄断使用暴力是国家的基本特征,暴力是一种直接的强制力,是权力重要组成要素。本书中的权力主要是从国家的公权力角度来展开的。众所周知,私力救济与人类社会相伴而生,在国家和法院出现前,人们完全依靠私力救济解决纠纷。而在刑法出现之后,国家则承担了保护公民权利的职责,当合法权益遭受犯罪行为侵害时,受害者通常借助国家的司法机关,依照法定的诉讼程序,通过刑罚权的行使才得以维护,消弭已经受到的侵害,即以公力救济的方式来维护权利。②因此,"制止不法侵害,保护合法权益,是国家权力的归宿,也是国家权力存在的意义和价值之所在"。③但公力救济仅仅只能在事后实施,对正在进行的紧迫的侵害权利的行为往往无能为力。既然国家在某些特定的情况下无法提供有效的公力救助,这种权力只能有条件地复归个人,即由公民个人行使私力救济权。当公民在遭到外来侵害并且不能得到国家及时的公力救济时,可以依靠自身的力量来进行防卫或反击(即私力救济),显然上述行为对整个社会是有利的,因此立法者就赋予了私力救济行为的合法性。④而正当防卫行为就是上述被赋予正当与合法性行为的典型适例。换言之,为了弥补公力救济在时间上的滞后性与结果的不完整性,达到全面维护合法权益的目的,法律往往确立了特殊条件下的私力救济行为的合法地位。"不为了保卫我而制定的法律不能对当时的强力加以干预以保障我的生命,而生命一经丧失就无法补偿时,我就可以进行自卫并享有战争的权利,即杀死侵犯者的自由,因为侵犯者不容许我有时间诉诸我们共同的裁判者或法律的判决来救助一个无可补偿的损害。"⑤可见,正当防卫的存在,具有弥补刑罚权适用中出现的真空给公民个人合法权益以及对国家权威造成的损害的一定功效。如此使得防卫权与国家权力在惩治违法犯罪上,具有了目的的趋同性。从权力来源看,正当防卫权对国家权力具有一定补充性、辅助性,故具

---

① [德]马克斯·韦伯著,钱永祥等译:《韦伯作品集Ⅰ:学术与政治》,广西师范大学出版社2004年版,第197页。
② 参见徐昕:《通过法律实现私力救济的社会控制》,载《法学》2003年第11期。
③ 田宏杰:《防卫权及其限度》,载《刑事法评论》(第2卷),中国政法大学出版社1998年版,第254页。
④ See Richard G.Singer& John Q.La Fond:《Criminal law》(Sixth Edition), Wolter Kluwer law &Business 2012, p.473.
⑤ [法]洛克著:《政府论》(下篇),商务印书馆1964年版,第14页。

有权力的意蕴。

其次，无论是从防卫人还是不法侵害人角度而言，正当防卫都是维护他们各自合法权益的必要手段。从防卫人视角，正当防卫显然是一种维护其合法权益的救济手段，根据学界通说，权利就是国家通过法律规定，对人们可以做出某一行为的许可和保障[①]，正当防卫是作为一种与生俱来的自卫权，其存在是不需要其他外在的根据的[②]。正当防卫无外乎是国家通过刑法规定对人们在紧急情况下反击不法侵害的许可和保障，所以正当防卫也兼有权利的性质。[③] 从正当防卫制度的演变历史，以及世界各国刑事立法对正当防卫的普遍规定来看，正当防卫都被确定为国家为保护合法权益免受紧迫不正当的侵害，通过法律授予公民的一种权利。正如在美国有法院在判决中指出，"想象在任何一州取消自卫的权利都很困难，甚至是不可能的，因为取消自卫权利意味着留给被害人必然死亡这一唯一的选择：要么是被暴力袭击致死，要么后来被法庭判处死刑或者终身监禁"[④]。而从我国正当防卫的权源来看，作为我国公民依法享有的权利，正当防卫权渊源于宪法。我国《宪法》第12条规定："社会主义的公共财产神圣不可侵犯。"同时，我国《宪法》第37条规定："中华人民共和国公民的人身自由不受侵犯。"这些规定为刑事立法上设置正当防卫制度的提供了重要根据。在我们社会主义国家，保护合法权益免受不法侵害，不仅是司法机关的任务，而且在一定程度上也是对老百姓的道德要求，正当防卫的立法规定就使得上述道德规范上升为法律上的权利。[⑤] 正如有学者指出："正当防卫所以成为公民的一种权利，是基于这种行为产生的特殊背景，即行为本身发生在合法利益正在遭受不法侵害的紧急状态下，而国家的公安、司法及有关机关在时间上又干预不及时，在这种场合下，提倡每一个公民起来积极实行自卫、勇于帮助他人、维

[①] 参见张贵成、刘金国主编：《法理学》，中国政法大学出版社1992年版，第109页。
[②] See Richard G.Singer& John Q.La Fond:《Criminal law》(Sixth Edition), Wolter Kluwer law &Business 2012, p.472.
[③] 在法学理论中，根据权利产生的原因不同，可将权利划分为原权和派生权（或称救济权）。原权指基于法律规范之确认，不待他人侵害而已存在的权利，又称为第一权利。而派生权指由于他人侵害原权利而发生的法律权利，也称为第二权利。而在正当防卫的场合下，防卫权的产生缘起于一定的不法侵害，本人或他人的人身或财产权利以及其他权利是原权，当这些权利受到正在进行的不法侵害的时候，就衍生出了防卫权，因而，防卫权也可被视作第二权利。参见陈兴良著《刑法适用总论》，法律出版社1999年版，第319页。
[④] Griffin v. Martin, 785 F.2d 1172, 1186 n 37 (4th Cir.1986), aff'd en banc and op.withdrawn, 795 F.2d 22 (4th Cir.1986).
[⑤] 参见姜伟著：《正当防卫》，法律出版社1988年版，第24页。

护国家的利益、坚决同不法侵害作斗争是十分必要的。"① 可见，防卫人为排除不法侵害者之侵害而加以反击，其目的全在于主张自己或其他人的权利，而法律之使命亦不外权利之保护，所以，正当防卫的本质与法律保护权利之精神并无不合，应认定为法律之权利行为，故一般学者皆以正当防卫权称之。正如高铭暄教授指出，正当防卫是公民的一项合法权利。当公民正确行使这项权利的时候，不仅对社会无害处，而且对社会有好处，故法律规定，正当防卫行为不负刑事责任。②

从不法侵害人角度，正当防卫同样是保障不法侵害人应有的合法权益之手段。正当防卫的法律规定，不仅仅是为了维护合法权益免受紧迫的不法行为之侵害，而且也对防卫人的行为提出了一定的要求，即防卫行为必须恪守一定的限度，否则就侵犯了不法侵害人应有的权利。因此，防卫行为超过了法律规定的限度就不再是正当行为，防卫人由原受害人转变为新的不法侵害人，原不法侵害人则成了新的受害人，同时也造成了一种新的侵害。基于此，逆防卫的观点应运而生。③ 主张逆防卫的观点认为，必须赋予犯罪人的逆防卫权，从而形成国家和犯罪人对防卫过当行为的双重规制，使防卫人与犯罪人在互动过程中相互制约，使防卫人把握必要限度、正确行使正当防卫权，只有这样才能对防卫人和犯罪人双方合法权益均加以保护，使正当防卫制度真正发挥保障作用。④ 西方有些国家对于逆防卫持支持态度，如意大利法典规定，"只要对权利的威胁是非法的，即使这种非法威胁是权利人自己引起的，均可对这种威胁进行正当防卫"。尽管逆防卫在实践中存在诸多问题，但从维护不法侵害人应有权利的角度考量，则值得肯定。

这样，无论是从防卫人还是不法侵害人角度，正当防卫都体现了权利与权力品格。"从权利出发，一切受到损害的权利都应得到救助；从权力出发，虽然在现代社会里国家权力理论上权利的唯一保护者，但事实上它无法做到这一点……正当防卫反映了个人权利与国家权力的对立统一。"⑤

---

① 参见刘守芬主编：《刑法学概论》，北京大学出版社 2000 年版，第 293 页。
② 参见高铭暄著：《中华人民共和国刑法的孕育和诞生》，法律出版社 1981 年版，第 43 页
③ 参见张远煌、徐彬：《论逆防卫——关于正当防卫制度的刑法学及犯罪学思考》，载《中国刑事法杂志》2001 年第 6 期；章蓉、单家和：《特殊防卫权起因条件的反思——我国逆防卫制度构建的进路》，载《西南政法大学学报》2011 年 2 期等。
④ 参见张远煌、徐彬：《论逆防卫——关于正当防卫制度的刑法学及犯罪学思考》，载《中国刑事法杂志》2001 年第 6 期。
⑤ 王政勋著：《正当行为论》，法律出版社 2000 年版，第 111 页。

第三节 正当防卫中权力与权利之平衡

既然正当防卫是权利和权力的结合,两者的结合在正当防卫内部究竟是一种什么样的景象呢?一方面,正当防卫作为权利,立法者基于国家的长治久安与社会稳定的考虑,强化对公民正当防卫的权利保护,鼓励广大公民利用此项权利同违法犯罪分子作斗争,是十分必要的。但另一方面,正当防卫作为权力,由于权力天生的扩张、侵犯的特性,决定了其必须具有的相对性、派生性、受制约性。而历史的经验不断地警示人们,必须对权力和权力的滥用保持高度的警惕。"一切有权力的人都容易滥用权力,这是万古不易的一条经验。有权力的人们使用权力一直到遇有界限的地方方才休止。"[1] 因此,必须对正当防卫的权力意蕴予以必要的限制。如果不适当地强调正当防卫的权力性质,必然会弱化对不法侵害人应有的合法权益的保障,如此会导致国家责任的不恰当的转嫁,公力救济的旁落。所以,正当防卫制度必须致力于谋求权利与权力之间的平衡。正如德国学者在论及正当防卫的本质时指出的那样,究竟应当如何解决公民自身防卫的权限与既存的现代化社会秩序,以及与国家的专有的法律保护权之间的矛盾,是每一个现代法治国家都需要面对的问题。[2]

应当指出,正当防卫作为权力与权利的结合,两者之间的平衡应当是任何社会所追求的,但是由于社会背景、治安情况、警力资源等各种因素的差异,正当防卫制度中权力与权利又总不会是完全平衡的。一般来讲,社会处于转型时期,社会矛盾相对突出,警力资源相对有限的情况下,国家会适当放宽正当防卫的限度要求,给予公民更多的权力,来对抗不法犯罪行为;而当社会发展逐渐平稳,文明程度相对较高,警力资源相对充足的情况下,国家一般会严格

---

[1] [法] 孟德斯鸠著:《论法的精神》(上),张雁深译,商务印书馆1961年版,第154页。
[2] 参见 [德] 汉斯·海因里希·耶赛克、托马斯·魏根特著,徐久生译:《德国刑法教科书》(总论),中国法制出版社2001年版,第401页。

正当防卫的限度要求，收紧公民个人的防卫权，打击犯罪惩治不法主要是通过国家公权力来完成。可见，正当防卫实质上是权力与权利这一矛盾体得以存在的场所与前提，在权力与权利的对立中达到一种相对的动态的统一。观念、思维、文化潮流的这种动态平衡，恰似在地面上旋转的陀螺，它的中轴线在绝大多数时候与重心线有一定角度的偏离，而且为保持平衡，其偏离的角度和方向也处于持续的调整和变化之中，而所谓的"不偏不倚"的中间状态，只是从一种倾向到另一种倾向的转换过程中的一瞬间。① 因此，我们可以断言，在正当防卫制度的发展中，权力与权利常态体现并不一定是不偏不倚、不温不火的中间状态，而应当是有一定偏向的状态。或者说，权力与权利平衡的状态可能仅仅是昙花一现的短暂时刻，而更多的时间则是权力与权利不平衡的状态。

从我国现实来看，鉴于目前的治安形势，强化对公民正当防卫权利的保护，鼓励广大公民利用正当防卫同一切危害国家、社会利益、公民的人身及财产权益的违法犯罪行为作斗争，是十分必要的。但上述做法放大了正当防卫的权力意蕴，可能导致不应有的悲剧。例如北京地区男子张某陪身怀六甲的妻子回岳父家，凌晨有醉汉王某持刀上门对其进行殴打。张某自己被扎伤，妻子因阻挡也受到伤害。张某在挣扎中夺下了醉汉手中的刀，将对方扎死。② 本案中，张某在将刀夺过后，王某已经失去了侵害张某、导致张某处于极大人身危险的条件，已经没有任何能够致张某生命危险的武器了。但是此时，张某没有选择将刀扔掉或者离开现场，而是仍然用刀对着王某猛刺，最终法院一审判决张某防卫过当，判处有期徒刑5年。

还应看到，正当防卫尽管具有权力的意蕴，它始终是以国家刑罚权的必要救济措施的面目出现并存在的，它不是也永远不可能是国家刑罚权的替代物。而当前，保护人权已经是当今世界的大势所趋，而我国2004年《宪法》修订更是将"人权保障"写入《宪法》，这一修订意味着我国法治建设将向着人权保障方面转向。中共中央十八届四中全会首次以全会的形式专题研究部署全面推进依法治国这一基本治国方略，而人权保障无疑是依法治国的灵魂之所在。因此，从保障人权的角度，防卫权的地位或价值不可能凌驾于国家刑罚权之上，而是

---

① 参见齐文远、周详：《对刑法中"主客观统一"原则的反思——兼评主观主义与客观主义》，载《法学研究》2002年第3期。
② 参见2012年8月27日《京华时报》，A11版。

必须受制于国家刑罚权。无论社会如何发展，情势如何变化，只要国家和法律没有消亡，保护社会合法权益，维持社会秩序永远是国家而不可能是公民的责任。换言之，作为"私力"权利性质的公民的正当防卫权利，永远只能是国家"公力"权力的补充，而绝不能是与国家"公权力"地位相同，甚至有过之而无不及。这应是立法者设置正当防卫制度必须把握的原则。在当前社会境况下，强化正当防卫权，鼓励公民同违法犯罪分子斗争，似乎无可厚非。前些年，笔者所在的湖北省，为了打击抢劫银行和运钞车的犯罪分子，一些金融机构的门前赫然悬挂了诸如"对正在抢劫银行或运钞车的犯罪嫌疑人可依法当场击毙，人民群众打死有奖"之类的标语和横幅。毋庸置疑，提出用"一旦发现劫匪当场击毙"的手段来预防和打击犯罪的初衷是好的。但上述做法显然是过度强调了正当防卫的权力意蕴，而忽视了权利意蕴，在权利与权力的博弈中有所失衡，因此是不妥当的。

回到我们前面提及的"90 后"少女捅死性侵大叔案，从权利与权力平衡的角度，少女的行为应当是有所失当的，她不适当地运用了正当防卫的权力，而漠视了侵害人应有的权利。因此，此案中防卫行为实施过程中权利与权力明显失衡，法院最终认定其行为构成事后防卫、成立故意伤害罪是妥当的。实际上，世界各国在具体防卫案件处理过程中，都面临着寻找权利和权力平衡点的难题。在 20 世纪 80 年代，在美国也发生过一个引起社会广泛争论的案例，即著名的 PEOPLE V. GOETZ 案例。1984 年圣诞节前夕，在每天平均发生 38 起刑事案件的纽约地铁中，四名青年靠近了一位身材瘦弱的工程师戈茨（Gotez），向他索要 5 美元。作为回应，戈茨连开数枪，四名青年全部受伤，其中一人终身瘫痪。其中一个年轻人开始站着后来又坐下，装着一切都和他无关的样子，戈茨走过去对着他又开了最后一枪，使得这个年轻人脊髓严重受伤。最终陪审团除了他非法持有枪支这一罪名外，宣布戈茨其他罪名不成立。上述案例和少女捅死性侵大叔案有一定的相似之处，特别是戈茨案中一个年轻人事实上已经放弃了侵害，但戈茨还是朝他开了枪，这与被性侵少女针对倒地的被害人连续捅刺行为，似乎都是不适当运用了正当防卫权的行为，但为什么两个案件会有迥异的判决结果呢？我们认为，这与中国和美国迥异的社会背景有着密不可分的关联。中国社会的"杀人者死，伤人者刑"的报应理念对社会大众影响颇深，很难短时间得到根本改变。在这种观念的影响下，中国一些司法人员习惯于认为，只要是导致他人死亡，无论行为人是正当防卫还是不法侵害，在实践中不可能忽略死者家属的报应情感需求，因此很多案件最终都定性为故意杀人罪或者故意伤害罪。这也是这么多年来，在社会中出现了一些见义勇为者流血又流泪的尴尬情形的原因之一。当然，这里面还有一个对于国家公权力信任的问题。从历史上看来，英国、加拿大也与中国一样，都对正当防卫采取了相对保守的法律诠释，其目的在于不希望平民随意地自行执法。譬如，在英国和加拿大，个人携带枪支或刀具往往会受到查处；20世纪90年代，加拿大国会通过相关法规，回收（而且没有经济补偿）了平民手上的超过50%的合法枪支。因此，在上述国家看来，国家警察已有足够能力保护国民，个人担忧自身的安全问题实在是多此一举，他们对自卫的态度是承认但不鼓励，因此让渡给公民进行救济的权力就会相应地少些。而美国社会则是公民个人权利神圣不可侵犯，实践中个人权利的维护几乎达到极致，为了保护自己的生命安全，反击甚至杀死侵害者是可以得到社会广泛认可的。因此，社会背景的差异，造成了正当防卫权利与权力的博弈结果的差异，也可能是美国戈茨案件的最后判决结果与中国少女捅死性侵大叔案存在一些差异的原因。

第四节　警察防卫权中的权力和权力博弈[①]

权力作为一种国家强制力，正常运作主要是用来管理社会、保护权利，但不正常情况下，往往也会对权利构成侵犯。国家生活、社会生活中所发生的引起人们关注的事件，一定是权利之间、权力之间、权力与权利之间的冲突与较量。[②] 警察正当防卫问题，应当是正当防卫理论中一类比较特殊的问题，但实际上也是权利与权力的博弈问题。警察之所以受到重点关注，主要在于他们是

[①] 最近也有学者就警察的正当防卫权这一小众问题予以关注（参见王钢《警察防卫行为性质研究》，载《法学家》2019年第4期）。我基本上认同文章的观点，警察的执行职务行为也应视为正当防卫，警察的正当防卫权也是正当防卫权中非常重要的内容，需要认真进行研究。

[②] 参见刘昌松著：《认真对待权力与权利·序言》，法律出版社2014年版。

公权力执行者，代表着至高无上的权力，而且这种权力最直观且最具有强制力。权力强制力指标，是要看其对权利的干涉程度，显然，代表国家的政府具有干涉公民权利的权力，比如说最近政府对实施垄断经营的汽车经销商予以罚款即是政府干涉财产权的权力的体现。而警察及其所代表的权力更具有杀伤力，警察不仅可以罚款，比如交通警察对违停车辆开具罚单，而且可以限制公民人身自由，比如最近媒体曝光的多起明星吸食毒品和嫖娼案件，最后吸毒或嫖娼的明星们可能要面临一定期限行政拘留，以及更长时间的收容教育。可见，警察的权力对于人身权和财产权具有双重强制力。因此，在国家权力体系中，警察无疑是最具合法伤害力的。所以，"警察施暴"或者警察开枪自卫才吸引眼球，这种社会情绪反映的是公民对权力与权利不平衡、权力侵犯权利的顾虑。

那么警察能否使用警械、武器进行防卫呢？事实上，立法对此问题早有关注。在对 1979 年《刑法》修订过程中，人民警察是否可以实施正当防卫的问题也引起了人们的普遍关注。在 1996 年 12 月提交第八届全国人大常委会第二十三次会议审议的《中华人民共和国刑法（修订草案）》第 21 条，曾对人民警察的防卫权作了规定，其中第 1 款规定："人民警察在依法执行盘问、拘留、逮捕、追捕罪犯或者制止违法犯罪职务的时候，依法使用警械和武器，造成人员伤亡后果的，不负刑事责任。"第 2 款规定："人民警察受到暴力侵害而采取制止暴力侵害的行为，造成不法侵害人伤亡后果的，不负刑事责任。"① 对此，学者们多持反对态度，甚至有些实务部门的同志也站在否定的立场上。② 其主要理由有二：第一，对于警察在执行职务时，依法使用警械和武器的防卫权，在其他有关的法律、法规中已作了明确规定，无须在《刑法》中再予规定；第二，如果立法上允许警察对被侦查、被拘留的人运用警械、武器致伤、致死，可能造成警察的权力滥用，不利于保障公民的基本人权与合法权益。③ 参考专家们的意见，立法机关考虑到人民警察依法执行职务中防卫权的规定所存在的问题不好解决，加之有关法规和条例对人民警察在执行职务中，在什么情况下依法使用警械、武器不承担责任，违法使用警械要承担责任，都已有规定，1997 年《刑法》最终没有保留《刑法（修订草案）》中人民警察在依法执行职务时正当

---

① 参见高铭暄、赵秉志主编《新中国刑法立法资料总览》，中国人民公安大学出版社 1998 年版，第 1293 页。
② 参见张正新：《在履行职责与正当防卫之间——对警察防卫权的再认识》，载《法学评论》2009 年第 6 期。
③ 参见王作富、阮方民：《关于新刑法中特别防卫权规定的研究》，载《中国法学》1998 年第 5 期。

防卫权的立法内容。① 在我们看来，我国刑法关于对正在进行的不法侵害、甚至严重危及人身安全的暴力犯罪的正当防卫的有关规定，适用于全体公民，警察当然不应被排除在外。但是，在不同的场合，警察制止不法侵害行为的性质可能会有所不同，这种性质的不同会导致对行为的要求或限制条件的差异。详言之，警察在履行职责时，制止不法侵害的行为是正当职务行为；而当人民警察不在履行职责时，如在休假中、在探亲访友途中遭不法侵害而进行反击的行为，应同一般公民一样，视为正当防卫，适用《刑法》第 20 条的规定。人民警察的上述正当职务行为与正当防卫行为对于反击的限制是大相径庭的。相比较而言，法律对人民警察制止违法犯罪的执行职务的行为有比实行正当防卫更加严格、更加具体的限制。以人民警察依法执行职务时使用武器制止不法侵害为例，《中华人民共和国人民警察使用警械和武器条例》不仅在具体的条文中对在什么情况下才能使用武器作了严格的规定，而且还专门更为突出是其权力意蕴的彰显，其法律效果原则上由国家来承担，如人民警察执行职务制止违法犯罪活动造成无辜人员伤亡或财产毁损的，应由国家依法承担赔偿或补偿责任。

应当看到，若法律赋予人民警察在执行职务行为时，使用警械和武器造成人员伤亡而不负刑事责任的权利，可能会造成人民警察与群众的对立和矛盾，而且考虑到目前我国存在个别警察利用职权侵犯公民权利的情况，故而不应在立法上肯定警察上述权利的存在。正如有学者指出，"因为新《刑法》规定了无过当防卫（第 20 条第 3 款），而对职权（职务）行为造成损害应是严格限制的。例如，当人民警察遇到严重危及他人人身安全的暴力犯罪时，应尽量制服罪犯，从而对罪犯绳之以法，而不应以开枪击毙罪犯了事"②。另据 1983 年 9 月 14 日最高人民法院、最高人民检察院、公安部、国家安全部和司法部联合制发的《关于人民警察执行职务中实行正当防卫的具体规定》，警察执行职务制止违法犯罪的行为是被视为正当防卫来看待的。但是，从实施以来的情况看，上述规定对人民警察的制约过严，难以适应人民警察的执法实践，尤其是不能及时有效地制止严重暴力犯罪，不利于保护广大公民和人民警察的合法权利。昆明火车站暴恐案件让我们再一次认识到需要认真保护警察的权利，同时，由于对警

---

① 参见赵秉志、肖中华：《正当防卫立法的进展与缺憾》，载《刑法问题与争鸣》（第二辑），中国方正出版社 2000 年版，第 365 页。
② 张明楷著：《刑法学》（教学参考书），法律出版社 1999 年版，第 180 页。

察执行职务行为的性质、条件、限度及法律责任的规定不够明确具体，在司法实践中，司法机关往往在认识上发生分歧，甚至有的警察依法正确履行职责的行为，也被认定为防卫过当，警察自身的合法权利收到侵犯。

在实践中，在人民警察依法执行职务制止不法侵害问题上存在一个悖论：一方面不可对这种权力放之过宽，否则会有滥用职权之嫌，有些地方发生过警察持枪防卫致使他人伤亡、对他人权利造成侵犯的恶性事件，比如前面提及的广西平南县民警胡某酒后在该镇某米粉店购买食品时，与店主发生争执，开枪将女店主吴某打死、将其丈夫打伤的案件。另一方面又不可统得过严，否则会不利于人民警察权力的行使，不利于人民警察合法权益的保护，比如暴力恐怖犯罪的存在，让我们对于警察合法权利的保障又多了一分担忧。在这种背景下，政府似乎在警察防卫权问题上较多倾向于权力的维护和保障。2009年深圳市的一名警察开枪击毙一名歹徒，当地政府举办仪式表扬他，并奖励了10万元现金。另外，东莞市某地政府也奖给了一名开枪击毙歹徒的警察奖金2万元。上述两个事件也反映出国家在公权力与公民私权利的取舍中，倾向于维护权力的行使。在美国，警察防卫权的行使同样饱受争议。例如2013年美国最受关注的佛罗里达诉齐默尔曼一案，就是围绕着一名协警开枪打死一名黑人少年，究竟是自卫还是谋杀，在美国形成激烈辩论。尽管最终依据"不退让法"，美国佛罗里达州6名陪审团成员裁定齐默尔曼二级谋杀罪名不成立，但更多的美国民众还是对此判决颇有微词。因此，对于警察依法执行职务行为，必须把握适度原则，即国家权力和警察自身权利以及国家权力与他人合法权利都需要觅得平衡，不能有失均衡，否则一方面会导致国家公权力滥用，公民权利受损，另一方面也可能对警察执行职务行为保护不力，警察自身权利受损，也使得警察维护公共安全的职能大打折扣。

第二章
正当防卫的基础理论

第一节　正当防卫制度发展之历程

正当防卫（Notwehr）制度具有源远流长的历史。自从人类社会有了刑法，便开始有了正当防卫制度的雏形。从中国古代社会来看，《易·蒙上九》"击蒙，不利为寇，利御寇"①恐怕就是关于正当防卫思想的较早表述。上述话的大概意思是打击他人，"不利"的是寇贼行为，"利"的是防御寇贼的行为。"击蒙而利御寇"就是说，打击他人如果"利"，就是正当的行为，显然其中含有正当防卫的意蕴。《周礼·秋官·朝士》："凡盗贼军乡邑及家人，杀之无罪。"上述规定，可以说是正式的正当防卫制度最成型文本了。《周礼义疏》："军中乡邑有盗贼来，劫窃其财物及家人者，当时杀之无罪。盖奸人起于仓卒，不杀之则反为所伤，故不可以擅杀罪之。"汉人郑司农注释道："谓盗贼群辈若军，公攻盗乡邑及家人，杀之，无罪。"尽管学者们对"凡盗贼军乡邑及家人"这句话的理解不尽相同，不过在对因防御而杀人应认定为无罪这点上却是一致的。"杀而无罪"明显的含有正当防卫的内容。郑司农曾说汉代法律规定："无故入人室宅，卢舍，上人车船，牵引人，欲犯法者，其时格杀之，无罪。"《公羊·桓公六年》记载，汉代法律规定"立子杀母，见，乃得杀亡"。《北齐律》规定："盗贼群攻乡邑，入人家者，杀之无罪。"

到了唐代，正当防卫制度的发展可能到达一个顶峰，有关这方面的规定也相对比较完善。《唐律·贼盗》："诸夜无故入人家者，笞四十。主人登时杀者，勿论。若知非侵犯而杀伤者，减斗杀伤二等。其已就拘而杀伤者，各以斗杀伤论，至死者，加役流。"《唐律疏议》注释："家者，谓当家宅院之内。""已就拘执，谓夜入人家，已被擒获，拘留执缚，无能相拒，本罪虽重，不合杀伤。主人若有杀伤，各依斗法科罪，至死者加役流。"《唐律疏议》在解释"外人来奸，

---

① 转引自高铭暄等主编《中国刑法词典》，学林出版社1988年版，第235页。

主人旧已知委，夜入而杀，亦得勿论以否"时指出："律开听杀之文，本防侵犯之辈。设令旧知奸秽，终是法所不容，但夜入人家，理或难辩，纵令知犯，亦为罪人。若其杀即加罪，便恐长其侵暴，登时许杀，理用无疑。"《唐律疏议》指出："知其迷误，或因醉乱及老、少、疾、患，并及妇女，不能侵犯"者，不得实行防卫。《唐律·斗讼》："诸祖父母、父母为人所殴击，子孙即殴击之，非折伤者，勿论；折伤者，减凡斗折杀三等；至死者，依常律。"《唐律疏议》："诸邻里被强盗及杀人，告而不救助者，杖一百；闻而不救助者减一等。""诸追捕罪人而力不能制，告道路行人，其行人为能助而不助者，杖八十，势不得助者，勿论。"这里法律要求为他人或社会利益而进行防卫。不过，这种防卫与其说是一种权利，不如说是一种救助义务或协助义务。《明律·刑律·人命》："凡妻妾与人奸通，而于奸所亲获奸夫奸妇，登时致死者，勿论。若只杀死奸夫者，奸妇一律断罪，从夫嫁卖。"《大清律例·刑律·夜无故入人家》规定：夜间没有正当理由而闯入他人的房屋中，闯入者"杖八十"；如果房主在发现闯入者当时即将其杀死，房主无罪；但若在已将闯入者抓住后将其杀死，则"杖一百，徒三年"。

从上述所引文献可以看出，我国古代正当防卫制度经过漫长的历史发展内容已经相当丰富了。古代正当防卫制度特征可以充分地反映其发展的程度。从本质上讲，刑法从其产生以后，就已经把对所有侵害行为的报复惩戒权收归冷静、慎重的国家所有。但是，由于公力救济存在事后性的局限，为了维护公民的合法权利，国家不得不通过法律认可一定范围的私力救济的存在，即当公民在遭到不法侵害袭击并且来不及诉诸国家法律保护的紧急情况下，可以对不法侵害人进行反击，而不必为此承担责任。正如孟德斯鸠精辟地指出，"在公民与公民之间，自卫是不需要攻击的。他们不必攻击，只要向法院申诉就可以了。只要在紧急情况下，如果等待法律的救助，就难免丧失生命，他们才可以行使这种带有攻击性的自卫权利"[1]。由此可见，在刑法诞生之后，正当防卫便正式地成为一种法律上的权利。

正当防卫制度具有源远流长的历史。"进一步研究可知，正当防卫同样有一个既丰富又重要的发展史。"[2]从生物学角度观之，自我防卫乃是一切动物的本

---

[1] [法]孟德斯鸠著：《论法的精神》（上册），商务印书馆1961年版，第137页。
[2] [德]弗兰茨·冯·李斯特著：《德国刑法教科书》，徐久生译，法律出版社2000年版，第219页。

能。人类作为高级的智能动物，自然也不例外。原始社会生存于恶劣的大自然中的人类已与生俱来地有了自卫的本能。摩尔根曾说过，处于蒙昧阶段的祖先们就在这种状态下着手进行伟大的战斗，首先是图生存，然后是求进步，直到他们免于野兽之害而获得生命安全以及获得固定的食物为止。人类自卫的本能使人类在与大自然斗争的过程中延续了下来。随着生产力的缓慢发展及私有制出现，此时人类自卫的对象已由自然界扩展到自己的同类——这集中体现在氏族与氏族间的战争上。在这时，由于语言的出现与进化，思维能力的提高，人类开始有了原始的权利意识，人们保护自身生命权、继承权、财产权的本能也就转化为防卫的习惯和复仇的习惯，这种习惯经由当时原始的社会秩序的认可，也即成为习惯性的防卫权和复仇权。

在原始社会，人类所具有的防卫与反击的本能，可以说是动物防卫本能的延伸，但又与动物防卫本能有着本质的区别。"两者的差异在于，人类的防卫本能是受大脑控制和理性支配的，而动物的防卫则不受任何理性的约束，纯粹是一种自然的冲动。"① 对于上述差别，有学者曾经概括道："任何动物无非是一部精巧的机器，自然给这部机器一些感官。在人体这部机器上，我恰恰看到同样的东西，但有这样一个差别：在禽兽的动作中，自然支配一切，而人则以自由主动者的资格参与其本身的动作。禽兽根据本能决定取舍，而人则通过自由行为决定取舍。"②

随着人口的不断增加，社会财富却并非与这相应地按比例增长，于是个人之间、氏族之间的冲突便越来越多，利益不同的部落、阶级终于产生了。恩格斯指出："为了使这些对立面，这些经济利益互相冲突的阶级，不至于在无谓的斗争中把自己和社会消灭，就需要一种表面上凌驾于社会之上的力量，这种力量应当缓和冲突，把冲突保持在'秩序'的范围内。"这样，国家终于出现了。国家作为执行公共事务职能的机构，承担起了保护权利的义务。自国家通过制定法律，行使惩罚权惩罚违法犯罪行为，为全体公民提供法律保护之日起，便结束了以复仇作为防卫形态的历史。正如有的学者提出："法律机构发达以后，生杀予夺之权被国家收回，私人便不再有擅自杀人的权利，杀人便成为犯罪的行为，须受国法的制裁。在这种情况下，复仇自然与国法不相容，而逐渐地被

---

① 参见田宏杰《防卫权及其限度——评关于正当防卫的修订》，载《刑事法评论》第2卷，第244～245页。
② [法]卢梭著：《论人类不平等的起源和基础》，李常山译，商务印书馆1996年版，第82页。

禁止了。"于是，对违法犯罪行为进行惩治的权力，即刑罚权便由国家来统一行使，但伴随着刑罚权的行使日趋广泛，刑罚适用的真空问题的出现就不可避免。就此问题，中国人民大学田宏杰教授曾在《防卫权限度的理性思考》中有所论述，她指出："刑罚因犯罪而存在，但刑罚与犯罪这种一一对应的关系并非任何时候都能实现。刑罚作为惩治犯罪的整个社会系统中的一个要素，在适用过程中必然会与另一些要素发生冲突和摩擦，在这些因素的摩擦和碰撞中，刑罚的能量受到了削弱，以致在某些严重的犯罪行为面前束手无策，从而出现了刑罚适用的真空。此种真空现象在合法权益遭受急迫的不法侵害时尤其明显。这是由于国家刑罚权的行使必须严格依照诉讼程序进行，这样虽然可以使不法侵害人受到应有的惩罚，但毕竟合法权益已受损害，甚至，这种损害有些时候是难以挽回的。于是，为避免上述现象的发生，尽可能地保护合法权益，防卫权这种依靠公民自身力量实现权利自保的权利，其存在也就成为必然。正是防卫权的存在，才使刑罚真空给国家权威造成的损害得到一定的弥补。"因此，随着原始社会氏族的解体，国家的逐渐出现，人类的防卫行为就慢慢有了社会的性质，受到了法律的调整。如此，当个人在遭到外来侵害并且不能得到国家的及时救济时，可以依靠自身的力量来进行防卫或反击，显然上述行为对整个社会是有利的，因此立法者就赋予防卫行为的正当性以及合法性。可见，防卫行为由动物的本能反击到私人之间的同态复仇，再到为社会所认可的正当行为，其发展是渐进且必然的。

随着氏族习惯和宗法等不成文法逐渐演变为成文法，正当防卫制度也相应地产生了实质的变化——由原先的氏族习惯调整变化为日后的成文法律条文的调整。作为国外成文法中的正当防卫制度的雏形，《汉穆拉比法典》以及《古罗马法典》等古法典中都有明确的记载。约公元前1792—1750年的《汉穆拉比法典》第21条规定："自由民侵犯他人之居者，应在此侵犯处处死并掩埋之。"

一般认为，关于正当防卫制度的最早成文法的规定，始于16世纪神圣罗马帝国的《卡洛林纳法典》。[①] 不过，正当防卫作为法律制度在刑法中地位的真正确立，是在1791年的《法国刑法典》。[②] 而将正当防卫确立为一项总则性的一

---

① 参见储槐植著《美国刑法》（第二版），北京大学出版社1996年版，第118页。
② 参见陈兴良著《正当防卫论》，中国人民大学出版社1987年版，第18页。

般制度，则首见于 1871 年的《德国刑法典》。[①] 从此，正当防卫作为刑法总则所规定的一般制度之立法例为其他国家所效仿，从而成为世界刑事立法上的一大趋势，而正当防卫也因此成为各国刑法理论研究中的一个重大恒久课题。

就我国而言，在正当防卫的研究领域，虽然可以称得上著述颇丰，但这些研究成果大多出现在 1997 年刑法修订前。而 1997 年 3 月 14 日由第八届全国人大五次会议通过的新《刑法》，对于原 1979 年《刑法》第 17 条规定的正当防卫制度作了重大修改。尽管刑法修订对于防卫案件的正确处理起了一定的促进作用，但在实践中司法者对于正当防卫的认定，尤其是围绕着界定防卫权的范围及防卫限度的认定等往往还感到较为困惑。因此，针对立法和司法中的主要问题，从学理角度对正当防卫进行体系性的梳理，对于解决理论和实践中的疑难问题，或许会具有一定的价值。

第二节 正当防卫的正当化根据

正当防卫是现代刑法中一个不可或缺的基本制度，故而正当防卫的研究应在刑法学研究中居于重要地位。然而，我国学界对这一问题的研究往往集中在其构成条件、防卫过当等问题上，可能在一定程度上忽视了诸如正当防卫的本质等基础理论问题的深入研究。事实上，就我国的研究情况来看，似乎并未形成对正当防卫本质问题的研讨与争鸣，而西方大陆法系国家对此问题却观点纷纭。其中许多见解值得我们借鉴。正当防卫的本质问题在于说明正当防卫为何不构成犯罪而成为正当行为。从此角度而言，正当防卫的本质与正当防卫的正当化根据有着共通的基底。

[①] 参见王作富主编《刑事实体法学》，群众出版社 2000 年版，第 200 页。

一、正当防卫的正当化根据之思考

大陆法系国家刑法理论关于正当防卫的正当化根据，主要有如下几种观点。[①]（1）法益性的欠缺或优越利益论，这种观点把正当防卫视为防卫者与不法侵害者的利益的冲突，认为对于"不正"的侵害者的利益，不值得法律保护。（2）自然权利说。此说认为正当防卫是基于人的自我保护的本能行使其固有的防卫权利，因而是正当的。该说是康德基于社会契约说提出的原理。根据这一原理，个人基于自我保存的本能具有固有的自己防卫权，只是基于社会契约将此保护权委托给国家，在国家不能给予保护的紧急状态下，个人就能行使自己防卫权。（3）法的自我保全或法的确证说，认为对于侵害法律的行为承认可以进行反击是为了否定不法，以确认法律本身的存在，因而是正当的。根据这一原理，不法是对法的否定，因而应当被否定，据此国家必须确证法秩序。在国家不能确证法秩序的紧急情况下，就由个人进行确证。（4）折中说，认为正当防卫的正当化根据在于追求个人的自我保护法益以及法的确证。对正当防卫的正当化根据议论最多的是德国。在传统上，德国刑法理论主要是依据"个人保全说"和"法的确证说"这两个原理来寻求正当防卫的正当化根据。但近来，德国出现了将两者加以结合而产生的"优越利益说"的原理来说明正当防卫的动向。受德国刑法理论的影响而发展起来的日本刑法理论，过去也是依据"个人保全说"和"法的确证说"这两个原理对正当防卫加以说明的。随着实质的违法性论在日本刑法理论研究中的深入，日本最近也出现了用违法性阻却的一般原理来说明正当防卫的倾向。在这众多的学说中，目前对正当防卫的正当化根据的说明可以分为两种：一是用"社会的相当性"的观点来说明。这种观点是行为无价值论所主张的。行为无价值论者认为，违法的本质是对国家社会的伦理规范的违反。正当防卫是在社会伦理秩序的范围内，为维护某种法秩序服务的行为，因而作为社会的相当行为被正当化。二是用"法益衡量"的观点来说明。这种观点是结果无价值论者所主张的。结果无价值论认为，有法益侵害及危险的就是违法。其中又有两种不同的见解：其一，根据"保护法益的阙如"的原理，认为正当防卫是在必要的限度内，对不法攻击者的利益的否定；其二，

[①] 参见赵秉志主编《外国刑法原理》（大陆法系），中国人民大学出版社2000年版，第125～126页。

以"个人保全说"和"法的确证说"两种原理相结合的产物——"优越利益说"的原理，来说明正当防卫正当化的根据。

我们认为，"法益衡量说"存在许多缺陷。首先，法益侵害说所主张的正当防卫违法性阻却根据的"法益衡量说"运用到实践中能否奏效，是一个问题。在法益有冲突的情况下，简单地说某个法益比其他法益优越、重要，对法益进行排序，极其困难。即便这种排序能够进行，仅仅根据这种排序来判断行为是否具有违法性，在面对极端案件的时候，也显得不是特别慎重。其次，在对待正当防卫所造成的损害大于所避免的损害是否阻却违法性这一问题上。"法益衡量说"认为即使正当防卫所造成的损害大于所避免的损害，也可能排除犯罪的成立。它主张法律虽然以最大限度地保障个人利益为目的，但在不得不否定一方的利益时，从社会整体的见地来看也应当认为是为了保全更大的法益。正当防卫是在紧急状态下实施的行为，在面临紧迫的不法侵害的情况下，防卫人没有退避的义务，因为"正当没有必要向不正当让步"；不法侵害者的法益虽然没有被完全否定，但应受保护的法益优越于不法侵害者的利益；换言之，不法侵害者的利益实质上受到了缩小评价。笔者认为"法益衡量说"的解释不能自圆其说。一方面，"法益衡量说"主张用优越的利益原理解释正当防卫，正当防卫是为了保护某种法益而牺牲价值低的或同等法益时，行为就不具有违法性；另一方面，"法益衡量说"又主张当正当防卫所造成的损害大于所避免的损害，对不法侵害者的利益作缩小评价，那么正当防卫所造成多大的损害才是法律所允许的，对此"法益衡量说"没有给出任何标准。

因此，我们主张用社会相当性的理论说明正当防卫的正当化根据。社会相当性从以下三个方面加以判断[①]：（1）目的的正当性。在社会生活中，存在各种利益冲突。行为人基于本人立场，追求本人的目的，一般认为可能有失妥当，但只要这种目的符合社会生活的一般伦理秩序，即应视为正当。在正当防卫中，出于防卫的意图，就是一种正当的目的。因此，目的的正当性应从行为人的动机、行为人对正当价值的认识等主观的层面予以把握。（2）手段的正当性。这里的手段，是指实现正当目的的方法。目的正当，是成立正当防卫的前提，但并非唯一标准。换言之，不能以目的正当性证明手段的正当性，否则，将允许

---

① 参见雷丽清《正当防卫的正当化根据——法益侵害说与规范违反说之对立》，载《理论观察》2008年第4期。

行为人不惜采取一切手段实现其正当目的，从而有悖于社会伦理观念。因此，手段的正当性具有独立于目的正当性的判断价值。如果目的虽然正当，但采取不正当的手段，仍然为社会观念所不允许，因而欠缺社会相当性。（3）相当性是基于一般人的规范意识进行判断的。根据社会一般人生活上的经验，防卫人的行为没有违反规范，为规范所允许。如果追究防卫人的刑事责任就会破坏规范的有效性。规范是解释世界的方式，它使人产生远离犯罪的心理强制力，可以充分获得作为抑制力量发生作用的效果。谁怀疑、否认、破坏规范，谁就是在扰乱社会，谁就不是社会中积极的合作者。犯罪不是法益侵害，而是规范否认。对否认规范的行为人科处刑罚，就是为了向一般的市民证实遵守规范是正确的，错误的是行为人。行为人破坏了规范，这是事实，但是，规范通过刑罚就反事实地坚持了自身的正确性。[①] 我们认为，可以借鉴雅科布斯现实关于规范否认的理论，在正当防卫的场合，攻击者违背了规范，防卫人的行为没有违反规范，而是在恢复规范，因而在观念上我们一般认为防卫行为承认了规范的有效性。

二、正当防卫正当化根据的新解说

上述诸观点对于理解正当防卫的本质无疑具有启示意义。正当防卫的本质问题在于说明正当防卫为何不构成犯罪而成为正当行为。从此角度而言，正当防卫的本质与正当防卫的正当化根据有着共通的基底。我们认为，正当防卫的本质在于权力与权利统一，在我国又可视为权利与义务的统一。如前所述，在刑法出现之后，国家就承担了保护公民权利的职责，当合法权益遭受犯罪行为侵害时，受害者通常借助国家的司法机关，依照法定的诉讼程序，通过刑罚权的行使才得以维护，消弭已经受到的侵害，即以公力救济的方式来维护权利。[②] 但公力救济仅仅只能在事后实施，对正在进行的紧迫的侵害权利的行为往往无能为力。既然国家在某些特定的情况下无法提供有效的公力救助，这种权力便只能复归个人，即由公民个人行使私力救济权。换言之，为了弥补公力救济在

---

① [德] 京特·雅科布斯著：《规范人格体社会——法哲学前思》，冯军译，法律出版社2001年版，第90～102页。
② 参见苏惠渔著《犯罪与刑罚理论专题研究》，法律出版社2000年版，第234页。

时间上的滞后性与结果的不完整性，达到全面维护合法权益的目的，法律往往确立了特殊条件下的私力救济行为的合法地位。"不为了保卫我而制定的法律不能对当时的强力加以干预以保障我的生命，而生命一经丧失就无法补偿时，我就可以进行自卫并享有战争的权利，即杀死侵犯者的自由，因为侵犯者不容许我有时间诉诸我们共同的裁判者或法律的判决来救助一个无可补偿的损害。"① 从此角度而言，正当防卫对国家权力具有补充性、辅助性，即具有权力的意蕴。而一般认为，正当防卫是一种权利行为，因为防卫人为排除不法侵害的侵害者本身加以反击，其目的全在于主张自己或其他权利，而法律之使命亦不外权利之保护，所以，正当防卫的本质与法律保护权利之精神并无不合，应认定为法律之权利行为，故一般学者皆以正当防卫权称之。这样，正当防卫可以说是权利与权力的有机统一体。而对于我国这样一个社会主义国家来说，正当防卫的本质又可视为权利与义务的统一。正当防卫作为公民依法享有的权利，渊源于我国宪法。《宪法》第12条规定："社会主义的公共财产神圣不可侵犯。"《宪法》第37条规定："中华人民共和国公民的人身自由不受侵犯。"这些规定是我国刑法设置正当防卫制度的立法根据。在我们社会主义国家，保护合法权益免受不法侵害，不仅是司法机关的任务，而且在一定程度上也是人民群众的职责，正当防卫就是国家赋予公民行使这项职责的权利和根据。② 同时，正当防卫也是一项道德义务，勇于同违法犯罪作斗争的人，受到人们的赞扬；不敢与违法犯罪行为作斗争的人，受到人们的唾弃。③ 对于特定的人来说，对不法侵害予以制止还是一项法律义务，例如人民警察在合法权益遭受不法侵害时，必须实行必要的反击行为，与不法侵害人进行斗争。④ 故而，在我国正当防卫的本质也可看作是权利与义务的有机统一。

值得一提的是，有学者认为："正当防卫的本质是多元的，而不是一元的。正当防卫排除犯罪成立的根据是多样化的，应该从个人权利与国家权力的对立统一、报应与预防的结合、正义与秩序的对立统一等诸多方面探求正当防卫的理论基础，否则必然陷入片面化的泥潭。"⑤ 笔者认为，这种观点是值得商榷

---

① [英]洛克著：《政府论》（下篇），商务印书馆1964年版，第14页。
②③ 参见姜伟编著《正当防卫》，法律出版社1988年版，第24、26页。
④ 当然，犯罪人正在实施危害公共安全的重大犯罪行为时，人民警察开枪击毙犯罪人的究竟是正当防卫行为还是职权（职务行为），对此问题，我们认为值得进一步研究。详细可参看本书"正当防卫的本体思考"部分中的相关论述。
⑤ 王政勋著：《正当行为论》，法律出版社2000年版，第41页。

的。首先，正当防卫本质不可能是报应与预防的结合，报应与预防的有机统一是国家刑罚权的本质。而正当防卫对于刑罚来说，仅仅是特殊情况下的例外。详言之，正当防卫只是公民在合法权益受到正在进行的不法侵害的紧急情况下采取的一种救济措施，其目的仅仅在于使合法权益免受不法侵害。而刑罚则是人民法院代表国家对犯罪分子所适用的制裁方法，是对犯罪分子某种利益的剥夺，并且表现出国家对犯罪分子及其行为人的否定评价。[①] 故而，两者不能相提并论，不容混淆。所以，不可能将报应与预防作为正当防卫自身固有的、区别于他事物的性质。其次，将正义与秩序的对立统一作为正当防卫的本质，似乎也不够准确。正义与秩序的对立统一充其量不过是权利与权力的有机关系在价值层面的体现，它从根本上讲还要归结为权利与权力的统一。故而，正当防卫的本质不可能是多元的，而是一元的，即权利与权力的有机统一。

第三节 正当防卫的概念及意义

一、正当防卫的概念

正当防卫的概念，通常是由刑法典予以明确的。各国刑法典关于正当防卫的立法概念归纳起来无外乎以下四种形式[②]：第一，把正当防卫作为一种符合特定的违法阻却事由的行为加以规定；第二，把正当防卫作为一种符合犯罪客观构成要件的行为加以规定；第三，把正当防卫区分为几种不同的防卫类型分别对其概念加以规定；第四，对正当防卫的构成要件及非罪性质加以明确规定。我国1979年和1997年刑法典采取了第四种立法概念，清晰地厘定了正当防卫的构成要件并且规定其非罪性质，从而在质与量的统一上正确地界定了正当防卫的概念。

[①] 参见陈兴良著《正当防卫论》，中国人民大学出版社1987年版，第41页。
[②] 参见王作富主编《刑事实体法学》，群众出版社2000年版，第202～205页。

根据修订后《刑法》第 20 条第 1 款的规定："为了使国家、公共利益、本人或者他人的人身、财产和其他权利免受正在进行的不法侵害，而采取制止不法侵害的行为，对不法侵害人造成损害的，属于正当防卫，不属于刑事责任。"可见，1997 年刑法关于正当防卫的界定与 1979 年刑法规定相比较，作了较大的修订：第一，将"为了使公共利益，本人或他人的人身和其他权利……"修改为"为了使国家、公共利益、本人或者他人的人身、财产和其他权利……"增加"国家"二字表明正当防卫所保护的也可以是国家利益，以增强社会主义国家人民热爱祖国，维护国家利益至上的观念；第二，增加了对"财产"权利的保护，这是为适应当下市场经济体制发展的需要，解决过去对防卫财产不受非法侵害要求过严的倾向；第三，将防卫人"采取正当防卫行为"修改为"采取的制止不法侵害的行为，对不法侵害人造成损害的，属于正当防卫"。如此使得正当防卫的内容更加明确，说明正当防卫是制止不法侵害行为的正义行为，因而法律允许防卫人对不法侵害人造成损害，这在很大程度上解除了防卫人的思想顾虑。[①]根据新《刑法》的规定，正当防卫的概念，应当表述为：为了使国家、公共利益、本人或他人的人身、财产和其他权利免受正在进行的紧迫的不法侵害而采取的一定限度的损害不法侵害人利益以制止不法侵害的行为。[②]"正当防卫不仅可以保护自己的利益，而且也可以作为保护他人利益之应急方法，将正在发生的威胁限制在'亲属'范围内的做法，我们的法律是不予采纳的。"[③]因此，正当防卫不同于我们一般老百姓所讲的自卫，正当防卫的外延应当大于自卫。

分析正当防卫的概念，我们认为，凡是正当防卫行为，都同时具备了如下三个基本特征：

（1）正当防卫首先必须是保护合法权益免受不法侵害的行为，即具有防卫性。正如我国台湾地区的学者指出，正当防卫系对现在不法之侵害，出于防卫自己或他人之权利所为适当之反击行为也。个人对当前之紧急危害，予加害者反击，以排除侵害，保护自己或他人之权利。制止不法侵害、保护合法权益是正当防卫的正当性之所在，是确定正当防卫的前提和基础。如果某种行为并不

[①] 参见周柏森《正当防卫的修改与完善》，载丁慕英等主编《刑法实施中的重点难点问题研究》，法律出版社 1998 年版，第 446 页。
[②] 参见彭卫东《正当防卫的概念试析》，载《法商研究》1998 年第 3 期。
[③] [德]弗兰茨·冯·李斯特著：《德国刑法教科书》，徐久生译，法律出版社 2000 年版，第 227 页。

是保护合法权益，而是有损于合法权益，那就不可能成为正当防卫。

（2）正当防卫同时是给不法侵害人造成一定损害的行为，即具有损害性。正当防卫是对正在进行不法侵害的反击行为，保护合法权益免受侵害是正当防卫的实质内容，损害不法侵害人的利益是正当防卫的表现形式。维护合法权益是对不法侵害人造成损害的目的，而损害不法侵害人的利益则是保护合法权益的手段，它们是正当防卫的两个不同的特征，又是紧密联系、辩证统一的。①

（3）正当防卫不仅仅是不负刑事责任的行为，而且是有益于社会的正当行为，即具有正当性。正当防卫尽管在形式上具有加害行为的表现形式，可其目的是为了保护合法权益，制止正在进行的不法侵害，损害不法侵害者的利益是必要的。故而，正当防卫与犯罪行为有本质区别，防卫人无须为正当防卫行为而承担刑事责任。进而言之，正当防卫更应是为社会所鼓励的正当行为。正当防卫行为不仅是刑法所不禁止的中性行为，而且更是法律所积极倡导的有价值行为。唯有如此，才有可能最大程度地激发和调动广人民群众与违法犯罪行为进行斗争的自觉性和积极性，更加及时、有效地打击危害社会秩序的重大刑事犯罪活动，以维持社会的稳定和保障国家、社会和广大人民群众的合法权益。

当然，把握正当防卫的概念，还需要和我们日常生活中的一些习语区分开来，比如说见义勇为和正当防卫的关系。见义勇为和正当防卫这两个概念有些相似，都是公民在遭受到特别紧急的情形下，所作出的一种义举。但正当防卫和见义勇为的界限也是明晰的——最大的不同来自两者的所面临的危险源是不同的：正当防卫的场合下行为人遭受的是他人的不法侵害，而见义勇为的情形下行为人遭遇的危险可以是他人的暴力侵害，但也可以是动物猛禽的袭击，甚至是来自于自然力量的冲击。因此，正当防卫行为一般会被视为见义勇为，但见义勇为可能就不是正当防卫。比如2010年3月9日晚10时，江西赣州市信丰县大塘埠镇在京创业青年曾庆香和妹夫途经北京六环路小汤山路段时，发现正前方一辆大众甲壳虫车失去控制翻在路边。两人不顾高速路上的危险，迅速将事故车上的央视女记者救出。这时，一辆夏利车因失去控制撞上栏杆。曾庆香和刚刚得到帮助的央视女记者刘薇又马上跑去救援车上被困的人员。不料，一辆金杯车飞驰而来，曾庆香和刘薇被撞出10多米远后身亡。显然，曾庆香和

---

① 参见姜伟编著《正当防卫》，法律出版社1988年版，第20页。

刘薇救人的行为是见义勇为，但却不是正当防卫。[①] 另外，正当防卫也不同于自卫。社会上一种比较流行的观点认为，正当防卫其实就是把一般的自卫上升到了一种法定权利的高度。我们认为，这种观点是值得商榷的。我们通常说自卫，其实就是防卫自身，它与正当防卫还是有一定区别的。自卫指当一个人受到他人的即时非法打击并没有机会为其抵抗打击而诉诸法律时，而对侵犯者采取合理的武力打击以防卫自己不受身体伤害的行为。因此，自卫行为维护的是自己的生命、健康或者财产权利。而正当防卫行为维护的不仅仅是公民自己的合法权利，而且还可以是他人的合法权益，甚至是公共利益和国家利益。显然，正当防卫概念的外延要大于自卫，两者不可混为一谈。

二、正当防卫的意义

我国刑法规定正当防卫制度是为实现刑法的任务而服务的，它赋予公民反击侵害行为的权利，具有积极的社会政治内容，是具有重要意义的一项法律制度。[②] 在我们看来，正当防卫制度不仅在理论上具有重大价值，而且也具有重要的实践意义。

从理论上看，法律规定正当防卫不负刑事责任，表明我国刑法坚持行为符合犯罪构成是刑事责任的法学根据的立场，某种行为事实，经过犯罪构成判断，与犯罪构成不符合，就不成为犯罪构成事实即不构成犯罪，也就不可能被追究刑事责任。[③] 在正当防卫的场合下，首先，从客观上看，防卫行为表面似乎符合某些犯罪的客观要件，但事实上，防卫行为不是确实符合犯罪的客观要件，相反是刑法允许实施的行为。其次，从主观上讲，防卫人对所实施的造成一定损害的正当防卫行为，在日常生活意义上是"故意"实施的，但防卫人根本就没有刑法意义上的故意与过失，相反，行为人往往是为了保护国家、公共利益、

[①] 2010年3月18日，曾庆香被家乡江西省赣州市信丰县政府正式授予"见义勇为"称号。同时，其家属已委托媒体向北京市有关民政部门申报"见义勇为"称号。北京民政将首次启动快速受理特别程序，并通过司法程序确认曾庆香和刘薇的见义勇为行为。
[②] 参见周柏森《正当防卫的修改与完善》，载丁慕英主编《刑法实施中的重点难点问题研究》，法律出版社1998年版，第452页。
[③] 参见赵廷光主编《中国刑法原理》（总论卷），武汉大学出版社1992年版，第349～350页。

本人或者他人的人身、财产或其他财产免受侵害或者危险。所以，行为人主观上根本没有罪过，不能认为其具有刑法上的故意与过失。[①] 综上，正当防卫之所以不负刑事责任，就因为它完全不符合主客观相统一的犯罪构成，不仅没有社会危害性，而且对社会是有益的。[②] 必须指出，亦有学者指出，正当防卫的理论意义在于证明我国刑法始终坚持认为，社会危害性是犯罪的本质特征，没有社会危害性，绝对不能认为是犯罪行为。我们认为，从形式的角度而言，似乎不必要强调犯罪的本质特征。法律上的犯罪，就是实质上犯罪的定型化，完全符合犯罪构成的行为，就是以法律的语言表明犯罪已具备严重的社会危害性。[③] 因而，强调正当防卫不负刑事责任的原因在于其没有社会危害性的看法恐怕不如本书的观点直接、具体，易于接受。[④]

再从实践上来讲，规定正当防卫有三个方面的意义[⑤]：第一，它以法律的明文规定，赋予每个公民都有同正在进行的不法侵害作斗争，以保护国家、公共利益、本人或者他人的人身、财产等权益的权利，这不仅为我们国家和每个公民的合法权益提供了全面可靠的法律保障，而且对上述权益免遭损害更具有实际意义；第二，鼓励公民奋起反击违法犯罪行为，教育广大群众不仅在自己的合法权益遭到不法侵害时，而且在他人的合法权益遭到不法侵害时，也都可以挺身而出，同不法侵害者进行斗争，使不法之徒陷于人民群众的汪洋大海之中；第三，有效地震慑犯罪分子，维护良好的社会秩序。正当防卫赋予在特殊情况下，人民群众面对正在进行的行凶、杀人等暴力犯罪人可以致其伤害甚至死亡的权利，这对广大人民群众是极大的鼓舞，而对不法侵害分子则是有力的震慑，使他们不敢以身试法。因此，正当防卫制度的有效运作必然会对预防和减少犯罪，控制犯罪的生成具有积极的意义。

[①] 参见张明楷著《刑法学》（上），法律出版社1997年版，第219页。
[②] 参见王作富著《中国刑法研究》，中国人民大学出版社1988年版，第191页；周柏森《正当防卫的修改与完善》，载丁慕英等主编《刑法实施中的重点难点问题研究》，法律出版社1998年版，第446页等。
[③] 参见贾宇《犯罪的概念与特征》，载赵秉志主编《刑法争议问题研究》（上卷），河南人民出版社1996年版，第170页。
[④] 当然，这里面还可能涉及罪刑法定原则与社会危害性的冲突问题。详细请参看"罪刑法定原则在中国的时代命运"专题研讨，见胡驰、于志刚主编《刑法问题与争鸣》，中国方正出版社2000年版。
[⑤] 参见王作富著《中国刑法研究》，中国人民大学出版社1988年版，第191页。

第三章
正当防卫之权力限制要件
——不法侵害条件

第一节　正当防卫成立条件概述

一、正当防卫的成立必备条件

关于正当防卫成立必须具备的条件，我国刑法理论上主要有"四条件说""五条件说"与"六条件说"三种不同的观点。

"四条件说"认为，正当防卫的成立必须同时具备以下四个条件：（1）必须有不法的侵害行为；（2）必须是正在进行的侵害行为；（3）防卫必须是对不法侵害者本人进行；（4）防卫行为不能超过必要限度造成不应的损害。[①]"五条件说"则是在"四条件说"的基础上增加了一个正当防卫的主观条件，即行为人主观上必须具有防卫意图。这种观点认为"四条件说"所主张的四个条件只不过反映了正当防卫的客观方面，但正当防卫应是主观和客观的统一，正当防卫的主观方面条件，也是其构成的必要要件，同样不可或缺。[②]"六条件说"是在"五条件说"的基础上又增加一个损害性条件，即防卫行为必须给不法侵害人造成了损害。这种观点认为，给不法侵害人造成损害是正当防卫行为的应有之义，如果行为根本未给不法侵害者造成损害，其合法性是毋庸置疑的，因此，不应纳入正当防卫的研究范畴。[③]

应该看到，上述观点中，"四条件说"为正当防卫成立条件的研究奠定了良好的基础，但其所揭示正当防卫的四个条件均是客观条件，没有阐述正当防卫成立的主观条件，因而恐怕是不够全面的。"五条件说"在"四条件说"的基础上增加了正当防卫的主观条件，使正当防卫成立条件进一步充实，殊为可取。

[①] 参见高铭暄主编《刑法学》，法律出版社1982年版，第164～166页。
[②] 参见陈兴良编著《正当防卫论》，中国人民大学出版社1987年版，第50～51页；张明楷著《犯罪论原理》，武汉大学出版社1991年版，第333～334页。
[③] 参见王政勋著《正当行为论》，法律出版社2000年版，第147～148页。

而"六条件说"将防卫行为的损害性作为正当防卫成立条件,似乎是不妥当的。前已指出,对不法侵害者造成损害是正当防卫的必然属性、根本特征,而正当防卫的成立条件只是在整体上反映其基本特征。正如刑事违法性是犯罪的基本特征,却不能作为犯罪的成立条件一样,作为正当防卫基本特征的对不法侵害者造成损害的属性不可能与正当防卫的成立条件相提并论。

二、正当防卫成立条件的分类

目前,刑法理论上对正当防卫成立条件的分类存在二分法与三分法,二分法居于主流的地位。在二分法下,又有三种不同的表现形式:第一种是将正当防卫的成立条件分为不法侵害的条件和防卫方面的条件两类[1];第二种是将正当防卫的成立条件分为正当防卫成立的前提性条件和实施防卫行为的合法性条件两类[2];还有一种是将正当防卫的成立条件分为主观条件和客观条件两类[3]。三分法认为正当防卫的条件可以分为客观条件、主观条件和限度条件三类,并认为前两类条件是定性条件,由此确定了正当防卫"正"的性质,不符合这些条件的不是防卫行为;后一类条件是定量条件,由此体现了正当防卫"当"的要求,不符合该条件的,虽然仍不失为防卫行为,但却不属于正当防卫的范畴。[4]

上述关于正当防卫成立条件的分类法中,三分法不是亦步亦趋地追随刑法的规定,而是试图超越刑法的规定,无疑具有积极的一面。但从逻辑上看,三分法很难称得上科学合理的。因为按客观、主观相统一标准的分类与按定性、定量相统一标准的分类是两种大相径庭的分类方法,而形式逻辑的分类规则之一便是分类标准必须统一,将以不同标准划分出来的正当防卫成立条件混杂在一起,势必会产生分类重叠的逻辑错误。事实上,客观条件与主观条件是以客观与主观统一的标准分类的,定性条件与定量条件则是认定性与定量相统一的标准分类的,根本无法把它们统一起来。三分法将客观条件、主观条件、限度条件作为正当防卫成立的条件,确实有商榷的余地。而在二分法中,我们认为,

---

[1] 参见王作富著《中国刑法研究》,中国人民大学出版社1988年版,第193～206页。
[2] 参见高铭暄主编《中国刑法学》,中国人民大学出版社1989年版,第147～152页。
[3] 参见陈兴良著《正当防卫论》,中国人民大学出版社1987年版,第52～56页。
[4] 参见王政勋著《正当行为论》,法律出版社2000年版,第122页。

第一、三两种比较恰当，而第二种分类似乎存有疑问。第二种分类将正当防卫的成立条件分为正当防卫的前提条件和实施防卫行为的合法性条件，可能犯了形而上学的错误，"正当防卫的任何一个条件，应当说都是正当防卫的前提条件，因为缺少了其中任何一个条件都不能成立正当防卫。同时，正当防卫的任何一个条件都决定着某一行为是否符合法律关于正当防卫的规定。"[①] 因此，将正当防卫的成立条件人为地区分为前提条件和合法性条件，可能是有失妥当的。第一种分类将正当防卫的成立条件分为不法侵害的条件和防卫方面的条件两类，似乎有割裂不法侵害与防卫之间的联系，但它具有清晰明确、易于为司法实践所把握的特点，故也不乏合理性。第三种分类强调了正当防卫成立条件对刑法主客观相统一基本原则的体现，从此角度而言，也是合理可取的。但"从各国刑法典的规定看，正当防卫成立的条件，均从侵害与防卫两个方面来考量。"[②] 我国也有学者指出："正当防卫是由两方面组成的，一方面是不法侵害行为，另一方面，是防卫行为，也就是侵害者和防卫者的矛盾对立的统一。"[③] 因此，本书为了充分彰显正当防卫"正"对"不正"的性质，并且呼应本书整体的逻辑架构，倾向于将正当防卫的成立条件分为权力限制要件（即侵害要件）与权利保障要件（即防卫要件）。其中，正当防卫权力意蕴之限制，主要来自对不法侵害条件的要求，包括"不法侵害必须客观存在"与"不法侵害必须在进行"等条件，正当防卫权利意蕴之保障，主要包括"防卫人必须具有防卫意图""防卫行为必须针对不法侵害者本人"与"防卫行为不能超过防卫限度"等条件。

第二节　不法侵害之紧迫性

正当防卫只能针对不法侵害实施，这是正当防卫的本质要求，如果不存在

[①] 赵秉志主编《刑法争议问题研究》（上卷），河南人民出版社1996年版，第513页。
[②] 王作富主编《刑事实体法学》，群众出版社2000年版，第207～208页。
[③] 王作富著：《中国刑法研究》，中国人民大学出版社1988年版，第193页。

不法侵害，正当防卫就无从谈起。① 因而，正当防卫的侵害要件必然要求不法侵害的客观存在。对此，我们认为应注意如下几个问题。

一、"不法侵害"范围的界定

对于不法侵害是仅指犯罪侵害还是也包括违法侵害的争议这一问题，我国刑法理论上存在三种不同的观点：（1）犯罪行为说。这种观点认为只有对社会危害最大的犯罪行为才有可能实施正当防卫行为，否则，就会扩大打击面，造成不应有的危害。②（2）无限制的犯罪违法说。此种观点认为，不法侵害行为，不仅指犯罪行为，也包括其他违法的侵害行为。主张这种观点的主要理由是：其一，正当防卫要求的只是不法侵害存在，并没有将其起因条件局限于犯罪行为。其二，不法侵害刚刚着手时，往往很难断定它是犯罪侵害还是一般违法侵害，而当不法侵害的性质能够明显地分为犯罪或违法时，不法侵害的结果又大都已经出现，正当防卫的意义也就随之丧失。其三，违法与犯罪没有不可逾越的鸿沟，不允许对违法侵害进行正当防卫，无疑会放纵不法侵害人，从而使受害人遭受更大的损害。③（3）有限制的违法犯罪说。此种观点认为，正当防卫中的不法侵害，既包括犯罪行为，也包括违法行为，但不是所有的犯罪违法行为都属于不法侵害。只有那些能形成侵害紧迫性，且可以用正当防卫避免或减轻其危害结果的犯罪违法行为，才属于不法侵害，那些不具有侵害的紧迫性或者用正当防卫不能避免或减轻其危害结果的犯罪违法行为，不属于正当防卫中的不法侵害。④

在我们看来，正当防卫的立法规定所针对的对象主要是防卫者与司法者⑤，因而，对于上述不法侵害的范围问题可以从防卫者和司法者两个角度来分析。

---

① 参见高铭暄、马克昌主编《刑法学》，北京大学出版社、高等教育出版社2000年版，第133页。
② 参见周国均、刘根菊编著《正当防卫的理论与实践》，中国政法大学出版社1988年版，第35页。
③ 参见赵秉志主编《刑法学通论》，高等教育出版社1993年版，第271页。
④ 参见张明楷著《犯罪论原理》，武汉大学出版社1991年版，第323页。
⑤ 刑法规范可以区分为行为规范与裁判规范。对于广大公民来说，刑法规范具有指引适当行为的机能；对于司法者来说，刑法规范具有指导合理裁判的机能。应当看到，立法上设立正当防卫规定的主要目的在于一方面鼓励公民见义勇为、同违法犯罪作斗争，同时对防卫权予以限制；另一方面也对司法者裁量正当防卫案件提供统一的标准，防止司法者不当裁判。当然，正当防卫的立法规定对于潜在的不法犯罪分子也具有威慑作用。

首先，防卫人遭遇到不法侵害的场合下，我们认为，判断这种侵害究竟是犯罪行为还是一般违法行为，不是防卫者的义务，而是司法机关（人民法院）的职责。①"对于防卫者而言，只要他发现某种权益正在受到不法侵害，他就有权实施正当防卫行为，而不能要求他在行使防卫权之前越俎代庖地替司法机关认定一下该行为到底是犯罪行为还是一般违法行为"。②从现实来看，要求文化水平、法律知识水平各异、反应速度快慢有别的不同的防卫人对社会危害性在量上存有差别的一般违法行为与犯罪行为做出准确的判断，在很多案例中不免有强人所难之嫌。因而，对于防卫者来说，不法侵害不必仅限于犯罪行为。③其次，对于在事后对防卫案件做出裁判的司法者来说，不法侵害是否仅限于犯罪行为呢？我们认为，从司法者角度而言，不法侵害也不宜仅限于犯罪行为。因为假若司法者在事后对不法侵害做出准确界定——如认定不法侵害为犯罪行为，则行为人实施正当防卫是适当的，但如果认定不法侵害行为没有达到犯罪程度，则防卫行为就失去适当性——如此很可能使防卫人在实施防卫行为瞻前顾后束手束脚，影响防卫权的有效行使，不利于切实发挥正当防卫在保护合法权益方面的应有作用。因此，不法侵害行为不仅包括犯罪行为，而且还应涵括一般违法行为。

此外，"正当防卫所能够制止的不法侵害行为不同于一般意义上的违法犯罪行为，它有自己特殊的质和量的规定性"④。在我们看来，作为正当防卫对象的不法侵害行为的特点突出体现在如下两个方面：第一，不法侵害行为在时间上的紧迫性。所谓"紧迫"，"是指在事态紧急，又没有足够时间或方法寻求官方保护，侵害即将发生的状态"⑤。紧迫意味着法益侵害现实存在或者直接面临，正是因为紧迫，所以否定侵害者的法益也是正当的。⑥第二，不法侵害行为的可阻断性。所谓可阻断性是指不法侵害行为从开始实施到侵害结果出现有一段时间范围，在此期间如果实行防卫行为，可能使侵害行为被迫停止，无法继续

---

① 我国《刑事诉讼法》第12条规定"未经人民法院依法判决对任何人不得确定有罪"，据此，唯有人民法院才有判断某种行为是否为犯罪的权利。
② 王政勋著《正当行为论》，法律出版社2000年版，第124页。
③ 其实，更准确地说，"犯罪行为"应改为"可能构成犯罪的行为"，但遵从习惯表述，此处不作变动。
④ 刘守芬、黄丁全主编《刑事法律问题专题研究》，群众出版社1998年版，第216页。
⑤ ［日］木村龟二主编《刑法学词典》，上海翻译出版公司1991年版，第198页。
⑥ 参见张明楷著《外国刑法纲要》，清华大学出版社1999年版，第156页。

进行下去。① 根据以上对不法侵害行为特点的分析，不难看出只要不法侵害违反了法律规定，对法律所保护的对象正在进行侵害或造成现实的威胁，且如果对这些行为进行防卫行为可能防止危害后果的发生，才属于正当防卫中的不法侵害。②

综上，我们认为，"有限制的犯罪违法说"是较为可取的，而"犯罪说"和"无限制的犯罪违法说"则似乎均有不妥之处，为我们所不采。

二、"不法侵害"是否包括过失犯罪

故意犯罪可以成为正当防卫中的不法侵害，在理论上已为不争之论，而对于不法侵害是否包括过失犯罪，目前刑法理论则看法不一，主要存在着三种不同的观点：第一种观点认为对于那种外观上以暴力或武力形式出现的过失犯罪行为，可以实行正当防卫，对于其他过失犯罪行为，则不能实行正当防卫③。第二种观点认为，在个别情况下，不法侵害人主观上可能是出于过失的罪过形式，已经给某种合法权益带来损害或即刻可造成损害。在这种情况下，对行为人采取的制止其侵害行为的措施，应当属正当防卫④。第三种观点认为，对过失犯罪不能实行正当防卫。因为过失犯罪都是结果犯，它以行为造成一定的危害结果为必备要件。过失犯罪的这一特性决定了当过失犯罪成立之时，不法侵害也随之结束，不法侵害既已结束，当然也就不能再对之实行所谓的"正当"防卫了。⑤

根据我国刑法理论通说，"在过失犯罪的情况下，行为人负刑事责任的客观基础是行为对社会造成的严重危害后果。"⑥ 这样，过失犯罪均以物质性的实害结果的出现作为构成犯罪的必要要件。因而，过失犯罪成立之时即是危害结果

---

① 参见马克昌等主编《刑法学全书》，上海科学技术文献出版社1993年版，第117页。
② 参见刘守芬、黄丁全主编《刑事法律问题专题研究》，群众出版社1998年版，第219页。
③ 参见周国均、刘根菊编著《正当防卫的理论与实践》，中国政法大学出版社1988年版，第41~42页。
④ 参见马克昌主编《犯罪通论》，武汉大学出版社1999年版，第725页。
⑤ 参见赵秉志主编《刑法争议问题研究》（上卷），河南人民出版社1996年版，第518页。
⑥ 高铭暄、马克昌主编《刑法学》，北京大学出版社、高等教育出版社2000年版，第116页。当然亦有学者提出了过失危险犯的概念，并认为，在过失犯罪的某些场合下，行为不必产生重大的危害后果，便可对行为人追究刑事责任。详细请参见刘仁文《过失危险犯研究》，中国政法大学出版社1998年版。

发生之时，在危害结果发生之前其行为还不能称之为犯罪，因此，对于过失犯罪由于缺乏犯罪行为"正在进行"这一条件（下文将详论这一条件）而不能实行正当防卫。① 基于这种考虑，上述第一种与第二种观点恐怕是有失妥当的，第三种观点否定了对过失犯罪实行正当防卫的可能，无疑具有较大的合理性，但其对于那些给合法权益造成紧迫威胁的过失违法侵害可以进行正当防卫的观点，又显得不够严谨。② 我们认为，根据前文对不法侵害特点的研究，对于在危害结果发生之前的过失行为（即可能构成过失犯罪的行为），只有在这种过失侵害不仅具有造成合法权益损害的紧迫性，而且采用损害过失行为人的某种权益方式可以使合法权益得以保全的情况下，才可能对其允许实行正当防卫。

三、"不法侵害"是否包括不作为犯罪

对于不作为犯罪能否实行正当防卫，目前刑法学界存有两种迥异的观点：第一观点认为，不作为犯罪不具备危害的紧迫性，同时，正当防卫也不能制止不作为犯罪，故而对不作为犯罪不能实行正当防卫。③

英美法系某些国家的刑事立法认为对不作为可实施正当防卫，如加拿大1971年《刑法典》第41条第（一）款规定："和平占有居所或不动产之人及其合法辅助人或授权人，因防治他人不法侵入居所或不动产，或使其离去而使用必要程度之武力者，应认为正当之行为。"④ 另一种意见认为，对不作为犯罪能否实行正当防卫，应当看其是否形成了侵害的紧迫性，对形成紧迫性的不作为犯罪，可以实行正当防卫。⑤

从实践来看，绝对地禁止对所有不作为犯罪实行正当防卫，可能有悖于设立正当防卫制度的目的，不利于合法权益的保护，由此，第一种观点似乎值得怀疑。但是鼓励对形成紧迫性所有的不作为犯罪实行正当防卫，却也有导致滥用防卫权之嫌。因而，对于不法侵害是否包括不作为犯罪的争议问题实际上涉

---

① 参见赵秉志、刘志伟《正当防卫理论若干争议问题研究》，载《法律科学》2001年第2期。
② 参见马克昌主编《犯罪通论》，武汉大学出版社1999年版，第725页。
③ 参见姜伟编著《正当防卫》，法律出版社1988年版，第64页。
④ 参见《外国刑法研究资料》（第六辑），中国政法大学出版社1983年版，第23页。
⑤ 参见陈兴良著《正当防卫论》，中国人民大学出版社1987年版，第99～100页。

及两种不同价值取向的取舍问题[1]，对此，任何简单地肯定或否定回答恐怕都难以令人满意。我们认为，这里面有一些问题需要认真予以考虑。首先，正当防卫能否制止不作为犯罪？我们认为，对于那些形成紧迫危害的不作为犯罪，完全可以通过对犯罪人的一定权益造成损害以达到迫使其积极地履行义务并进而制止犯罪的效果。有必要指出的是，正当防卫制止不作为犯罪的机理与正当防卫制止作为犯罪有所不同。详言之，对于作为犯罪，防卫人可以通过自己的防卫行为直接予以制止，而不需要犯罪人本人的行为参与；由于不作为犯罪是行为人不履行自己应当履行的义务而构成的犯罪，要制止不作为犯罪，除了防卫人的行为外，还需要犯罪人积极地履行义务，否则，就不能制止不法侵害。[2]其次，既然正当防卫能够制止不作为犯罪，那么下面我们分别来讨论两种情况：

（1）如果防卫人自己可以直接实施某种行为避免危害结果的发生，在这种情况下，是否可以对不作为犯罪人进行正当防卫？有学者认为，他人既然能够直接防止危害结果的发生，就没有必要实行正当防卫。[3]我们认为，这种见解是有一定道理的。"在正当防卫中，还是应当在一定程度上强调防卫的效果，以避免防卫权的滥用，防止国家权力不当地为个人所行使。"[4]案例一：某市幼儿园保育员李某（女，30岁）于某日下午带领8名幼儿外出游玩。途中幼儿王某（女，3岁）失足坠入路旁粪池，李某见状只向农民高声呼救，不肯跳入粪池救人。约20分钟后，路过此地的农民张某听到呼救后赶来，一看此景，非常气愤，张某随手给了李某重重一棍，然后跳入粪池救人，但为时已晚，幼儿王某已被溺死，教师李某被打成重伤。农民张某棒打教师的行为属正当防卫吗？答案是否定的。因为正当防卫必须具备起因条件，即存在现实的不法侵害，而且这些侵害必须是具有攻击性、破坏性和紧迫性，在采取正当防卫可以减轻或避免危害结果的情况下，才宜进行针对正当防卫。教师李某对学生遇困时有救助的职责，她的行为导致严重后果，已涉嫌犯罪，属不法侵害，但不作为犯罪缺

---

[1] 本质上，这两种不同的价值取向的取舍，应是刑法的人权保障机能与社会保护机能对立统一在正当防卫问题的具体彰显。由于在下文面及《刑法》第20条第3款性质与意义时，也要涉及刑法机能的取向问题，因而，为了论述的方便，将此问题置于本书第四章进行详论，在此恕不展开。
[2] 参见赵秉志主编《刑法争议问题研究》（上卷），河南人民出版社1996年版，第520页。
[3] 参见陈兴良著《正当防卫论》，中国人民大学出版社1987年版，第101页。
[4] 赵秉志、刘志伟：《正当防卫理论若干争议问题研究》，载《法律科学》2001年第2期。

乏侵害的攻击性、紧迫性。本案中，农民张某见义勇为救小孩的精神是值得表扬的，但同时，他也要为自己棒打教师的行为承担相应的刑事责任。

（2）如果防卫人自己不可能采用某种积极的行为去直接避免危害结果的发生，而只能通过采用一定的暴力损害犯罪人的身体以逼使其履行作为义务，意图避免危害结果发生的场合下，是否可以对不作为犯罪人进行正当防卫？我们认为，在这种情况下，应当允许对不作为犯罪人进行正当防卫。正当防卫制度的设立宗旨很大程度上是为了使广大公民更加有效地行使正当防卫权，敢于见义勇为，制止不法侵害。从而行为人没有防止危害结果发生的专门技术和能力的情况下，对不作为犯罪人实行正当防卫，应当是为法律所允许的。[①] 但是，值得注意的是，在某些场合下，防卫人伤害了不作为侵害人的身体之后，不作为侵害人答应履行作为义务但尚未来得及履行，或者正在履行之中或者已经履行不作为义务，危害结果仍然发生了，防卫人采用伤害不作为侵害人的手段于事无补，不足以防止不作为侵害人造成危害结果。在这种情况下，防卫人的行为是否仍然成立正当防卫呢？在我们看来，如果认为防卫未达到预期效果而认定不能成立正当防卫，要防卫人负担刑事责任，显然有不合理之处。因为"无论如何存在着避免危害结果发生的极大可能性，防卫人尽其可能避免危害结果的发生的精神值得称道，虽然最终危害结果没有避免，但也不能归责于防卫人"[②]。再有，司法实务中对不作为行为实施防卫的事例较之于对故意行为的防卫要少得多，实际判案也不多见，所以我们更应当重视对面临这类行为紧迫侵害时公民防卫权的确认与维护，不应该人为地去限制行使防卫权的范围。[③] 因此，我们认为，防卫人伤害了不作为侵害人的身体之后，即使存在不作为侵害人尚未来得及履行作为义务等，危害结果仍发生了的场合下，防卫人的行为仍然成立正当防卫。

[①] 当然，对于这一问题，仍有进一步研究的必要。一方面，实施不作为行为的侵害人在防卫人的逼迫下，并非心甘情愿地去实施需要专门技术和能力的作为义务，最终效果如何恐怕还令人怀疑。另一方面，具有专门技术的人不履行所谓的作为义务的原因是多种多样的，比如社会上普遍存在的医院拒绝为病人治疗现象，可能是由于病人无法交纳费用，也可能是由于该医院确实无法医治该病人等原因，若不分情况的允许对具有专门技术人员进行防卫，可能会导致不良后果的发生。
[②] 赵秉志、刘志伟：《正当防卫理论若干争议问题研究》，载《法律科学》2001年第2期。
[③] 参见苏惠渔主编《犯罪与刑罚理论专题研究》，法律出版社2000年版，第240页。

四、假想防卫

假想防卫，又称为误想防卫，是指实际上并不存在不法侵害的行为，但防卫人想象或推测存在不法侵害，因而对想象或推测中的侵害实行防卫，造成他人无辜的损害的行为。① 假想防卫，主要是行为人对行为性质发生错误认识，个别情况下是对自己行为的对象发生错误认识。造成假想防卫的原因，主要是由于假想防卫人精神紧张或神经过敏，而对客观事实的认识产生了错误的理解所致。② 比如神经紧张的甲，夜行陋巷。突然有人从后方快步跑来，并抓住甲，甲以为是抢匪，不由分说，以一记过肩摔将此人摔伤。稍后甲得知，此人是要把甲掉落路上的钱包归还。③ 由于假想防卫不属于正当防卫，因而应当追究假想防卫人的刑事责任。但是，具体应如何处理假想防卫呢？我们认为，既然假想防卫是行为人对自己行为的实际性质错误的认识而产生的行为性质的错误，那么，对于假想防卫应当按照对事实认识错误的处理原则来解决其刑事责任问题。首先，假想防卫不可能构成故意犯罪。假想防卫行为虽然是"故意"的行为，但这种"故意"是建立在对客观事实错误认识基础上的，即行为人错误地以为自己是在对不法侵害实行正当防卫。在这种情况下，行为人不仅没有认识到其行为会发生危害结果的后果，而且认为自己的行为是合法正当的，而犯罪故意则以行为人明知自己的行为发生危害社会的后果为前提。因此，假想防卫的故意只具有心理学上的意义，不具有刑法上的意义，不能把它和犯罪故意混为一谈。④ 其次，在多数假想防卫的案件里，行为人主观上是存在犯罪过失，而且恐怕只能为疏忽大意的过失，不大可能是过于自信的过失。因为在过于自信的过失场合下，行为人实际上存在有认识的过失，即已经认识到其行为可能发生危害社会的结果。而在假想防卫案件中，行为人是由于对防卫事实产生了错误观念而误以为自己的侵害行为是正当防卫，根本没有也不可能预见到会发生危害社会的后果，所以不属于过于自信的过失。如果在这种情况下，行为人本来应该而且完全可以避免这种认识错误，只是因为疏忽大意而没有预见到实际的情

---

① 参见高格著《正当防卫与紧急避险》，福建人民出版社1985年版，第37页。
② 马克昌主编《犯罪通论》，武汉大学出版社1999年版，第726页。
③ 参见林东茂著《一个知识论上的刑法学思考》（增修三版），中国人民大学出版社2009年版，第68页。
④ 陈兴良著：《正当防卫论》，中国人民大学出版社1987年版，第198页。

况，那么他对假想防卫的危害结果就要负疏忽大意的过失责任。当然，假若由于客观条件的限制，行为人不可能避免这种认识错误，那么行为人对其所实施的假想防卫行为所发生的危害后果，主观上不存在罪过，属意外事件，不负刑事责任。

第三节　不法侵害之时间性

根据我国《刑法》第 20 条的规定，不法侵害必须处于正在进行之中，才能对不法侵害人实施正当防卫。当侵害行为没有开始，尚未危及合法利益时，没有必要实施防卫行为；当侵害行为已经结束，危害结果已经发生时，正当防卫已失去意义。[①]因此，如何正确界定"不法侵害正在进行"是确定防卫行为是否合法的关键之一。根据我国刑法理论的通行说法，正在进行的不法侵害，是指已经开始而尚未结束的不法侵害。那么，不法侵害开始和结束的标准究竟又是怎样的呢？对此，我国刑法学界则并未达成共识。

一、不法侵害的开始时间

何谓不法侵害已经开始，我国立法与解释均未予以明确规定。外国立法与刑法理论上对防卫权开始时间通常存有主观说与客观说的争议[②]，而我国关于防卫权的开始，理论界则主张主、客观相一致说，但在具体表述时，却有歧见：（1）着手说。此说认为，不法侵害的开始就是不法行为的"着手"，正当防卫是

[①] 参见赵秉志主编《刑法新教程》，中国人民大学出版社 2000 年版，第 187 页。
[②] 主观说与客观说分别以防卫人主观认识和侵害人侵害行为进行的程度为防卫权开始的标准。主观说认为，防卫权从防卫人可以认识出侵害人有侵害意思或感到受侵害威胁的恐惧开始，便可实行正当防卫，而客观说则认为，凡着手完成犯罪之危险行为，或着手完成犯罪所不可缺乏的行为，或着手与构成犯罪事实有密切关系的行为，为防卫权的开始。详细可参见宋庆德主编《新刑法犯罪论研究》，中国政法大学出版社 1999 年版，第 169 页。

在犯罪着手时进行的。① (2) 直接面临危险说。此说认为，不法侵害的开始应该指合法权益已经直接面临不法侵害的侵害危险。具体包括两种情况：一是不法侵害行为已经着手实行，合法权益正在遭受不法侵害；二是不法侵害的实行迫在眉睫，合法权益将要遭受不法侵害。② (3) 综合说。此说认为，不法侵害的开始时间，一般是以开始着手实行刑法分则条文规定的某种客观要件的行为为标志，但在某些特殊情况下，不法侵害行为虽然尚未完全开始着手实行，但它对侵害客体的严重威胁已迫在眉睫，不及时采取强制措施，可能会使被害人遭到较大损失。这时可以实行正当防卫。③

在我们看来，确定不法侵害的开始时恐怕应当考量两个因素。④一方面，必须有利于体现正当防卫制度的设立目的。从此角度而言，不法侵害开始的标准不宜太晚，否则不利于保护防卫人或者被侵害人的合法权益。另一方面，又要对防卫权实施的时间范围予以必要的限制，防止滥用防卫权从而导致损害无辜者的权益。从这一点考察，不法侵害开始的标准又不能太早。

根据以上分析，我们认为，在以上观点中，"着手说"忽视了现实生活中，确实有某些不法侵害在还没有着手时就对合法权益形成了紧迫的威胁这种情况，如果此时只有在侵害行为着手时才能进行防卫，显然不利于保护公民的合法权益，很难说是科学可行的。而"直接面临危险说"似乎用词不够严谨。因为直接面临危险中的危险仅是指遭受不法侵害的可能性，当然不可能包括合法权益已经遭受侵害，而"直接面临危险说"将对合法权益造成侵害结果和危险结果统一为直接面临危险，似乎有名不符实之嫌。"综合说"既考虑了一般情况下不法侵害开始的标准，也兼顾了不法侵害开始的例外情况，既照顾了防卫合法权益的保护，又兼顾了为防止防卫权滥用而对防卫权行使时间范围的必要限制，因而可能是稳妥的。

---

① 参见周国均、刘根菊编著《正当防卫的理论与实践》，中国政法大学出版社1988年版，第53页。
② 参见姜伟编著《正当防卫》，法律出版社1988年版，第70页。
③ 参见马克昌等主编《刑法学全书》，上海科技文献出版社1993年版，第116页。
④ 这种思路得益于西北政法学院王政勋教授之观点的启示（参见王政勋著《正当行为论》，法律出版社2000年版，第142页），在此谨致谢忱，但所论观点皆由笔者负责。

二、不法侵害的结束时间

不法侵害开始后，只要侵害行为继续，都可以对不法侵害人实施正当防卫。如果不法侵害已经结束，便再没有进行防卫行为的余地。那么究竟什么是不法侵害的结束呢？对此，刑法理论中亦有不同的观点。（1）危害结果形成说。该说认为，不法侵害的结束时间，应该是不法侵害行为的危害结果已经实际形成的时间。[①]（2）危害制止说。此说认为，不法侵害被制止时，就是不法侵害的结束。[②]（3）排除危险说。这种学说认为，不法侵害的终止应以不法侵害的危险是否排除为其客观标志。[③]（4）综合说。该说认为，不法侵害不可能、也不应该有一个统一的结束标准，对于不法侵害的结束，应该以正当防卫的目的为指导，具体情况具体分析。[④]

应当看到，"不法侵害的结束是指这样一个时刻，在这个时刻，不法侵害已经停止或不法侵害造成的结果已经出现，即使实施防卫行为，也不能阻止危害结果的发生或即时即地地挽回损失；即使不实施正当防卫行为，也不会发生危害结果或危害结果不致进一步扩大"[⑤]。这一时刻即为不法侵害彻底结束的时刻。不法侵害的多种多样，在很大程度上也决定了不法侵害结束时刻表现形式的多种多样，有的可能表现为不法侵害被制止而结束，有的表现为不法侵害人自动中止或者不法侵害人丧失继续侵害能力而结束，有的表现为不法侵害行为已经完成，或者危害结果已经发生，此后无法再以防卫来避免发生危害结果或避免进一步发生危害结果为结束，还有可能表现为不法侵害由于行为人以外的因素而未能进行到底或不可能发生危害合法权益的而结束。上述第一、二、三种观点，仅仅论及了不法侵害结束形式的某一方面，没有全面反映不法侵害结束时刻的表现形式，因此是片面而不可取的。"综合说"注意到了不法侵害结束形式的多样性，认为对不法侵害不可能确定一个笼统的标准，无疑是可取的。但"综合说"却没有提供一个不法侵害结果大致的标准，故而缺乏实际操作性。我们认为，正确界定不法侵害的结束时间的关键目的在于：保护侵害人的合法

[①] 参见高格著《正当防卫与紧急避险》，福建人民出版社1985年版，第29页。
[②] 参见周国均、刘根菊编著《正当防卫的理论与实践》，中国政法大学出版社1988年版，第62页。
[③] 参见陈兴良著《正当防卫》，中国人民大学出版社1987年版，第136页。
[④] 参见姜伟编著《正当防卫》，法律出版社1988年版，第71页。
[⑤] 王政勋著《正当行为论》，法律出版社2000年版，第144页。

权益免受不必要的损害。而"所谓不必要的损害,是指即使损害侵害人的利益,也无法避免或减轻不法侵害所造成的危害后果;即使不损害侵害人的利益,不法侵害所造成的危害后果也不会扩大或者尚未造成的危害后果也不会出现。"[①]可见,危害后果是否可能发生、扩大或不可挽回,是衡量不法侵害是否终止的标志,亦是认定防卫人能否继续实施防卫行为的关键。因此,以危害后果是否可能发生、扩大或不可挽回为标准,对实践中的不同情况做出不同分析,就可以准确地判定不法侵害是否已经结束,并进而合理地解决哪些防卫行为是合理必要的,哪些防卫行为是不合理或不必要的。

三、与"不法侵害必须正在进行"条件相关的问题

防卫不适时是指防卫行为发生在不法侵害开始之前,或者发生在不法侵害已经结束之后的情况。防卫不适时不符合防卫行为的构成要件,不是防卫行为,更谈不上成立正当防卫。[②]具体来看,防卫不适时包括事前防卫和事后防卫两种情况。

(1) 事前防卫。顾名思义,事前防卫就是指侵害人是否着手实施不法侵害还处于一种或然的状态,对于合法权益的威胁并未处于现实状态之时,对不法侵害人采取的所谓防卫行为。[③]对于事前防卫,由于它所针对的是未来的不法侵害,反击的不是正在进行的不法侵害。因而,事前防卫不是正当防卫,必须承担刑事责任。通说认为事前防卫是一种"先下手为强"的故意犯罪[④],我们认为,这种观点似乎值得商榷。

刑法通说常以一个案例为例来具体说明:如周某因与汪某有私仇而扬言要杀掉汪某,一天两人在争吵后,周某带一把锄头路过汪某家门口,汪某见状便以为周某是想杀他,便先下手为强,从门后取出一把铁矛等周某走到门前时,

---

[①] 姜振丰:《关于正当防卫的几个问题的研究》,载刘守芬、黄丁全主编《刑事法律问题专题研究》,群众出版社1998年版,第230~231页。
[②] 参见王政勋著《正当行为论》,法律出版社2000年版,第145页。
[③] 参见高铭暄、马克昌主编《刑法学》,北京大学出版社、高等教育出版社2000年版,第135页。
[④] 参见陈兴良著《正当防卫论》,中国人民大学出版社1987年版,第204页;周国均、刘根菊编著《正当防卫的理论与实践》,中国政法大学出版社1988年版,第135页;马克昌主编《犯罪通论》,武汉大学出版社1999年版,第735页。

突然用铁矛猛刺其胸，当场把周某杀死。① 在我们看来，对此案例的分析涉及事前防卫与假想防卫的区别。两者的区别关键在于引起不法侵害行为实施的原因不同。事前防卫是在不法侵害还处于一种或然的状态下实施的，尽管这种行为没有对提前防卫者产生直接面临的威胁和产生实质危害，但是，对提前防卫者来说，起码是具有一定的威胁；假想防卫是在客观实际上并不存在威胁和实质危害，而是由于行为人猜测危害存在的情况下实施的。② 可见，从客观上看，事前防卫是针对具有一定的威胁的可能侵害所进行的提前反击行为，假想防卫是针对事实上所不存在的侵害而对想象的不法侵害人的反击行为。而按照我国刑法理论，事前防卫以故意犯罪，假想防卫一般以过失犯罪追究刑事责任。

我们认为，与处理假想防卫相对比，一律对事前防卫都认定为故意犯罪似乎对防卫人有不公正之嫌。事实上，事前防卫并不限于明知不法侵害尚未开始而进行反击的情况，还可能包括对不法侵害尚未开始，应当预见因为疏忽大意而没有预见以及完全不能预见的情况。③ 由上分析，对前述案例，对于汪某的事先防卫行为，在具体分析其主观罪过的基础上，可以分三种情况处理，而不是不分情况一概认定为故意杀人罪：一是故意杀人罪，即汪某可能明知周某尚未开始不法侵害，而故意加害周某；二是过失致人死亡罪，即汪某应当预见周某尚未开始不法侵害，因为疏忽大意而没有预见，以致对周某造成死亡结果的；三是意外事件，汪某从客观上亦可能不能预见周某尚未开始不法侵害，因而导致周某死亡结果的。

（2）事后防卫。"事后防卫是指不法侵害终止以后，对不法侵害人实施的所谓防卫行为。"④ 正确认定事后防卫，关键在于将事后防卫与防卫过当加以区别。⑤ 在实践中，常常会把事后防卫行为当成防卫过当行为。在我们看来，两者是存在本质区别的。防卫过当是正在遭受不法侵害的情况下进行防卫，只是防卫行为超过了必要限度，给不法侵害造成了不应有的损害，但在时间上没有超越必要的限制；而事后防卫则在时间上超越了限制，是在已不存在不法侵害的

---

① 参见马克昌主编《犯罪通论》，武汉大学出版社 1999 年版，第 735 页。
② 参见周国均、刘根菊编著《正当防卫的理论与实践》，中国政法大学出版社 1988 年版，第 138 页。
③ 参见张明楷著《刑法学》（上），法律出版社 1997 年版，第 228 页。
④ 陈兴良著《正当防卫论》，中国人民大学出版社 1987 年版，第 204 页。
⑤ 在大陆法系刑法理论中，事后防卫通常被归入防卫过当的范畴，更准确地说，是防卫范围过当，即不法侵害已被有效制止后对不法侵害者进行的损害行为。详细可参见李海东著《刑法原理入门》，法律出版社 1998 年版，第 124 页。

情况下实行的所谓防卫行为。[①] 对于事后防卫，我们认为，也应比照事前防卫的处理，区别行为人主观心理的不同而分别处理。

下面举实践中争议较大的一个案例予以说明。2004 年 8 月 1 日 22 时 40 分，被告人黄某权驾驶一辆车体为浅绿色的湘 AT4758 的捷达出租车，在长沙市远大路军凯宾馆附近搭载姜某和另一青年男子。上车后两人要求黄某权驾车到南湖市场，当车行至南湖市场的旺德府建材超市旁时，坐在副驾驶员位置的姜某要求将车停靠在旺德府超市后面的铁门边。当车尚未停稳时，姜某持一把约 20 厘米长的水果刀与同伙对黄某权实施抢劫，从其身上搜走现金 200 元和一台 TCL2188 手机。两人拔下车钥匙下车后，姜某将车钥匙丢在汽车左前轮旁的地上，与同伙朝车尾方向逃跑。黄某权拾回车钥匙上车将车左前门反锁并发动汽车，准备追赶姜某与同伙。因两人已不知去向，黄某权便沿着其停车处左侧房子绕了一圈寻找。当车行至市场好百年家居建材区 d1-40 号门前的三角坪时，黄某权发现姜某与同伙正搭乘一辆从事营运的摩托车欲离开，便驾车朝摩托车车前轮撞去。摩托车倒地后，姜某与同伙往市场的布艺城方向逃跑。黄某权继续驾车追赶，姜某边跑边拿出水果刀回头朝黄某权挥舞。当车追至与两人并排时，姜某的同伙朝另一方向逃跑，姜某则跑到旺德府超市西北方向转角处由矮铁柱围成的空坪内，黄某权追至距离姜某 2 米处围栏外停车与其相持。大约十秒钟后，姜某又向距围栏几米处的布艺城西头楼梯台阶方向跑，黄某权快速驾车从后面撞击姜某将其撞倒在楼梯台阶处，姜某倒地死亡。随后，黄某权拨打 110 报警，并向公安机关交代了案发经过。经法医鉴定，姜某系因巨大钝性外力作用导致肝、脾、肺等多器官裂伤引起失血性休克死亡。法院宣判，被告人黄某权被一审判处有期徒刑 3 年 6 个月。同时，合议庭还就本案民事部分一并做出判决，判处黄某权承担死者赔偿金 36998 元。黄某权当庭表示要上诉。法院为什么要这样定判呢？法院认为被告黄某权为追回被抢财物，以驾车撞人的手段故意伤害他人身体，并致人死亡，其行为已构成故意伤害罪，公诉机关指控的罪名成立。庭审过程中辩护人着力强调了"正当防卫"辩护意见，合议庭作了重点阐述。死者姜某与同伙实施抢劫后逃离现场，针对黄某权的不法侵害已经结束。此后黄某权驾车寻找、追赶姜某及其同伙，姜某一边跑一边持刀对

[①] 参见高格著《正当防卫与紧急避险》，福建人民出版社 1985 年版，第 41 页。

坐在车内的黄某权挥刀，其行为是为阻止黄某权继续追赶，并未形成且不足以形成紧迫性的不法侵害，故黄某权始终不具备正当防卫的时间条件，辩护人关于正当防卫的辩护意见不成立，不予采纳。五个多月后，二审合议庭进行了更充分的说明：姜某与其同伙对黄某权实施抢劫后，已逃离黄某权视野区，故姜某已不再处于"正在进行的不法侵害状态"中，因此黄某权驾车撞击姜某的行为已不再具有防卫特征，而是故意伤害犯罪。我们认为，从全案事实确认，姜某等二人劫财得手后急于逃跑，处于被动地位，并无主动再次加害黄某权的故意和可能。姜某与其同伙抢劫后拔下车钥匙后拼力逃跑，并已逃离黄某权视野区，显示姜某等人针对黄某权的不法侵害已告结束，不具有继续或重新对黄某权实行主动攻击的加害行为的现实危险性。黄某权驾车追逐并撞击姜某，实质上已不具有防卫意义而是一种新的攻击、加害行为，因此法院认定为故意伤害犯罪，是合理的。但是，广东顺德女司机龙女士开车将3名劫匪撞倒事件，却呈现另一种境况。2008年7月12日，莫某壮、庞某贵伙同庞某添密谋实施抢劫，并进行分工。次日凌晨4时许，被告人莫某壮、庞某贵与庞某添到被害人龙女士位于佛山市顺德区伦教街道一处住宅车库附近，被告人莫某壮驾驶摩托车在附近接应，被告人庞某贵和庞某添则戴上白色手套，并各持一个铁制钻头守候在被害人住宅车库两旁。5时15分许，庞某贵、庞某添见被害人龙女士驾驶小汽车从车库出来，庞某添走到汽车驾驶座旁，庞某贵走到汽车副驾驶座旁，分别用铁制钻头敲打两边的汽车玻璃。龙女士大声叫救命，并按响汽车喇叭求救。两人将汽车玻璃敲碎后，庞某添用手拉扯住龙女士的头发，庞某贵抢走龙女士放在副驾驶座的一个装有现金人民币80360元以及若干收款单据等物的手袋。得手后，两人立即朝摩托车接应的地方跑去。被告人莫某壮即启动摩托车搭载庞某添和庞某贵逃跑。龙女士见此，驾驶汽车追赶欲取回被抢财物。当追至小区二期北面的绿化带时，被害人驾驶汽车将摩托车连同摩托车上的三人撞倒。莫某壮、庞某贵被撞倒后爬起逃跑并分别躲藏，庞某添则当场死亡。小区的保安闻讯赶到，被害人遂打电话报警。公安民警接报后赶到现场先后抓获被告人莫某壮、庞某贵，并在现场起获被抢赃物以及作案工具。

案件发生后，不少市民对女司机龙女士的行为议论纷纷，有人称赞她是"女英雄"，是正当防卫，但也有人担心她是在遭劫后将人撞死，是防卫过当，甚至是过失致人死亡。佛山中院对其余两名劫匪进行了终审宣判，以抢劫罪，判处两人有期徒刑11年至12年不等。在对于龙女士的处理问题上，本案的主审法官——佛山市中院刑事审判第二庭副庭长黄烈生指出,"三个歹徒,手持铁器,对付一个手无寸铁的弱女子,在车窗被敲烂、巨款被抢走、歹徒即将逃离犯罪现场的这一危急情形下,被害人不顾个人安危,凭借自己的小车机智地将歹徒的摩托撞倒在地,尽管造成一名歹徒死亡的后果,但这符合我国《刑法》中'正当防卫'的有关规定"。众所周知,在法院审理的抢劫案中,绝大多数案情是由于歹徒的犯罪行为,导致被害人不仅经济上受到损失,而且生命安全也往往受到威胁或者伤害,轻者受伤,重者死亡,有时候由于被害人的反抗导致歹徒有些许轻微伤的也并不少见。具体到本案,佛山中院认为:"歹徒在实施抢劫行为后正准备逃离,仍然在被害人龙女士的视野范围内,至此其抢劫行为仍然是在进行过程中。"

上述龙女士案件和的哥黄某权案件,应当具有一定相似性,法院最后以一个"罪犯仍然在现场"的解释,认可了龙女士在现场仍是正当防卫,而对于黄某权却采取了"犯罪已经结束"的观点。前后判决的差异,也让我们进一步反思正当防卫时间条件中的"正在进行"。

四、值得深思的"正在进行"问题

从实质解释的意义上来看,所谓正当防卫中不法侵害的"正在进行",有学者认为指的是侵害者的侵害行为已经到达防卫者最后的有效的防卫时间点。因为如果不使得正当防卫的价值落空,那么我们就应当通过正当防卫制度的规定来对抗不法侵害来保护自己或第三人,这样首先应当赋予防卫者的当然是一个可以有效保护自己或第三人的权利,而不是限定防卫者只能采用一种不太可靠的做法,不然就会和法律设定正当防卫制度初衷背道而驰。实际上,法条中规定的"正在进行"四个字,也是基于侵害行为的客观性以及防卫行为的必要性的考虑而设置的。在我们看来,"正在进行"这四个字的立法意图在于,针对正在发生的不法侵害,我们才能确定其侵害的客观存在,同时也才有采取反击行为来保护自己各项权利的必要性。上述思路是没有任何问题的,但是语词的选用,加上一般观念对"正在进行"含义上的僵硬标准,造成适用上与概念目的不免会出现龃龉。比如 20 世纪在我国台湾地区发生的郑如雯杀夫案,就是典型的例子。郑如雯是一个保守的社会中因为遭到强奸而被迫结婚的妇女,结婚之后,除了自己经常受到丈夫的虐待而外，自己的妹妹也频频遭受丈夫的强奸。而郑如雯的亲人，包括孩子在内，也经常被虐待和殴打。最后，忍无可忍的郑如雯，在丈夫睡觉的时候杀死了丈夫。按照郑如雯的说法，从此就可以解脱了，自己的亲人们也可以摆脱"魔鬼"的纠缠。此案在一审时，辩护律师曾经要求法院扩大适用正当防卫的概念。然而，法院最终没有采纳此意见，而是认定郑如雯之行为成立故意杀人罪，判处3年有期徒刑。显然，法院不认可郑如雯的行为是正当防卫，并且传递的信息是郑如雯的行为是不被允许的，将来如果出现类似情况的话，留给当事人有两条路可选择，一条路是忍辱负重，闭眼认命了；另外一条是用杀人以外的其他方式来理性解决。但显然两条路在现实中都面临困境。2003年1月17日，河北省宁晋县苏家庄乡东马庄村发生了一起杀人案。在丈夫暴力阴影下生活了12年的刘某霞，用事先准备好的14支毒鼠强放在面糊内摊成大饼给丈夫张某水吃，张某水吃后中毒抢救无效死亡。此案中被告人刘某霞原本是受害者，12年来忍受着丈夫的打骂，常常是旧痕未愈又添新伤，但她牢记家丑不可外扬的古训，默默地忍受着身心的折磨；她又是杀人者，在忍无可忍的情况下毒死了丈夫，走向了犯罪。但她的犯罪行为却得到丈夫亲属和全村人的同情。刘某霞被提起公诉关进看守所后，她的公公张某瑞开始找县、市妇联，跑公安局求检察院，说张某水"罪孽深重，死有余辜"，请求从轻处罚刘某霞；当地群众普遍认为张某水"好逸恶劳""性情残暴、手段残忍""无恶不作"，村里四百多名户主联名写信保这位尊敬老人、和睦乡邻、勤劳善良、吃苦耐劳的好媳妇；就连张某水的亲戚也纷纷写反映材料说刘某霞毒死张某水情有可原，实是不堪忍受被害人虐待迫不得已之举，请求对被告人最大限度地从轻处罚。

　　刘某霞的辩护律师称：公诉方指控被告人的犯罪罪名成立，证据确实充分，但本案被告刘某霞是出于对生命危险的巨大恐惧之下，出于万般无奈，采取的一种特殊的进攻型的防御行为，符合我国《刑法》规定的多种从轻、减轻处罚的基本条件，并且建议法庭考虑被告的"受虐妇女综合征"[①]，将其作为正当防

[①] "受虐妇女综合征"原本是一个社会心理学概念，20世纪70年代开始成为国际上的法律概念。最早由美国临床心理学家雷诺尔·沃克博士提出，她通过暴力循环和习得无助的论证，揭示出妇女在长期暴力关系中的特定经历、感知和行为反应，对刑法上的传统正当防卫提出质疑。指出，正当防卫所要求的"即刻的生命威胁"和"使用自卫手段的相当性"不适用于受虐妇女，因为其以男性的经历和反应经验作为衡量标准。因此在不符合传统意义上正当防卫的条件下，妇女因反击造成施暴者伤害或者死亡的行为是合理的，也应是免责的。详细可参见[美] Paula F Mangum《受虐妇女综合征证据的重新概念化：检控机关对有关暴力的专家证词的利用》，载《环球法律评论》2003年第2期。

卫的可采证据，以维护被告人合法权益和法律尊严。最终，河北省邢台市中级人民法院以故意杀人罪做出终审裁定：判处刘某霞有期徒刑 12 年，剥夺政治权利 3 年。在判决书中法官这样写道：刘某霞长期遭受家庭暴力，在忍无可忍的情况下，将丈夫杀死，可以从轻处罚。

尽管在中国没有将被告的"受虐妇女综合征"作为正当防卫的可采证据的先例，但在国外已经出现类似判例。1990 年加拿大一个家庭暴力案件的判决无疑是一大突破。案件被告人莱维莉是一个长期遭受其同居伴侣、被害人虐待的女性，案发当天晚上，他们在自己家开了一场舞会。大部分客人告辞后，莱维莉和被害人在他们的卧室中发生了争吵。争吵中，被害人向莱维莉挑衅说不是她杀了他，就是他杀了她。莱维莉在事后对警察所做的供述中说被害人用力推她，用手打她的头，还给了她一把装了子弹的枪。当他离开卧室的时候，她从后面向他开了枪，致被害人死亡。严格来讲，莱维莉的射击行为根本不符合传统意义上的正当防卫的适用条件。因为射击是在被害人离开卧室之时，而非正在实施暴力之时，不具备"紧迫性"的要求，而且她在射击时也并非穷尽其他救济手段，即杀死被害人并非别无选择。因此她面临谋杀罪的指控。但律师出具了大量证据以证明被害人长期对她施暴，并在那天威胁要宰了她。一位心理学家作为专家证人也出庭证明莱维莉患了明显的"受虐妇女综合征"。一审法庭裁定正当防卫的辩护成功，将她无罪释放。但后因专家证言不被采纳，上诉法院裁定撤销原判，重新审理。1990 年，加拿大最高法院采纳了专家证言，认为她"害怕死亡和身体受到伤害是有道理的"，恢复对莱维莉的无罪判决。[1]

因此，正是在这种意义上，有学者甚至建议，既然在正当防卫的防卫行为中已经有侵害行为客观性以及防卫行为必要性的考量，可以将不法侵害发生的时间条件"正在进行"去除。我们认为，上述做法尽管有益于帮助受到迫害的女性，但也有可能导致防卫权滥用，这样一来，社会上可能会增添更多的杀夫事件。此类事件，也许是更为深刻的社会问题，通过其他社会政策解决，也许比单纯通过刑法制度的修正社会效果要好些。这也正应了李斯特的名言"最好的社会政策，就是最好的形式政策"。

另外一个问题正在进行相关联的问题就是采取预防性的措施导致他人伤害

---

[1] 赵娟：《论将"受虐妇女综合征"作为正当防卫的可采证据》，载《广西政法管理干部学院学报》2004 年第 1 期。

或者死亡行为的定性问题。在实践中，为了防止可能遭受的不法侵害，公民往往事先采取一些预防性的措施。当这些预防性的措施导致了他人伤亡的结果时，就会涉及行为人的刑事责任问题。比如 2002 年 7 月 1 日凌晨，来自宁夏的窃贼鄢某某与同伙来到西安市新城区华清路华清村 5 号一栋居民楼下图谋行窃。鄢踩着二楼顶部的遮雨篷爬上三楼一住户的阳台，当他的手刚抓住晾衣铁丝时，突然跌下当场摔死。事发后，其同伙不敢报案，直接将死者尸体运回老家。案发后民警调查发现，因为该小区多次发生被盗案，为了防贼，这户居民在阳台上的晾衣铁丝上连接了一根电线拉入房里，电线另一端装有插头，一到晚上，住户就将插头插上电。由于阳台是铝合金封闭的，通电后整个阳台就形同电网，电压为 220 伏。对上述案件，理论上一般认为，上述做法是值得怀疑，且有可能构成犯罪。主要理由在于私设电网属违法行为。为了保证家中财物不受损失，不少居民都采取了防盗措施，如安装防盗门、防盗窗、电子报警系统等，甚至有人安装带电设备防贼，保护自己的合法财产不受侵犯。虽然法律赋予公民保护自己合法财产的权利，但这种权利必须符合法律规定。根据法律法规的规定，私设电网属违法行为（即使居民使用的是弱电流电网，也会使家人及他人处于一种不安全状态，所以法律才会禁止）。《治安管理处罚条例》第 21 条规定，未经批准安装、使用电网，或者安装使用电网不符合安全规定的，均属于妨害公共安全的行为。尚未造成严重后果的，将处以罚款或警告。对私设电网造成严重后果的，则构成以危险方法危害公共安全罪。《刑法》第 115 条规定："放火、决水、爆炸以及投以毒害性、放射性、传染病病原体等物质或者以其他危险方法致人重伤、死亡或者使公私财产遭受重大损失的，处十年以上有期徒刑、无期徒刑或者死刑。"其二，法律法规禁止私设电网，是指禁止在任何地点、任何场合针对任何人私设电网。法律法规并没有将禁止私设电网的地点限于复杂公共场所，也就是说，本案中虽然住户是在自己家的阳台上安装电网，其行为也是违法的，也对他人的安全构成威胁。如该住户上层或下层的邻居挥动导电物件时有可能触电；楼上邻居失足（或小孩失足）坠楼可能触电；电话维修人员或夜间施工装修人员也有可能触电，等等。其三，在自家阳台上装电网防盗造成严重后果，不属正当防卫。正当防卫的前提条件是针对"正在进行的行凶、杀人、抢劫、强奸、绑架等严重危及人身安全的暴力犯罪"，且必须符合四个条件。其中第一、二个条件是必须有不法的侵害行为存在、有正在进行的不法行为存在。而本案中的窃贼仅在室外的墙壁上攀援。认定攀援行为非法尚无依据，何况窃贼并未破网入室对户主实施暴力侵害。①

我们不同意上述看法。首先，依据《治安管理处罚条例》第 21 条规定，未经批准安装、使用电网，或者安装使用电网不符合安全规定的，均属于妨害公共安全的行为，尚未造成严重后果的，将处以罚款或警告。可见，对私设电网的行为当然可以给予治安行政处罚，但是与该行为相关的所有行为不一定必然构成犯罪。这就如同行为人非法持有枪支、弹药、爆炸物，或者非法持有其他管制的危险物品，尽管这种持有的行为是非法的，但是，当遭受正在进行的不法侵害时，行为人如果使用这些非法持有的危险物品进行正当防卫，那么，在这种情况下其行为仍然是可以成立正当防卫的。当然对于行为人先前实施的非法持有危险物品的行为，可以另行定罪或者给予行政处罚。推而论之，先前行为的违法性，并不当然地导致与该行为相关的所有后果行为也必然地具有违法性（因为这是两种不同的行为，属于不同的评价对象，其评价结果也必然不一样）。易言之，应当对前后两个不同的行为分别加以认定和评价。②

其次，采取预防性的措施导致他人伤害，有可能也符合刑法关于正当防卫的成立条件。例如，行为人某甲的菜园经常被盗，某甲为了防盗就将家中的捕鼠夹改装后放在菜园内。某甲改装时不断调整捕鼠夹的击打强度，直到其只能对人造成轻微伤时，才将捕鼠夹放入菜园。一日，一小偷到某甲的菜园偷菜，不小心踩上了这个捕鼠夹，结果该小偷被轻微夹伤。在该案例中，某甲是为了自己的利益即防止菜园被盗而安装捕鼠夹，这符合正当防卫成立的主观条件；捕鼠夹对小偷造成伤害是因为小偷的盗窃行为，这也符合正当防卫的起因条件；捕鼠夹只对小偷造成了伤害，这符合正当防卫的对象条件；捕鼠夹只是给小偷造成了轻微伤，即未超出必要的限度，这符合正当防卫的限度条件。③这里值得探讨的是，某甲安装捕鼠夹最终造成小偷受伤是否符合正当防卫成立的时间条件。我们认为，我国《刑法》第 20 条规定只能针对"正在进行的不法侵害"实施正当防卫，而本例中预置防范装置发挥作用时正是针对"正在进行的不法侵害"，因此是符合我国刑法规定的。正如有学者指出的那样："因为，只要以发

---

① 参见杜志《在自家阳台私自架设电网致死窃贼该担何责?》，载《正义网》。
② 周振晓：《在自家阳台私设电网致他人死亡之案的定性——兼论预防性措施的正当性问题》，载《人民检察》2003 年第 8 期。
③ 参见曾赛刚《预置防范装置行为的法律性质》，载《河南公安高等专科学校学报》2006 年第 1 期。

生防卫效果时为标准，能够认定侵害的紧迫性就够了。因此，不仅在行为人认为侵害行为当然或几乎确实要发生的场合，即便在出于利用该机会乘机伤害对方的意思面临侵害的场合，只要在实施防卫行为的阶段上，对方的侵害迫在眼前，就至少可以认为满足紧迫性的要件"（日本刑法中正当防卫的紧迫性要件大致相当于我国刑法正当防卫的时间条件：正在进行——引者注）。①

最后，国外立法对于正当防卫的限制条件较我们国家严格，但仍然支持预置防范装置行为成立正当防卫。例如，德国刑法理论认为："防卫并不因恶狗、自动射击、三角钉和毒饵而排除侵害的正在发生的要求，因为是在发生侵害的时候才能进行正当防卫。"②李斯特也认为，"防止将来被侵害的保护措施，如防盗之三角钉，捕狼之陷阱等，如果好似在受到攻击时使用，那么，是允许的，但不得超过防卫所需要之界限"③。

日本刑法理论学者认为："针对过去的侵害和将来的侵害，不能承认正当防卫。但是，安装障碍物或者自动枪，预想将来的侵害而事先进行的防卫行为，如果其效果在将来侵害现实化时才能发挥出来的话，仍可以说针对的是急迫的侵害。"还有的学者指出："事先装设的在将来的袭击迫近的时候能有效地进行反击的装置，结果该装置发挥了反击效果的场合（如为防小偷而在围墙上插玻璃碎片）也是正当防卫"。④意大利的杜里奥·帕多瓦尼教授认为："那些为保卫所有权而采取的预防性措施（如安装铁丝网、设陷阱、埋地雷、拉电网等），应属于《刑法典》第52条规定的范畴。如果符合该条规定的要求，就是合法行为……但如果认为这类行为属于正当防卫，得到的解释就更为合理：只要存在不法侵害的现实危险，且对侵害者造成的损害没有超过必要限度，采取防范措施就是合法行为。"⑤我国刑法规定的正当防卫的成立条件与外国刑法规定的正当防卫的成立条件很相似，因此，我们认为，国外刑法理论把预置防范装置行为解释为正当防卫的做法，可以成为我国刑法把预置防范装置行为认定为有条

---

① [日] 大谷实著：《刑法总论》，黎宏译，法律出版社2003年版，第211页。
② [德] 汉斯·海因里希·耶赛克、托马斯·魏根特著，徐久生译：《德国刑法教科书》，中国法制出版社2001年版，第410页。
③ [德] 弗兰茨·冯·李斯特，徐久生译：《德国刑法教科书》，法律出版社2000年版，第224页。
④ [日] 大谷实著，黎宏译：《刑法总论》，法律出版社2003年版，第211页。
⑤ [意] 杜里奥·帕多瓦尼著：《意大利刑法学原理》（注评版），陈忠林译评，中国人民大学出版社2004年版，第153页。

件的正当防卫行为的参考。①

当然，也不是把任何预置防范装置行为都可以认定为正当防卫行为。如果行为人预先设置防范装置行为具有危害公共安全的性质，或者超过了必要的限度，那么该行为则是不正当的。正如有学者指出的那样："自我保护的装置（凶猛的狗，自动射击装置，铁蒺藜，毒饵等）能够是一种必要的防卫。但是，第一，这种风险应当由使用这种危险手段的人来承担；也就是说，在一名无害的闲逛人因此受伤时，要由受这种方式保护的人来承担这个结果。第二，威胁生命的自我保护装置在实践中是没有必要的；当人们安装了自动射击装置或者爆炸装置时，但是在这些地方，本来有一个警报装置、轻微电击，或者充其量一条狗来进行防卫就足够了，人们也不能得到正当化。"②

---

① 权威性的国家司法考试已经认可了把预置防范装置行为解释为正当防卫的做法，如2002年国家司法考试试卷二第6题的案例：甲外出时在自己的住宅内安放了防卫装置。某日晚，乙撬门侵入甲的住宅时，被该防卫装置击为轻伤。问甲的行为是什么性质？官方给出的正确答案是正当防卫。
② [德]克劳斯·洛可辛著，王世洲译：《德国刑法学总论》，法律出版社2005年版，第442页。

第四章
正当防卫之权利保障要件
——防卫方面的要件

第一节　防卫行为的对象条件

防卫行为的对象条件要求防卫行为必须针对不法侵害者本人[①]。正当防卫的特点在于通过制止正在进行的不法侵害，以保护合法权益。这一特点决定了唯有打击不法侵害人，使其停止侵害行为或丧失侵害能力，才有可能达到保护合法权益的防卫目的。因此，正当防卫只能针对不法侵害者本人才能实施，而不能针对其他的第三人。而针对不法侵害人进行防卫又具体包括两种情况：一是针对不法侵害人的人身进行防卫，如对不法侵害人伤害乃至致其死亡；二是针对不法侵害人的财产进行防卫，即当不法侵害人使用自己的财产作为犯罪工具或者手段时，如果能够通过毁损财产来达到制止不法侵害、保护合法权益的目的，则可以通过损毁财产进行正当防卫。[②]

一、不法侵害人的范围

防卫行为必须始终指向不法侵害人，否则不能成立正当防卫。然而，对于不法侵害人的范围有无限制，刑法无明文规定，学界对此往往看法不一。从司法实践来看，争议最大的问题莫过于对于无责任能力人的侵害行为可否实行正当防卫。首先，如果行为人不知道侵袭者是无责任能力人，对其能否实行正当防卫？我国刑法理论认识对此基本一致，即在这种情况下，可以实行正当防卫。其次，如果行为人明知是无责任能力人的侵袭，能否实行正当防卫的问题，刑法学界则存有分歧，归纳起来不外乎三种观点：一是肯定说，此说认为，不法

[①] 当然，在一些特殊的情况下，防卫行为也会产生一些诸如第三者效果的问题，对此，我们将在本书"正当防卫制度的本体思考"部分详细讨论。

[②] 参见张明楷著《刑法学》（上），法律出版社 1997 年版，第 230 页。

侵害不以行为人主观上有责为必要，只要行为客观上造成对公共利益和其他合法利益的严重损害就属于不法侵害。无责任能力之行为人的侵害行为同样具有不法性质，因而可以对之实行正当防卫。[①] 二是否定说。此说认为，正当防卫是针对不法侵害的，"不法"与"违法"是同义语，必须是主客观相统一的行为，仅仅客观上造成损害而主观上没有罪过、过错的，不能称为不法侵害，没有达到法定年龄或精神病人的行为是没有罪过、过错的行为，因而对其不能进行正当防卫。[②] 不过，为了制止无责任能力人的侵袭，在不得已时也可以对其采用反击的避险措施，即可以实施紧急避险行为。[③] 三是折中说。这是目前居于主流地位的观点，此说认为，如果明知是无责任能力人的侵袭，虽然可以实行正当防卫，但要加以一定的限制。只有在合法权益遇到严重侵害危险，当时又别无其他方法可以躲避或制止这种侵袭行为，即在不得已时，才可以实行正当防卫。[④]

在我们看来，首先，无责任能力者的侵袭行为是在其不成熟或者不正常，甚至意识完全丧失的情况下进行的，他们是弱者，是社会的保护对象，从人道主义的角度考虑，恐怕就不能允许对其像正常成年人的不法侵害行为那样实行正当防卫。而假若法律允许对实施侵袭行为无责任能力进行正当防卫，就意味着是对无责任能力人的侵袭行为在法律上的一种否定评价，甚至表明社会对这种侵袭的反击行为，是持一种肯定和褒扬的态度，而这显然是不合情理与法理的。[⑤] 对此问题，德国刑法学界有着较为理智的看法。如有的认为，对于无责任能力人的正当防卫权必须受到一定的限制，这是建立在与侵害人的危害相比极大降低自我保护利益的基础之上的。详言之，对于孩子、未成年人、酩酊大醉人、精神病人、陷于刑法错误中的人、过失人或者紧急避险人，没有必要得到法秩序的确认，因为法秩序的效力并没有因侵害而受到影响，或者只是受到不严重的影响。因此，正当防卫权的基础在这种情况下仅是自我防卫权。这就意味着被侵害人必须是为了保护法益，而且，只有当他不放弃受到威胁的法益

---

① 参见陈兴良著《正当防卫论》，中国人民大学出版社1987年版，第104～109页。
② 参见张明楷著《犯罪论原理》，武汉大学出版社1991年版，第325页。
③ 参见郭守权等著《正当防卫与紧急避险》，法律出版社1987年版，第195页。
④ 参见高铭暄、马克昌主编《刑法学》，北京大学出版社、高等教育出版社2000年版，第134页；赵秉志主编《刑法争议问题研究》（上卷），河南人民出版社1996年版，第522页；高铭暄主编《刑法学原理》（第2卷），中国人民大学出版社1993年版，第212～213页。
⑤ 参见刘明祥《关于正当防卫与紧急避险相区别的几个特殊问题》，载《法学评论》1998年第1期。

便不能够回避侵害，始可对侵害人实施防卫行为。① 其次，折中说的见解也似乎缺乏法律上的依据。因为刑法并未规定正当防卫只有迫不得已时才能实施，相反，即使有其他免受不法侵害的方法，法律仍鼓励公民实行正当防卫，积极同不法侵害作斗争。最后，对于否定说认为对无责任能力者可以实施紧急避险。我们认为，似乎也有值得推敲之处。根据我国刑法理论通说，紧急避险与正当防卫的重要区别之一是它们损害对象有所不同，即紧急避险是损害与造成危险无关第三者的合法权益，而正当防卫只能损害不法侵害者的利益。② 而针对无责任能力者的侵袭行为的反击行为假若认定为紧急避险，恐怕会有正当防卫与紧急避险界限混乱之嫌。故而，上述观点皆有难以自圆其说之处。"正当防卫的基本原则就是在不必委屈而可以求全，就是在坚持完整的利益。如果说一边说行为人可以正当防卫，另一边又说行为人必须回避，很明显的是一个矛盾。"③

二、复合体理论

我们认为，对上述争议的回答可能也涉及法律的价值取向，即法律究竟倾向于保护无责任能力者的权益还是被侵袭公民的权益，从此角度而言，上述观点中对无责任能力者的侵袭行为的反击行为认定为紧急避险的观点，即照顾了被侵袭公民的权益。从此角度而言，上述观点中对无责任能力者的侵袭行为的反击行为认定为紧急避险的观点，既照顾了被侵袭公民的合法权益，又对它予以必要的限制，即避险强度不能超过侵袭强度，因而是相对妥当的看法。但还需对其进一步诠释。在无责任能力人实施侵袭行为的场合，可以将无责任能力人作为侵害人与第三者的复合体。一方面，无责任能力的侵袭行为在客观上同正常人的侵害行为没有多少区别，在其实施侵袭行为时，可以将其看作为不法侵害人；而另一方面，无责任能力者毕竟是社会的弱者，他们认识和控制自己

---

① [德]汉斯·海因里希·耶赛克、托马斯·魏根特著：《德国刑法教科书》，徐久生译，中国法制出版社2001年版，第415页。
② 参见齐文远主编《刑法学》，法律出版社1999年版，第157页。
③ [德]哈罗·奥托：《刑法基础课程·总论》，德国格鲁伊特出版社2004年版，第120页。

的行为能力受到身体发育状况或疾病的较大影响，一旦他人对其侵袭行为予以反击，他们很有可能成为受害人即无辜的第三人。由此，在无责任能力者与被侵袭者之间就可能成立拟制的三方关系。

如此，按照复合体理论，当被侵袭者遭受侵害人侵袭时，在迫不得已的情况下损害第三者的合法权益来避免自己的权利免受正在发生的危害，这完全符合紧急避险的成立条件。而且这种新诠释也在一定程度上避免了混淆正当防卫与紧急避险界限的弊端，从此意义上讲，是较为可取的。[①]

三、拓展性思考

另外，需要研究的是正当防卫的实施者是否仅仅限于自然人？关于单位能否有正当防卫权的问题，学界尽管依据我国《刑法》第 20 条第 1 款的规定，不能否认单位的正当防卫权，但我们认为，不宜将法人作为正当防卫的实施者。理由如下：正当防卫是国家在紧急情况下赋予的一项权利，权利的行使者必须在当时的危急时刻产生防卫意图，否则不可能成立正当防卫。显然，在特别危险的情况下，单位是不可能立即产生防卫意图的。因为我们知道单位做出某种行为的意志往往是通过其有权机关通过决议做出的，故单位没有可能实施正当防卫。此为其一。其二，从我国司法实践中来看，自然人实施正当防卫既可以出于维护其个人利益的目的，也可以出于维护国家利益和公共利益的目的，其中，维护公共利益，实际上就包括了维护单位的利益，因此，所谓的单位实施正当防卫，实质上是由自然人来完成的，只不过是自然人主观上出于保护单位的权益而实施的。另外，从防卫后果上分析，如果认可单位的正当防卫权，一旦出现防卫过当的结果，如何追究刑事责任，则成为无法回避的难题。因为如果采用双罚制，即惩罚单位，又处罚个人，显然是不公平的，也与设立正当防卫的立法旨趣相背离；如果只追究责任人员的过当责任，单位的正当防卫权无异于形同虚设。基于上述原因，我们不赞同单位的正当防卫权的提法，仅仅认

---

① 当然，对于笔者所构想的无责任能力者的复合体理论对于针对无责任能力者的反击行为的问题，可能仅具有解释论上的价值，对此问题仍有进一步研究的必要。

可自然人的正当防卫权。

另外，有一个问题值得研究，就是对于紧急避嫌是否可以进行正当防卫？[①]对"不法"的理解，理论界的意见较为统一，即都认为"不法"是"非法"或"违法"的同义词，是行为人实施了为现行的法律所禁止，并给他人合法权益带来损害的行为。这样就带来一个问题，对于紧急避嫌是否可以进行正当防卫？紧急避险在我国法律显然不是违法行为。那么逻辑上也就不能对其实施正当防卫。如此，客观上造成了对公民防卫权的不合理限制。为解决这个问题，学界提出了防卫起因的不法侵害具有特殊性的理论，并由此形成了两种对立的学说：主观不法说和客观不法说。主观不法说坚持对违法性定义的统一，认为违法性是法律对达到一定程度的危害社会行为所做的综合评价，意外事件虽然客观上危害了社会，但因为行为人主观上无罪过，不成立违法行为，所以，对意外事件不能实施所谓正当防卫。[②] 客观不法说则强调防卫起因的不法侵害的特殊性，对不法采取客观的理解，排除了行为人主观方面及责任能力方面的内容，将违法定义为行为人的行为在客观方面对法律所确定保护的权益的侵害。行为人只要对法律所保护的权益具有危害的危险，即成立违法，被侵害人可以对主观无过错的侵害行为人实施正当防卫。[③] 我们认为，上述两种观点各有利弊。主观说逻辑清楚，概念统一，偏重于对侵害行为人合法权益的保护；弊端在于客观上严重限制了不法侵害的范围，阻碍了公民防卫权的有效行使。客观说着力于保护公民防卫权，关注社会的现实需要，值得肯定。因此，从客观不法的角度而言，在一定条件上，可以允许对紧急避险予以防卫。

[①] 事实上，与此问题类似的是，对防卫过当行为能否进行正当防卫，本书将在后面"逆防卫"部分，对此问题进行回应，此处不赘述。
[②] 参见高铭暄主编《刑法学原理》（第2卷），中国人民大学出版社1993年版，第206页。
[③] 参见马克昌主编《犯罪通论》，武汉大学出版社1995年版，第696页。

第四章　正当防卫之权利保障要件——防卫方面的要件

第二节　防卫行为的主观条件

一、主观条件的一般解说

防卫行为的主观条件要求防卫人必须具有防卫意图。在正当防卫是否需要防卫意图上，中外学者的观点不尽一致。[①] 在英美刑法中，大多数国家一般要求行为人主观上的正当防卫意图作为人身防卫的主观条件，即要求行为人是在保护自己或他人的人身权利免受不法侵害的正当目的支配下对不法侵害人实施一定的加害行为。[②] 在英国刑法学界，围绕着行为人是否"对于防卫行为正当性相关因素"有认识，学者们存有争议，但在刑法委员会提供的一份报告中，对于被告人的认识方面作了详细的论述后，得出结论，在被告人没有意识到证明其暴力的使用为正当的相关因素存在时，正当防卫的条款不能适用。[③]

一般认为，防卫意图是指防卫人在实施防卫行为时对其防卫行为以及行为的结果所应具有的心理态度，这种心理态度包含着两个方面的内容，即防卫认识和防卫目的。首先，防卫认识是指防卫人面临正在进行的不法侵害时，对不法侵害及防卫行为各方面因素的认识。从理论上讲，防卫认识是防卫意图的前提和基础，但从实际来分析，我们认为，防卫意识的关键在于防卫认识。正如

[①] 关于这一要件，在西方大陆法系刑法理论上一直存在着必要说和不要说，即主观说和客观说的对立。不要说认为违法性的有无纯属行为客观方面的问题，因此正当防卫成立与否，与行为人的主观没有联系。而必要说则认为，法的行为是由主观要素和客观要素所构成的，所以应承担主观的正当化要素。必要说是现在德、日刑法理论的通说。不过，值得注意的是，必要说所主张的防卫意思的内容相当广泛，甚至只要行为人认识到急迫不正的侵害并试图加以避免的即具有防卫意思。因此，在具体适用时，必要说与不要说已经没有实质的差别。而在我国刑法的理论中，在20世纪80年代初期已曾形成过是否需防卫主观条件的争鸣。持否定说参见高铭暄主编《刑法学》，法律出版社1982年版，第164~166页；持肯定说的，可参见陈兴良《正当防卫论》，中国人民大学出版社1987年版，第98~151页；张明楷《犯罪论原理》，武汉大学出版社1991年版，第329页。目前，通说一般认为正当防卫是主观和客观的统一，正当防卫不仅有其客观方面的内容，而且有其主观方面的内容。防卫意图对于正当防卫的成立是不可缺少的，因而是正当防卫构成的必要条件。
[②] 参见赵秉志主编《英美刑法学》，中国人民大学出版社2004年版，第176页。
[③] [英]史密斯、霍根著，李贵方等译：《英国刑法》，法律出版社2000年版，第295页。

有学者指出,"行为人认识到自己的行为是与正在进行的不法侵害相对抗时,就应认为具有防卫意识。这样认识,有利于将基于兴奋、愤怒等进行的防卫行为认定为正当防卫。"进一步而言,从立法者设立正当防卫及 1997 年对正当防卫制度修订的基本精神看,将防卫认识作为防卫意识的重点,似乎更有利于公民正当防卫权的有效行使、遏制不法犯罪行为。其次,防卫目的是指防卫人以防卫手段制止不法侵害,以保护合法权益的心理愿望。详言之,根据《刑法》第 20 条第 1 款的规定,防卫目的指以损害不法侵害人权益的方式制止正在进行的不法侵害行为,保护国家、公共利益、本人或者他人的人身、财产和其他权利。[①] 值得一提的是,有诸多学者在论及防卫目的,又将防卫目的分为两个层次,即第一层次是给不法侵害人造成损害或制止不法侵害;第二层次是通过制止不法侵害,保护合法权益。[②] 我们认为,这种观点值得研究。正当防卫的目的反映了防卫人制止正在进行不法侵害所要达致的意愿,制止不法侵害是保护合法权益的手段,它本身不可能成为防卫目的,将其与保护合法权益同时并列为防卫目的,显然是不适当的。在我们看来,防卫目的作为防卫人主观能动性的彰显,只能是维护国家利益、公共利益、本人或者他人的人身、财产和其他权利。防卫意图作为正当防卫的主观要件,对于正当防卫的成立具有不可或缺的重大意义。然而,在实践中,某些行为从表面上看似乎符合正当防卫的成立条件,但由于其主观上不具备防卫意图,因而不能认定为正当防卫。这类行为包

[①] 这里实际上涉及在刑法是否应当规定公民为了维护公益(国家利益和公共利益)而行使防卫权的问题。有学者指出,对于国家法益、社会公共秩序与法秩序的侵害不得进行正当防卫,除非这一侵害直接危及了公民个人的利益。因为,对于这类侵害的防卫权不属于单个公民,而归属于国家及其相应机关(法秩序的国家垄断性)。一般公民没有此项冒险的义务,国家不应通过立法将其纳入公民防卫权的范围。否则,会有推卸国家公共机构责任之嫌(参见李海东《刑法原理入门》,法律出版社 1998 年版,第 82 页)。基于正当防卫系"私力救济"手段的认识,很多国家尤其是资本主义国家未在刑法典上对公民为了维护公益而行使防卫权予以规定,通常只是笼统地允许公民为了维护"自己"或者"他人"的权利而行使防卫权(参见阮方民《正当防卫制度的比较研究》,载王作富主编《刑事实体法学》,群众出版社 2000 年版,第 211~213 页)。而包括我国在内的社会主义国家历来允许甚至在本质上倡导公民为维护公益而对不法侵害行为进行正当防卫(参见宋庆德主编《新刑法犯罪论研究》,中国政法大学出版社 1999 年版,第 165 页。)这成为资本主义刑法与社会主义刑法在正当防卫问题上的根本区别所在。(参见[日]木村龟二主编《刑法学词典》,上海翻译出版公司 1991 年版,第 26 页。)在我们看来,为维护国家、社会及他人利益而进行的防卫,是一种典型的"见义勇为"高尚行为,立法者将其纳入正当防卫的范畴,并非要强制公民必须都见义勇为,而是出于扩大公民个人权利在法律上认可范畴的需要,它与正当防卫作为一种法律许可并予以保护的私力救济的本质并不矛盾。而在现实生活,广大人民群众也不会因为见危不救、见义勇为而遭致诸如法律上的否定评价。

[②] 参见高铭暄、马克昌主编《刑法学》,北京大学出版社、高等教育出版社 2000 年版,第 132 页;马克昌主编《犯罪通论》,武汉大学出版社 1999 年版,第 746 页;王政勋著《正当行为论》,法律出版社 2000 年版,第 163~164 页等。

括防卫挑拨、相互的非法侵害行为偶然防卫等。① 下面我们来分析偶然防卫问题。偶然防卫也称为偶合防卫，是指行为人出于不法侵害的故意而实施了加害行为，但该行为在客观上偶然地发生了防卫效果的情形。通常的例子如甲故意开枪射杀乙，乙刚好在持枪瞄准丙实施故意杀人行为，但甲对乙的行为一无所知。② 在偶然防卫的场合下，行为人主观上具有侵害他人权益的故意，客观上的侵害行为却巧合了正当防卫的客观条件，该侵害行为虽然损害了对方的权益，但却因与防卫行为偶合，在客观上形成了制止不法侵害、保护合法权益的效果，而未发生危害社会的结果。然而，对偶然防卫究竟该如何处理，刑法理论却有争议。防卫意图不要说，认为防卫意识不是正当防卫的必备要件，故而，偶然防卫仍然是正当防卫；防卫意图必要说认为防卫意识是正当防卫的条件，故依此说，偶然防卫构成故意犯罪。这里面又分为故意犯罪既遂说与故意犯罪未遂说。③ 我们认为，从抽象层面看，由于，偶然防卫者存在对于第三者的急迫不正的侵害之认识（即防卫意图），故偶然防卫行为属于不正行为，当然，第三者的侵害行为也属于不正行为，因此成立"不正"对"不正"的行为关系。另一方面，虽然偶然防卫行为属不正行为，但从结果来看，保全第三者的权益，客观上达到了正当防卫的效果。因此，在偶然防卫的场合，由于是不正对不正的关系，只是在结果上属于不正对正的关系，故而在这种场合按犯罪未遂可能更为妥当。④ 从具体层面看，在偶然防卫的情况下，行为人出于犯罪的故意，已经着手实施了其危害社会的行为，但该行为实际产生却是制止不法侵害、保护合法权益的防卫效果，而不是刑法分则犯罪构成所要求的危害社会的结果。危害结果未发生的原因，是行为人未认识到对方正在实施不法侵害以及他的不法侵害

---

① 当然，在防卫挑拨与相互的非法侵害行为的场合，也有存在正当防卫的可能。一般认为，所谓防卫挑拨，是指出于加害对方的故意，故意挑逗对方向自己实施某种不法侵害行为，然后以正当防卫为借口对对方加以侵害的行为。有学者认为，如果挑衅行为本身就是不法攻击，被挑衅者的本身就是正当防卫行为；但如果被挑衅者的防卫行为超过必要限度，则挑衅人仍可对该超过必要限度的防卫行为实施正当防卫。具体请参见 [德] 弗兰茨·冯·李斯特《德国刑法教科书》，徐久生译，法律出版社2000年版，第224页。而相互的非法侵害行为是指参与者在其主观上的不法侵害故意的支配下，实施的具有连续性的互相侵害行为，如互相斗殴。以互相斗殴为例，斗殴双方都有伤害对方的故意，实施积极的侵害行为，根本不存在正当防卫的合法目的及前提条件。但有观点认为，存在两种情况可以进行正当防卫的余地，一是斗殴过程中，如果一方已经明示且实际中止斗殴，另一方仍然进行攻击，中止的一方可以进行正当防卫；二是在一般性斗殴过程中，一方的攻击急剧加重时，另一方可以进行正当防卫。详细可参见张明楷《外国刑法纲要》，清华大学出版社1999年版，第160页。
② 参见张明楷著《刑法学》（上），法律出版社1997年版，第229页。
③ 参见刘明祥《论偶然防卫》，载《法学家》1996年第3期。
④ 参见 [日] 野村稔著《刑法总论》，法律出版社2001年版，第231页。

行为在客观上是益于社会的，是行为人意志以外的因素。综上，偶然防卫完全符合犯罪未遂的成立条件，对其以犯罪未遂处理是适当的。

二、相互殴斗问题的认定

另外，与正当防卫的主观条件相关的一个问题是相互殴斗问题的认定。相互殴斗，一般是指双方甚至是多方参与者在不法侵害意思的支配下，实施具有连续性的互相侵害行为。相互殴斗的参与主体主观上都有侵害对方的故意，客观上都实施了侵害对方的行为。我国刑法学的通说认为，在相互殴斗中，殴斗各方都具有攻击、伤害对方的故意。也就是说，各方都是以侵害对方为目的，实施积极的侵害行为，不存在正当防卫的前提条件，最重要的是行为人主观上也根本没有合法目的，因此，殴斗的任何一方不得主张正当防卫的权利。轻微的相互斗殴是违反治安处罚条例的行为，情节严重的相互斗殴，双方都有可能构成故意伤害罪。对于纠集多人聚众斗殴的，应当按照《刑法》第292条聚众斗殴罪处理。

但是，仅仅因为行为人具有攻击、伤害对方的目的，就说打架殴斗中的各方行为人不具有防卫意图，从而排除正当防卫的适用，显然也过于武断。前面已经谈到，即便是在正当防卫的场合，行为人不是出于防卫意图，而是出于愤怒或激动而反击对方的情形完全有可能存在；同时，在伴随有报复加害对方意图的正当防卫的场合，行为人在防卫之外，同时也存在攻击、伤害对方的意图，因此，仅以行为人不具有防卫目的这种心情因素来否定互殴行为中可能存在正当防卫，不仅不符合正当防卫的实际情况，而且还会在防卫行为的客观评价上掺入伦理评价，从而落入主观刑法的窠臼，使正当防卫的成立范围过窄。另外，我国近年来的刑法学说也并不绝对否认相互斗殴中存在正当防卫的情形。例如，许多学者认为，在斗殴过程中，一方已经放弃斗殴并向另一方求饶或逃走，另一方仍然紧追不舍的，放弃斗殴的一方具有正当防卫的权利。这样说来，即便是在相互斗殴的场合，也并非完全没有成立正当防卫的余地。问题是，该如何具体确定在相互斗殴中何种情况下成立正当防卫。

从现实生活中的相互斗殴来看，大致上可以分为以下两种类型[①]：第一种类型是约定斗殴，即双方当事人事先约定时间、地点甚至方式进行打斗。事先约定，既可以是双方当事人早有预谋，也可以是临时起意，只要是相互有约定，就都包括在内。在这种类型的斗殴当中，双方不仅在主观上对相互攻击的事实有认识，而且早已准备好加害对方即具有侵害对方的强烈意思；双方所实施的打斗行为，虽然从瞬间上看，具有防卫反击的性质，但从整体上看，则是积极进攻对方的手段。客观地说，这种类型的相互斗殴行为，很难说是排除正在进行的不法侵害的反击，也很难说行为人具有正面临不法侵害的认识。因此，在约定斗殴的场合，不管行为人主观上的认识如何，也不管客观上是谁先动手，都不得认定为正当防卫。当然，在极为罕见的情况下，也有符合正当防卫的情形。如双方约定空手相斗，双方正在交手的时候，另一方违反约定突然拿出菜刀等凶器时，或者一方已经斗败，宣布退出斗殴，而另一方仍然穷追不舍时，对方具有成立正当防卫的可能。在前一种情况下，双方约定的侵害，基本上是限定在一个不造成致命伤害的层次上，一方突然拿出武器，意味着另一方的生命面临现实的不法侵害；在后一种情况下，退出的一方一旦宣布退出，就意味着其不法侵害已经结束，另一方仍然穷追不舍就是对宣布退出的一方形成了新的不法侵害事态。因此，在上述两种情况下，生命或身体受到现实不法侵害威胁的一方具有实施正当防卫的权利。第二种类型是突发斗殴，即双方当事人事先并未约定，突然因故相互殴打。这种斗殴，是由偶发的原因而引起的，双方当事人并没有事先的约定，是否成立正当防卫，应当根据具体情况来判断。在双方都具有强烈的加害对方意思的场合，客观上不问谁先下手，都应与"约定斗殴"的情形同样看待，不得主张正当防卫。但在其中一方出于侵害的意思而先实施攻击，而另外一方出于防卫意思进行反击的时候，或者一方只是进行轻微加害，而另一方重手相向还击的时候，可以考虑成立正当防卫。

但是，仅仅因为行为人具有攻击、伤害对方的目的，就说打架斗殴中的行为人不具有主张正当防卫的权利，显然过于片面。前面已经谈到，即便是在正当防卫的场合，行为人不是出于防卫意图，而是出于愤怒或激动而反击对方的情形完全有可能存在；同时，在伴随有报复加害对方意图的正当防卫的场合，

[①] 参见黎宏《论正当防卫的主观条件》，载《法商研究》2007年第2期。

行为人在防卫之外，同时也存在攻击、伤害对方的意图，因此，仅以行为人不具有防卫目的这种心情因素来否定互殴行为中可能存在正当防卫，不仅不符合正当防卫的实际情况，而且还会在防卫行为的客观评价上掺入伦理评价，从而落入主观刑法的窠臼，使正当防卫的成立范围过窄。另外，我国近年来的刑法学说也并不绝对否认相互斗殴中存在正当防卫的情形。例如，许多学者认为，在斗殴过程中，一方已经放弃斗殴并向另一方求饶或逃走，另一方仍然紧追不舍的，放弃斗殴的一方具有正当防卫的权利。① 因此，即便是在相互斗殴的场合，也并非完全没有成立正当防卫的余地。

三、挑拨防卫的认定

挑拨防卫，是指出于加害对方的故意，挑逗对方向自己实施某种不法侵害行为，然后以正当防卫为借口对对方加以侵害的行为。例如，某甲意图伤害某乙，于是利用某乙性格暴躁容易冲动的特点对其进行公然侮辱。某乙中计，挥拳殴打某甲（正在进行的不法侵害），某甲拿出事先准备好的棍棒殴打某乙（制止不法侵害的行为）致其重伤。挑拨防卫与相互斗殴之间的区别在于：在相互斗殴的场合，斗殴双方同时具有相互侵害的意思，而在挑拨防卫的场合，只是单方具有加害对方的意思。

对于挑拨防卫，我国刑法学的通说认为，挑拨防卫形式上符合正当防卫的客观条件，但主观上不具有防卫意图，因此，不是正当防卫，而是利用正当防卫的形式来实施自己预谋的犯罪活动，应当以故意犯罪论处。但是，以没有防卫意思即防卫目的为由来否定挑拨防卫的观点存在严重缺陷。成立正当防卫是否一定要有防卫的意思或者目的，在理论上本来就是一个有争议的问题。"防卫意思不要说"认为，只要实施了防卫行为，客观上引起了防卫效果，不管行为人主观上有无认识，也不管有无防卫意图，都成立正当防卫。因此，在这种学说看来，以没有防卫目的来否定防卫行为本身就是缺乏依据的。即便是"防卫意思必要说"，也能得出类似的结论来。这种学说，或者通过将防卫意思理解为

---

① 参见马克昌主编《犯罪通论》，武汉大学出版社1999年版，第748页。

第四章　正当防卫之权利保障要件——防卫方面的要件

对紧迫不法的侵害有认识而意图加以避免的单纯的心理状态，或者通过将防卫意思理解为对紧急不法的侵害的"对应意思"，认为反击行为的当时所伴有的愤怒、报复、惊愕、恐惧的情绪，都可以说是防卫意思，甚至在本能的条件反射的场合，也认为具有防卫意思，明显将防卫意思完全淡化。因此，在挑拨防卫的场合，仅仅以行为人没有防卫意图来说明其不是正当防卫，理由显然不是特别充分，是在行为有无社会危害性的判断上，过分倚重行为人主观意图的表现。实际上，在挑拨防卫的场合，也不乏行为人轻微的挑拨行为导致对方超过必要限度反击的情形。在这种情况下，反击方的行为就是不法侵害行为（防卫过当），对于这种不法侵害行为，没有理由禁止挑拨方进行正当防卫。因此，仅仅以行为人不具有防卫意图而说"挑拨防卫，无论在形式上如何符合正当防卫的客观要件，但也不构成正当防卫"，[1]不免过于武断。

还须指出的是，这种观点在基本观念上也存在重大缺陷。从行为是否具有社会危害性、是否合法取决于该行为所引起的客观结果的立场来看，正当防卫之所以能够成为排除犯罪性事由，首先是因为该行为是同不法侵害行为作斗争的正义、合法的行为，其给不法侵害者所造成的损害，乃是制止不法侵害所必要的损害，不仅不具有社会危害性，而且对社会有益。如此说来，即便在不具有防卫意思的挑拨防卫的场合，挑拨行为是否具有社会危害性，是否正当防卫，首先应当从挑拨者与被挑拨者的相互冲突对立所具有的客观效果的角度来考虑。换言之，判断挑拨防卫是否正当防卫，首先应当考虑该行为的客观防卫效果，而不是从一开始就考虑行为人主观上是否具有防卫意思。[2]

秉承上述理念，最近几年来，德、日等国的学者逐渐抛弃了纯粹从主观的防卫意思出发否定挑拨防卫是正当防卫的做法，转而从客观要件的立场来寻求挑拨防卫不成立正当防卫的理由，并提出了很多有价值的学说。其中，最有代表性的学说是"权利滥用说"与"原因中的违法行为说"。[3]

"权利滥用说"认为，使用挑拨手段，引起对方实施侵害行为，然后对该侵害行为实施反击，乘机加害对方，这是滥用刑法上的正当防卫权，不是正当防卫。如日本学者大塚仁教授认为："想以正当防卫为借口侵害对方而故意地进行

---

[1] 参见王政勋著《正当行为论》，法律出版社2000年版，第172页。
[2] 参见黎宏《论正当防卫的主观条件》，载《法商研究》2007年第2期。
[3] 参见马克昌著《外国刑法原理》，武汉大学出版社2002年版，第361页。

挑衅时，是权利滥用，很难认为是正当防卫，并且，用违法的挑拨行为招致了对方的侵害行为时，因为该侵害行为本身是正当防卫，对其不能进而实施正当防卫。"但是，他同时强调："也不能说因为是防卫人自招的侵害，而完全不能成立正当防卫……特别是过失的挑拨行为，在该过失显著轻微的场合，或者预料到对方会实施轻微反击而挑拨对方的场合，这种情况下，在对方实施侵害特别重大的法益的反击行为的场合，对这种反击行为，还是可以正当防卫的。"只是，在这种场合下，防卫行为不是不得已而实施的，应当说，其与一般情况相比，具有相当的限制。"权利滥用说"基本上是对挑拨防卫成立正当防卫的范围进行限制的学说，其背景是，挑拨行为不仅是对被挑拨方的侵害，而且是对其后的防卫行为的性质具有一定影响的因素，因此，在考虑之后的防卫即挑拨防卫的性质的时候，必须考虑防卫人先前的挑拨行为。同时，这种学说认为，有意挑拨的场合和无意或过失挑拨对方的场合之间具有本质上的差别，在有意挑拨对方的情况下，对方的反击以及对该反击的防卫，都已经在防卫人事先的算计之内，因此，应当属于权利滥用，构成故意犯罪。

但是，对"权利滥用说"持相反意见的学者认为，尽管权利不能滥用，但在挑拨防卫中也并非完全没有成立正当防卫的可能。再说，到底哪些挑拨行为属于权利滥用，上述学说并没有说清楚。另外，权利滥用是个很抽象的观念，在刑法条文当中并没有明文规定，以这种法律没有明文规定的内容作为刑法解释的根据，是件很危险的事情。因此，许多学者认为，"权利滥用说"的出发点是妥当的，但在具体问题的论述上还有待于进一步具体化。

为了弥补"滥用权利说"的缺陷，有人提出了一种新的学说——"原因中的违法行为说"。这种学说起源于德国，后得到日本学者山口厚教授等人的大力支持，目前已成为德、日等国刑法学中有关说明挑拨防卫性质的重要学说。

"原因中的违法行为说"认为，在挑拨防卫的场合，挑拨人也有正当防卫权，其所实施的防卫行为自身并不违法，在这一点上行为人并不承担刑事责任。但是，由于在实施该防卫行为之前，行为人先实施了作为原因的挑拨行为，然后再实施防卫行为，从而给对方造成了侵害结果，因此，防卫人对于经过挑拨行为到防卫行为并给对方造成侵害结果的过程应承担刑事责任。换言之，实施挑拨行为的人将自己的合法防卫行为作为工具加以使用，这种行为与行为人有意使自己陷入无意识状态，在无意识状态中引起犯罪结果的"原因自由行为"在结构上相同，因此，行为人对于自己有意引起的"挑拨防卫"行为必须承担刑事责任。可见,"原因中的违法行为说"的特点是看重挑拨防卫人将自己的正当防卫行为作为侵害对方利益的"工具",具有间接正犯的构成形式。那么,在解读防卫挑拨问题上,"原因中的违法行为说"与"权利滥用说"有何不同呢?首先,两者的基本出发点不同。"权利滥用说"将挑拨人对被挑拨人的直接加害行为即防卫行为视为违法,而"原因违法行为说"则将其视为合法。具体而言,"权利滥用说"认为,即便是正当防卫,也要受到正当防卫权的基本原理即法律确认原理的内在制约,不符合该种原理的防卫行为,即便具有正当防卫的外在形式,也不能成立正当防卫,因而主张防卫权的相对性;"原因中的违法行为说"认为,即便不存在法律确认的利益,即恢复社会正义,但只要存在某种受法律保护的法益,就能够行使正当防卫权,因而主张防卫权的绝对性。其次,在具体问题上,两者所得出的结论也大不相同。(1)"权利滥用说"认为,挑拨人的防卫行为是违法的,对方(被挑拨方)或者第三人可以对这种行为进行正当防卫;"原因中的违法行为说"认为,该防卫行为是合法的,对该行为不能实施正当防卫。(2)"权利滥用说"认为,挑拨人的防卫行为是违法的,因而为其提供帮助的行为当然可以成立共犯;"原因中的违法行为说"认为,因为该防卫行为是合法的,所以为其提供帮助的行为也是合法的。(3)"权利滥用说"认为,挑拨人挑拨之后的防卫行为是侵害法益的实行行为,因而行为人在实施防卫行为的当时,必须具有发生结果的故意、过失;"原因中的违法行为说"认为,挑拨行为(原因行为)自身是实行行为,因而故意、过失在实施挑拨行为时就已存在。[①]

后来又有学者认为上述"权利滥用说"和"原因中的违法行为说"均不够合理,而提出挑拨行为——实行的着手说。此说认为挑拨行为本身是随后的侵害行为(防卫行为)之实行的着手(木村龟二、泷川幸辰)。此说是与认为如果挑拨行为违法全体成为违法的"全体违法说"相通的见解;并且是原因中的违法行为的理论本来采用的观点。由于认为挑拨行为是实行的着手,将全部的行为视为整体成为可能,将原因行为时的违法性扩及于实行行为全体能够给予理论的根据。然而,对于此说,遭受挑拨的对方不一定攻击,由于介入有他人的规范的障碍的行为,应当批判为不能承认实行的着手。[②]因此,也受到了批判。

[①] 参见黎宏《论正当防卫的主观条件》,载《法商研究》2007年第2期。
[②] 参见马克昌著《外国刑法原理》,武汉大学出版社2002年版,第362页。

日本学者中对挑拨行为论述比较成熟的，可能要算山中敬一了。山中敬一指出，对基于挑拨的攻击的防卫行为被限制的根据，可能求之于正当防卫的基本思想。根据个人保全原理，从开始就以积极加害的意图实施违法的挑拨，借防卫之名侵害攻击者的人，由于挑拨行为自己创造出置身于攻击的危险，没有必要给予为了防卫该攻击的正当防卫权来保护他。当然，因为挑拨者自己不希望受侵害，对对方的攻击没有给予同意，从而攻击者的攻击是违法的。然而，因为对这个违法的攻击，挑拨者给予攻击的原因，是意图对方攻击的，所以不能允许行使正当防卫权防卫自己。再者，根据法确证原理，自己意图实施违法的挑拨者于"法"的立场，是不允许实施法秩序的维护的。这样的正当防卫的限制是正当防卫规定中的内在的限制。挑拨者只是预测对方攻击的场合，或者由于过失挑拨了的场合，原则上能够承认正当防卫。但是，由于故意违法挑拨的场合，根据情况可能适用补充性原则，只在没有其他避免侵害的方法时，宜认为能允许正当防卫。[①] 我们认为，山中教授的观点是清晰明确的，他道出了防卫挑拨之所以不能认定为正当的精髓。在我们看来，意图的挑拨防卫之所以不能认为是正当防卫，关键在于它不具有防卫的意思，而是具有侵害的意思。[②]

第三节 防卫行为的限度条件
——比较法的视角

防卫行为的限度条件要求防卫行为不能超过防卫限度。防卫行为的限度条件是决定防卫行为正当与否的重要问题。然而由于防卫限度总是同防卫过当问题密切相联。基于论述方便的考虑，本书拟将防卫限度主要内容置于第六章"防卫过当教义学研究"中一并论述，此处仅仅从比较法的角度，介绍下德、日国家和英、美国家正当防卫限度条件的立法和司法动态，以便于读者在全球化

---

① 参见［日］山中敬一著《刑法总论》（Ⅰ），成文堂1999年版，第456～461页。
② 参见马克昌著《外国刑法原理》，武汉大学出版社2002年版，第363页。

视野中，更为深刻地理解中国刑法中正当防卫的限度条件问题。[①]

一、德日刑法中的防卫限度条件

德国现行《刑法》第 32 条规定："（1）正当防卫不违法。（2）为使自己或他人免受正在发生的不法侵害而实施的必要的防卫行为，是正当防卫。"日本现行《刑法》第 36 条规定："为防卫自己或他人的权利，对于急迫而不正当的侵害所采取的不得已的行为，不处罚。超过防卫限度的行为，可以按其情节减轻或免除刑罚"。法国 1994 年新《刑法》第 122-5 条规定："在本人或他人面临不法侵害之当时，出于保护自己或他人正当防卫之必要，完成受此所迫之行为的人，不负刑事责任，但所采取的防卫手段与侵害之严重程度之间不相适应之情况除外。为制止侵害某项财产的重罪而完成除故意杀人之外的防卫行为，在此种行为系实现目的所绝对必要，所采取的防卫手段与犯罪行为之严重程度相一致时，完成该防卫行为的人不负刑事责任。"

可见，从大陆法系各国刑法关于正当防卫的规定来看，防卫行为具有必要性与相当性就是正当防卫的限度条件。第一，必要性的解说。德国《刑法》明文规定正当防卫应当是"必要的防卫"，刑法理论据此提出了正当防卫的必要性；而日本《刑法》明文规定正当防卫是"所采取的不得已的行为"，但刑法理论一般将"所采取的不得已的行为"解释为必要的行为。大陆法系刑法理论关于必要性的学说主要有三种：[②] 第一种学说认为，必要性是指反击行为作为防卫权利的手段，必须是在必要最小限度内的行为。这种观点虽不主张正当防卫要像紧急避险那样严格，但仍然意在严格限定正当防卫。比如，即使是对生命的不法侵害，如果不杀死对方只打伤其手臂就能保护生命的话，就只能打伤手臂。第二种学说认为，只要能排除紧迫的不法侵害，就是必要的。即使不进行防卫，有其他容易采取的方法避免侵害性时，实施正当防卫也是必要的。德国著名刑法学家李斯特就持这种看法，他指出："就正当防卫的合法性而言，并不要求正

[①] 前面几个要件，没有专门从比较法的视角进行论述，关键是考虑到正当防卫限度条件的重要性，它直接关乎正当防卫的价值和命运。
[②] 参见张明楷著《外国刑法纲要》，清华大学出版社 1999 年版，第 163～164 页。

当防卫是为保护重大利益。根据案件情况，当对攻击的行为不能以其他方式进行时，即使最微不足道的法益也可以通过杀死攻击者的方法来加以保护。"[1] 第三种学说认为，必要性是指防卫行为是为排除不法侵害所必要，必要性不一定要求没有其他避免方法，但要求尽量使用轻微的防卫手段。上述第一种学说过分限制了正当防卫的成立范围，第二种学说又过分扩大了正当防卫的成立范围，均不符合现代法治社会的正当防卫发展的基本规律。而第三种学说是一种折中的理解，是目前刑法理论的通说。

第二，相当性的展开。从大陆法系国家的实际情况看，对正当防卫强度的限制主要不是靠行为的必要性，更多的是注重行为相当性的判断。所谓相当性，通常是指防卫人保护的法益与防卫行为所攻击的法益之间不存在明显的不均衡。正当防卫与紧急避难不同，虽然不要求所损害的利益必须小于所保护的利益，但是，二者之间也不能太过悬殊。例如，不论存在怎样的必要性，也不能为了保护家中宠物，而致侵害人死亡。在必要性与相当性二者之间的关系上，必要性是针对防卫行为而言，而相当性则是针对结果而言（即两个法益的相对均衡）。由于在大陆法系国家，对正当防卫强度的限制主要是靠相当性，其次才靠必要性。正如法国学者指出的那样，正当防卫除了应当具有必要性之外，最重要的是还应当有限度（有分寸），也就是说，正当防卫应当与侵害行为（攻击行为）的严重程度相适应，实行正当防卫不应当使侵害行为人受到的伤害与防卫行为人所面临的并想避免的危害不相适应。但是有限度（有分寸）的防卫并不意味着进行防卫的人所实施的行为造成的伤害始终都不应重于由于侵害行为所引起的危害，例如某妇女将企图强奸她的男子杀死，无疑是正当防卫。然而，在对财产进行侵害的情况下，应更加严格要求防卫行为与攻击行为在程度上相适应，因为对财产的防卫，无论多么合法、合理，都不能证明应当用侵害人的生命作为抵偿代价，同样也不能证明防卫人采取不可弥补的严重伤害行为来保护财产是一种正确行为。在相对于攻击行为而言，防卫行为已经超过限度时，即成为防卫过当。[2] 所以，我们可以大致得出一个初步的结论：大陆法系国家刑法关于正当防卫的限度条件，首先是从结果方面要求防卫行为所保护的法益与所损害的利益之间的差距不能过分悬殊；其次是从行为本身要求防卫的手段为

---

[1] [德] 弗兰茨·冯·李斯特著，徐久生译：《德国刑法教科书》，法律出版社 2000 年版，第 226 页。
[2] [法] 卡斯东·斯特法尼等著，罗结珍译：《法国刑法总论精义》，中国政法大学出版社 1998 年版，第 360～361 页。

排除不法侵害所必要。与此相对应,在考察防卫行为是否符合正当防卫的限度条件时,首先要看防卫行为所保护的法益与所损害的利益之间的差距是否过分悬殊,即防卫行为所损害的利益是否明显大于所保护的利益;其次再看防卫行为本身是否为排除不法侵害所必要。只有相当性与必要性同时具备,防卫行为才符合正当防卫的限度条件。不存在没有相当性的必要性,也不存在没有必要性的相当性。

二、英美刑法中的防卫限度条件

在英美法系各国和地区的刑法中,正当防卫是一种普遍规定的一般辩护理由,但在分类上不尽相同。在英国刑法中,正当防卫可以分为私人防卫和制止犯罪、逮捕犯人过程中的正当防卫两大类。私人防卫又可以分为保卫人身权利的防卫和保卫财产权利的防卫。[①] 美国刑法中的正当防卫分为四种具体类型,即防卫自身、防卫第三人、财产防卫和执法防卫。[②] 加拿大刑法中的正当防卫包括执法防卫、人身防卫和财产防卫三种类型:(1) 执法防卫。具体包括 7 种情形:1) 执行传票或判决;2) 执行拘捕;3) 阻止越狱;4) 使用武力阻止犯罪;5) 特定情况下的错捕;6) 制止妨害治安;7) 使用武力镇压暴乱。(2) 人身保护。具体又分为三种情形:1) 针对非因挑衅而发生的攻击的自卫;2) 攻击时的自卫;3) 防止攻击。(3) 财产防卫。[③]

由上可见,人身防卫和财产防卫是英美法系国家和地区刑法中正当防卫的两种基本类型,而执法防卫因其具有一定的特殊性,有必要单独作为一个类型予以分析,本书后面还要述及。下面就分别按照人身防卫、财产防卫两种类型对英美法系国家和地区刑法中正当防卫的限度条件作些概览性的介绍,以期丰富和完善我国的正当防卫的限度条件理论。

---

① [英] J. C. 史密斯、B. 霍根著,李贵方等译:《英国刑法》,法律出版社 2000 年版,第 288～301 页。
② 储槐植著:《美国刑法》(第二版),北京大学出版社 1996 年版,第 118～124 页。
③ 参见卞建林等译《加拿大刑事法典》,中国政法大学出版社 1999 年版,第 30～33 页。

（一）人身防卫之限度

英美法系各国和地区刑法普遍规定，不超出必要的限度是人身防卫的一项成立条件。在"必要限度"的具体判断标准问题上，刑法学界存在"主观说"和"客观说"之分歧。"主观说"认为，是否超出必要限度应以被告人的主观认识为准，只要行为人在当时的条件下主观上确信其所实施的暴力对于防止自己或他人的人身遭受侵害是必需的，就没有超过必要限度（即使客观上被告人的暴力使用已经超出必要限度也不影响正当防卫的成立）。"客观说"认为，是否超出必要限度应以暴力的使用在客观上是否超出防止人身免受不法侵害之必要为准，而不能以被告人主观上的认识为准。英美法系各国和地区刑法在此问题上大多采用主观说。[①] 依据英国刑法规定，在人身防卫的情况下不能过度地使用武力。具体而言就是：（1）在被告人没有事实错误的情况下，使用暴力防卫公共利益或个人利益时，他要么有完全的辩护理由而不构成犯罪，要么过度地使用暴力丧失辩护理由而构成犯罪，这说明正当防卫有一定的损害程度限制。（2）在被告人存在认识错误的情况下，只要其对暴力没有超出必要限度的认识错误是真诚合理的，也能构成正当防卫。如在帕尔玛（Palmer）案中，英国枢密院曾经指出"客观说"的不合理性："如果存在攻击，要使辩护理由是合理和必要的，就应承认一个自卫的人不能精细地衡量行为必要、精确的标准。如果陪审团认为在出乎意料的伤害发生时，一个受到攻击的人仅仅实施了他真诚、本能地认为是必要的行为，这将是采取了合理的防卫行为的最有力证据。陪审团将被告知，在有证据使自卫的辩护理由可能成立时，只有在控方证明超出合理怀疑，即证明被告实施的行为不是自卫时，自卫的辩护理由才不成立。"[②] 可见，在英国刑法中，在已知的情况下过度使用武力，会构成防卫过当。

美国刑法对人身防卫的限度也有要求。具体而言，要求防卫暴力的程度和侵害暴力的程度之间基本相适应。在美国的刑法理论和司法实践中，按照暴力的程度把暴力分为两类，即致命暴力和非致命暴力。如果侵害的暴力属于致命性暴力，即能致人死亡或者重伤的暴力，那么，防卫暴力也可以是致命性的；如果侵害的暴力属于非致命性的暴力，那么防卫的暴力也应当是非致命性的。可见，如果对非致命性的暴力侵害采取致命性的暴力进行防卫，就是防卫过当。

[①] 参见赵秉志、陈志军《英美法系刑法中正当防卫构成条件之比较研究》，载《法商研究》2003年第5期。
[②] ［英］J. C. 史密斯、B. 霍根著，李贵方等译：《英国刑法》，法律出版社2000年版，第300页。

但需要指出的是，上述标准是针对被告人没有认识错误的情况而言的。根据美国的判例和制定法，在对侵害暴力的程度发生合理的认识错误的情况下，被告人对其客观上超过必要限度的防卫暴力仍然可以进行正当防卫辩护。还需要指出的是，防卫人的这种认识错误必须是合理的，即防卫人合理地相信为避免非法侵害而使用这种暴力是必需的。所谓合理地相信，并不是行为人的纯主观臆测，而是有客观标准的，这个标准就是普通人的一般认识。[1]

《加拿大刑事法典》第34、36、37条规定，人身防卫的限度条件是"有合理理由相信为保护自己免遭死亡或严重人身伤害所必要"，即以行为人主观上的"合理确信"为限度标准。[2]

我国香港特别行政区《刑法》规定，防卫人采取的防卫措施必须是合理的，不能超过必要限度。即自卫所造成的损害不能大大超过自卫者可能遭受的侵害，这是一个基本原则。防卫行为怎样才算合理和没有超过必要限度，这是一个非常复杂的问题。但是，一般认为，进行自卫而使用致命的武力，必须具备以下条件：（1）自卫者的生命或身体确已受到严重威胁，即防卫人处于非法身体侵害的极端紧急之中；（2）非使用致命的武力不能消除这种威胁。这又包括两个问题：一是武力的程度问题，二是防卫人使用武力的必要性问题。致命的武力是相对非致命的武力而言的，区别致命的武力与非致命的武力常常难以精确计算，但是，根据具体案情进行客观估计还是有可能的。至于使用暴力的必要性问题，即是否非使用致命的武力不可，以防卫人合理的判断为标准，但不是防卫人的主观臆断，而应以普通人的一般认识能力为标准。[3]

（二）财产防卫的限度条件

在英美法系各国和地区刑法中除了人身防卫这一基本的正当防卫类型外，财产防卫也是一种普遍规定的正当防卫类型。"之所以要把自身防卫和防卫财产分开规定，主要理由是人身比财产具有更高的价值，对防卫财产作为构成合法辩护时要有更严格的限制。"[4] 防卫财产与防卫人身的差别主要在于防卫的限度

---

[1] 参见储槐植著《美国刑法》（第二版），北京大学出版社1996年版，第120页。
[2] 参见卞建林等译《加拿大刑事法典》，中国政法大学出版社1999年版，第30～31页。
[3] 参见宣炳昭《香港刑法导论》，中国法制出版社1997年版，第139页。
[4] 储槐植著：《美国刑法》（第二版），北京大学出版社1996年版，第122页。

条件上。具体而言，又集中在财产防卫中是否可以使用致命武力的问题上。英美法系各国和地区在此问题上存在两种不同的主张：①

第一为"绝对禁止论"，加拿大《刑法》即属于这种观点的支持者。加拿大《刑法》对于财产防卫的必要限度问题，根据防卫住宅（不动产）和防卫其他一般私人财产分别规定了不同的限度条件：（1）在防卫一般私人财产时，以未殴打或伤害不法侵入者为限度条件。如《加拿大刑事法典》第 38 条规定，和平占有私人财产者以及其合法协助者，如未殴打或伤害不法入侵者而为下列行为，应视为正当：1）阻止不法入侵者攫取其财产；2）向攫取其财产的不法入侵者取回财产。当和平占有私人财产者得到其财产时，不法入侵者坚持欲保留之，或从占有者或其合法协助者处攫取之，应视为无正当理由或无挑衅之攻击，不再属于财产防卫，而应适用第 34 条规定的人身防卫条款。（2）在防卫住宅时，以"使用未逾越必要武力"为限度条件。如《加拿大刑事法典》第 41 条规定，和平占有住宅或不动产者及其合法协助者，或经其授权之人，如果使用未逾越必要武力阻止他人入侵其住宅或不动产，或将不法入侵者赶出其住宅或不动产，应视为正当。不法入侵者，抵制和平占有住宅或不动产者或其合法协助者，或经其授权之人，阻止其进入或将其赶出，应视为无正当理由或无挑衅之攻击，不再属于财产防卫，而应适用第 34 条规定的人身防卫条款。从《加拿大刑事法典》的以上规定可以看出，加拿大刑法将财产防卫的范围界定得很窄，将包含暴力侵害的财产侵害都纳入人身防卫的范围，而适用人身防卫条款。财产防卫所针对的财产侵害都是非暴力的，自然要绝对禁止防卫人使用致命的暴力进行防卫。

第二为"特别允许论"，即在一般情况下禁止在财产防卫中使用致命的暴力，但在特别的情况下允许防卫人使用致命的暴力进行防卫。不过，英美法系各国和地区对允许使用致命武力的情况的具体规定不尽相同。英国刑法规定，在防卫财产的过程中，一般不允许使用致命的武力，但也不排除在极少数的情况下允许使用致命武力的可能。如在荷赛（Hussey）案中，被告人杀死一名非法剥夺其居住权的人被认为是合法的。但英国学者一般认为，荷赛案中的规则无论如何也不能无限扩展到那些不是故意剥夺房子主人居住权的侵犯者。大

---

① 参见赵秉志、陈志军《英美法系刑法中正当防卫构成条件之比较研究》，载《法商研究》2003 年第 5 期。

多数英国学者认为，防卫人对非法剥夺其居住权的侵犯者不能一概使用致命的武力，起码不能对非故意剥夺其居住权的侵犯者使用致命的暴力。

美国刑法把所防卫的财产分为住宅和一般财产，并明确规定了不同的防卫限度条件。其特点是在防卫住宅时使用暴力的限制小于防卫一般财产，这是因为"防卫庇护生命的住宅同防卫生命一样重要"。防卫财产的具体限度标准是：（1）防卫人为保护一般财产免于非法侵犯时，不能使用致命的暴力；（2）在侵犯者仅仅是对住宅进行民事侵犯的情况下，防卫的暴力限度适用防卫一般财产的规定；（3）侵犯者在强行侵入住宅的情况下，视必要可允许以致命暴力实行防卫。[1]

（三）比较后的思索

由上面介绍，不难看出，英美法系各国和地区的刑法对正当防卫限度条件的规定比大陆法系更为严格。这一方面表现在，英美法系各国和地区的刑法一般要求防卫行为必须出于不得已（即撤退原则），而大陆法系国家刑法一般不要求防卫人首先采取躲避行动。另一方面，英美法系国家刑法把正当防卫行为划分为若干种类，并针对不同的类别，规定不同的防卫限度，法律对防卫限度的规定可谓细致入微；而大陆法系国家刑法对正当防卫限度条件的规定则较为原则和笼统，刑法理论将其高度抽象概括为必要性与相当性。两大法系对正当防卫限度条件掌握得宽严不一，可能与各自国家刑罚的严厉程度不同有关。因为，正当防卫作为补充的"国家制裁"，"当对犯罪的国家制裁严厉时，正当防卫的限制条件放宽。"[2] 特别需要指出的是，我国的立法未对正当防卫进行具体分类，也很少有学者将正当防卫分为人身防卫、财产防卫和执法防卫等具体类型并对其不同的成立条件进行具体的研究。而英美法系各国和地区的刑法将正当防卫区分为人身防卫、财产防卫和执法防卫等具体类型的立法方式和研究方法，对于加强我国正当防卫制度的研究无疑都颇有参考价值。

---

[1] 参见储槐植著《美国刑法》（第二版），北京大学出版社1996年版，第122～123页。
[2] 参见李金明《论外国刑法中正当防卫的限度》，载《北京理工大学学报（社会科学版）》2008年第2期。

第五章
对我国《刑法》第 20 条
第 3 款意义的重新思考[①]

---

① 本章的写作得到了我的博士后指导老师马克昌先生的点拨，尤其是关于《刑法》第 20 条第 3 款的称谓问题，与马先生的讨论更是给予笔者诸多启示，在此深表谢忱。

正当防卫是法律赋予公民在紧迫情况下的一项自卫权利。1997年我国进行《刑法》修订，正当防卫制度被列为十大焦点问题之一纳入立法者的视野，为了更好地维护被侵害人的合法权益，并鼓励公民自觉与犯罪活动斗争，立法者可谓殚精竭虑。① 然而，修订《刑法》通过以后，实施近三年以来，学界及司法实务界围绕正当防卫制度，特别是《刑法》第20条第3款的性质问题认识不一，争论纷纭。尤其是对于《刑法》第20条第3款是称其为无限防卫权还是特殊防卫权，或者是无过当之防卫权，更是见仁见智。《刑法》第20条第3款的规定"改变了我国刑法关于正当防卫的立法格局。同时，由于新规定产生新问题，一时之间，在我国刑法学界，对这一规定肯定者有之，大力抨击者也不乏其人"。② 这样混乱不一的状况在很大程度上影响了公民正当防卫权的行使，立法者所期望的正当防卫"以正压邪"之社会效果更是难以付诸实现。③ 1997年《刑法》修订后，围绕着《刑法》第20条第3款性质或意义的论文已经比较多了，但系统、深入的文章尚不多见。在本章中，笔者不揣冒昧，试图围绕《刑法》第20条第3款的有关问题，从新的视角即立法技术、制度设置以及价值观念视角进入深入检讨，希冀能够叩开曾一度幽闭的大门，揭示《刑法》第20条第3款的真正意义，还正当防卫制度以清晰的面目。如此，不仅有助于正当防卫理论的进一步完善和发展，也在一定程度上促进对于《刑法》第20条第3款在司法实践中的理解和适用，有助于正当防卫制度的司法适用。

---

① 在1997年《刑法》的起草修订过程中，关于如何强化对公民正当防卫权利进行保护和利用正当防卫对暴力侵害进行反击的问题，曾存在诸多不同的意见。[参见赵秉志、肖中华《正当防卫立法的进展与缺憾》，载《刑法问题与争鸣》（第二辑），中国方正出版社2000年版，第360页。] 从数次《刑法修订草案》（征求意见稿）所反映的内容来看，新《刑法》第20条第3款的立法内容是在作了多次比较大的修订基础上确定的。（详细参见高铭暄、赵秉志主编《新中国刑法立法资料总览》，中国人民公安大学出版社1998年版。）
② 参见高铭暄主编《刑法专论》，高等教育出版社2002年版，第450～451页。
③ 在经过前几年对于正当防卫制度，尤其是《刑法》第20条第3款性质与意义的研究热潮后，学界对此问题的探索逐渐趋于平静。然而，这种表面的平静丝毫不意味着学者们就第3款形成一致的见解，各种观点都存在着这样那样的缺漏，都不能完满地说服彼此。

第一节　法律技术层面的透视

立法技术关注的是刑法规范的工具理性，它是对刑法规范或制度从表现形式上进行审视。在我们看来，只有通过清晰、精确的表述，以及完美、严谨的体系，立法者的真实意图才能得以凸显，否则立法者的意愿可能会在立法语言的表达中被歪曲。

对于新修订的《中华人民共和国刑法》第 20 条第 3 款（以下简称第 3 款）的规定，学界往往孤立地探讨第 3 款的含义与性质问题，却忽视了从条款关系角度辩证地、联系地研究正当防卫制度的条款规定。这或许是论者们至今仍未达成一致看法的原因之一。从系统论角度而言，"刑法典的各条文之间是相互联络的，若忽而不察，易致断章取义。更何况第 20 条同一条内的三款，更是相互联系的，如果孤立地看待它们会导致不能正确理解其中的规定"[①]。

一、《刑法》第 20 条第 1 款与第 3 款关系研究

从条款关系角度探讨第 3 款的意义，其关键在于正确揭示第 3 款与第 20 条第 1 款（以下简称第 1 款）的逻辑关系。对于第 1 款与第 3 款关系，我们可以从学界现有对第 3 款的性质认识着手，推导出对此问题的一些有代表性观点。在我们看来，尽管学界对于第 3 款的性质认识各异，但有一点是共同的，即都认为第 3 款是独立于第 1 款的单独规定。换言之，学者们都倾向于把第 1 款与第 3 款的逻辑关系界定为并列关系（以下简称"并列说"）。按照称谓的不同，"并列说"又可进一步细分为："无限防卫权说""无过当之防卫权说"以及"特

---

① 刘艳红、程红：《"无限防卫权"的提法不妥当》，载《法商研究》1999 年第 4 期。

殊防卫权说"，以下将对它们简略梳理。

（1）"无限防卫权说"。这也可能是目前在我国学界居于主流地位的观点[①]。无限防卫权说认为，"所谓无限防卫权，是指公民在某种特定情况下所实施的正当防卫行为，没有必要限度的要求，对其防卫行为的任何后果均不负刑事责任"[②]。依此观点，第3款明确规定了公民在遭受紧迫的严重危及人身的暴力犯罪侵犯时，可以采取任何强度的防卫行为，而无须担心为此而受到刑事责难，而第1款则是对一般不法侵害的防卫之规定，它要受到防卫限度的严格限制，超过防卫限度可能会因防卫过当而遭致刑事追诉。由上分析，我们不难看出，"无限防卫权说"实质上认为第1款与第3款是一种并列关系。

（2）"无过当之防卫权说"[③]。这种观点则认为，"无过当防卫，是指公民在某些特定情况下所实施的正当防卫行为，没有必要限度的要求，对其防卫行为的任何后果均不负刑事责任"[④]。根据这一概念，无过当防卫的本质特征就在于防卫行为的无限性，故而持这种观点的学者主张，"在修订的《刑法》第20条第3款中，尽管对适用的前提条件有限制，但对于防卫限度没有限制，是一种无过当之防卫"[⑤]。可见，从本质上讲，"无过当之防卫权说"基本等同于"无限防卫权说"，只是表述稍有差异而已。

（3）"特殊防卫权说"[⑥]。持这种观点的论者认为，将第3款规定的防卫权称为无限防卫权是不确切的，如果将第1款关于正当防卫诸多条件的规定视为一项原则，第3款则是在肯定符合特殊规定的条件下实施的一种防卫行为[⑦]，与

[①] 持无限防卫权说的典型论述，可参见赵秉志主编《新刑法教程》，中国人民大学出版社1997年版，第14页；张明楷著《刑法学》（上），法律出版社1997年版，第232页；祝尔军、王杰《论无限防卫权》，载《刑事法学要论跨世纪的回顾与前瞻》，法律出版社1998年版，第421～435页；黄明儒、吕宗慧《论我国新刑法中的无限防卫权》，载《法商研究》1998年第1期。

[②] 赵秉志主编《新刑法教程》，中国人民大学出版社1997年，第14页。

[③] 持"无过当之防卫权说"的典型阐述，可参见陈兴良著《刑法适用总论》（上册），法律出版社1999年版，第370～399页；杜宝庆《无过当防卫的法律适用》，载《中国刑事法杂志》1999年第3期。

[④] 杜宝庆：《无过当防卫的法律适用》，载《中国刑事法杂志》1999年第3期。

[⑤] 陈兴良：《论无过当之防卫》，载《法学》1998年第6期，第32页。

[⑥] 比较典型的论述可参见王作富、阮方民《关于新刑法中特别防卫权规定的研究》，载《中国法学》1998年第5期；赵秉志、田宏杰《特殊防卫权问题研究》，载《法制与社会发展》1999年第6期；段立文《对我国传统正当防卫观的反思》，载《法律科学》1998年第1期；张兆松《论特别防卫权的若干问题》，载《人民检察》1999年第10期等。从表面上看，"特殊防卫权说"不应纳入"并列说"的视野，因为该说认为第1款与第3款存在一般与特殊的关系。但本质上，"特殊防卫权说"认为特殊防卫权亦不受必要限度的约束，这一点与"无限防卫权说""无过当防卫权说"并无二致，所以，我们仍将其纳入"并列说"的范畴。

[⑦] 参见熊向东《也论刑法中的"无限防卫权"》，载《中央政法管理干部学院学报》1998年第6期。

"第 1 款相比较而言，如果前者称为一般防卫权，后者可以称之为特别防卫权的规定"[①]。这种观点逐渐得到了诸多学者的认可，成为一种有力的学说，对无限防卫权说形成了强大的挑战。但这种观点仍然认为，"新《刑法》20 条第 3 款规定的特别防卫权行为，在有关法条中并没有规定一个必要限度"[②]。因此，特殊防卫权所主张的防卫行为就与第 1 款所规定的受必要限度限制的防卫行为在本质上也是一种并列关系。

综上，尽管"无限防卫权说""无过当之防卫权说"与"特殊防卫权说"在称谓上有所差异，但实质上三种观点在第 1 款与第 3 款的关系上都达成了一致，即均认为两者的关系是平行并列的。那么究竟第 1 款与第 3 款存在一种什么关系呢？第 3 款的性质究竟什么？上述三种称谓哪一种更符合立法原意呢？我们认为，如欲正确揭示第 3 款与第 1 款的关系，必须厘清两个疑惑：一是关于 3 款规定的防卫行为所针对的对象范围问题；二是第 3 款防卫行为的强度问题。

第一，关于第 3 款的防卫行为所针对的对象范围，"并列说"中的三种观点不存在争议，即都认为第 3 款规定的防卫行为只能针对特定的严重危及人身安全的暴力犯罪行为，而不能将对象范围扩充至更广泛的包括非暴力性质的严重危害国家利益、公共利益的犯罪行为，故第 3 款防卫行为所针对的对象范围是有限的，不能包括智能化犯罪。[③] 从此角度，"无限防卫权"的提法难免有些不妥，因为它容易造成人们的曲解，误以为第 3 款中的防卫行为针对对象范围可以是无限的，而滥用国家赋予的防卫权。而基于从防卫行为所针对的对象范围角度，特殊防卫权的提法可能更科学、严谨一些。

第二，关于第 3 款防卫行为的强度问题，无论"并列说"中的哪种观点都认为第 3 款规定的防卫行为的强度不受必要限度的约束，可以随心所欲，但须知这是与立法者设立正当防卫制度的意图根本相左的，并且，这种见解也无助于刑法在人权保障与社会保护之间觅得和谐与平衡。[④] 因此，很难说就是科学合理的。[⑤]尽管我国当前社会治安形势十分严峻，英雄见义勇为的行为常常会有"流血又流

---

① 段立文：《对我国传统正当防卫观的反思》，载《法律科学》1998 年第 1 期。
② 王作富、阮方民：《关于新刑法中特别防卫权规定的研究》，载《中国法学》1998 年第 5 期。
③ 在国外犯罪学中，智能犯罪是与暴力犯罪相对应而言的，它的客观表现不具有"暴力性"。
④ 关于本款所凸显出来的是刑法机能即人权保障机能与社会保护机能上的取舍，笔者将在本章第三部分价值观念层面进行深入分析。
⑤ 新《刑法》中正当防卫的立法内容经过近几年的司法实践检验，所暴露出的一些问题也从一个角度印证了这一点。请参见杨敦先等主编《新刑法施行疑难问题研究与适用》，中国检察出版社 1999 年版，第 222～254 页。

泪"的痛心结局，为了鼓励广大群众正当防卫，强化对防卫人合法权益的合法保障，可以赋予公民特定的不受任何限度的正当防卫权，这似乎是无可厚非的。但从更长远的角度而言，又不免有失偏颇。难怪国内已有学者针对《刑法》第20条第3款可能存在的认识误导，提出取消无限防卫权的建议。① 我们认为，取消第3款的观点尽管认识到不受限度制约的防卫权的流弊，但也不免走入极端。

在我们看来，《刑法》第20条第3款并不是像部分学者认为那样是立法思想上的重大突破。② 它只是对第1款的补充说明，它要受第1款关于正当防卫的条件约束。1979年《刑法》关于正当防卫制度的从根本上应当是比较科学合理的，正如有学者指出，"我国1979年《刑法》第17条规定了正当防卫，并将防卫过当界定为正当防卫超过必要限度造成不应有的危害的行为。应该说，这一规定在立法上是无懈可击的。因为'必要限度'这一概然性规定，已将区分正当防卫与防卫过当的界限的权力授予司法机关。"③ 之所以在司法实践会对正当防卫掌握过严、对防卫过当掌握过宽以至于对见义勇为在是否成立防卫过当上纠缠，在一定程度上伤害了人民群众见义勇为的积极性，我们认为，造成这种现象的原因是多方面的，不能将其完全归咎于1979年《刑法》关于正当防卫规定过于抽象、缺乏操作性。具体而言，这种现象的发生在很大程度上可能是因为目前我国司法资源的相对匮乏、司法能力的捉襟见肘、先天不足，司法者的素质亟待提高等原因，因此正是基于这种状况的考虑，立法者才将对于严重侵犯人身的暴力犯罪的防卫规定予以明确，以指导司法实践。④ 从根本上，本款是

---

① 参见卢勤忠《无限防卫权与刑事立法思想的误区》，载《法学评论》1998年第4期；田宏杰《防卫权及其限度》，载《刑事法评论》1998年第2卷。这一点已得到世界上一些国家刑事立法的印证。例如，俄罗斯联邦1994年7月1日通过的《关于修订和增补〈苏俄刑法典〉和〈苏俄刑事诉讼法典〉的联邦法律中曾经作过规定防卫人在某些情况下有权对加害人造成任何损害的立法尝试》，它是这样规定："如果侵害伴随着对防卫人或他人的生命造成威胁的暴力，或者以直接使用这种暴力相威胁，防卫人有权对加害人造成任何损害。"这一尝试经过司法实践证明是不成功的，令人们产生很多质疑，最终不是扩大了公民对抗侵害的防卫权，反而限制、缩小了这一权利。正因为如此，1996年5月24日通过的《俄罗斯联邦刑法典》摒弃上述规定，恢复了以前的正当防卫规范。详细请参见［俄］斯库拉托夫、列别捷夫主编《俄罗斯联邦刑法典释义》，黄道秀译，中国政法大学出版社2000年版。

② 值得一提的是，目前国内有部分学者提及刑法修改，动辄言必称突破。在我们看来，理论上出现突破固然是件令人称道的事情。但理论突破会带来大量棘手问题难以解决，所以对于重大突破我们需要一种更为冷静谨慎的心态，不能不加分析地一概以突破来遮蔽理论研究的视野。而在原有的框架内做些有益的修补，恐怕是一种更为务实可取的态度。

③ 陈兴良著：《刑法适用总论》（上册），法律出版社1999年版，第371页；对这一问题，还有学者指出："1979年刑法的规定已经体现了正当防卫制度的精髓，从立法规律性来看，与1997年刑法这一制度的规定精神是基本一致的。"请参见宗建文著《刑法机制研究》，中国方正出版社2000年版，第141页。

④ 本条款可以清晰地折射出立法者在功利与正义的取舍之下，亲近功利的价值倾向。1979年《刑法》基本上是采取偏重正义而兼顾功利的立场，而1997年修订《刑法》却主要是基于便利司法操作、限制司法权的功利考虑，更加关注功利，本款是一个很好的例证。关于本款背后所映射出的理念问题，笔者将在本章第三节阐述，在此不作详论。

立法者基于1979年《刑法》中正当防卫制度在实践中运作的不理想状况而做出的一种立法推定，它本身并无制度创新和重大突破，换言之，第3款的规定是可以被涵括在第1款的规定中，它必须受到正当防卫制度中诸条件包括防卫限度条件的制约。

首先，第3款实质上是受防卫限度的制约。新《刑法》第20条第2款规定："正当防卫明显超过必要限度造成重大损害的，应当负刑事责任。"根据此款规定，我们可以比较廓清正当防卫与防卫过当的限度，即唯有明显超过必要限度造成重大损害的防卫行为，才属于防卫过当，而没有明显超过必要限度或者虽然明显超过必要限度，但未造成重大损害，均为正当防卫，因而衡量第3款所规定"针对行凶、杀人、抢劫、强奸、绑架等严重危及人身安全的暴力犯罪采取防卫行为，造成不法侵害死亡"是否为防卫过当，关键在于考察这种情况下的防卫行为与明显超过必要限度。我国刑法理论的通说以"适当说"作为界定必要限度的标准[①]，即一方面防卫行为是为制止不法侵害所必需，而另一方面防卫行为与不法侵害行为又必须基本相适应。而在具体考察必要限度时，可以从不法侵害的性质与强度、不法侵害所侵犯的合法权益的重要程度、不法侵害行为可能造成的危害范围以及其他客观背景因素等方面来认定。[②] 在第3款中，由于防卫人面对的是正在进行或迫在眉睫的行凶、杀人、抢劫等严重危及人身安全的暴力犯罪[③]，这类侵害具有特别严重的社会危害性，一旦付诸实施，后果将难以想象，防卫人的生命健康等基本权利之安危往往系于须臾之间。在这种紧迫的情形之下，法律所能期待防卫人所为的当然只会是以暴制暴，即采用可能严重损害不法侵害人人身安全的暴力行为对抗不法侵害人的暴力侵袭[④]，正如不法侵害人之暴力侵害行为会导致防卫人重伤或死亡一样，防卫人所采用这种制暴的暴力行为当然可能导致不法侵害人的重伤或死亡。所以，第3款

[①] 参见高铭暄、马克昌主编《刑法学》（上），中国法制出版社1999年版，第241页；赵秉志主编《新刑法教程》，中国人民大学出版社1997年版等。必须指出，本文的观点与通说有歧。在我们看来，在正当防卫规定已作了较大修订后，"基本相适应说"可以取代"适当说"成为界定必要限度的标准，对此问题第三章将进行详论。当然，此处的论述还是依照通说"适当说"来展开的。

[②] 参见王作富主编《刑法》，中国人民大学出版社1999年版，第106～107页。

[③] 这里的严重的侵犯人身的暴力侵害，在侵害程度上有一定数量要求，即必须是致命暴力，不是致命性的严重暴力侵害不能对不法侵害人实施造成重伤或死亡结果的防卫行为，至于"致命性的暴力侵害"的称谓滥觞于美国刑法，详细请参见储槐植《美国刑法》（第二版），北京大学出版社1996年版，第119页。本章第二节还要涉及此问题，此处不予展开。

[④] 参见刘艳红、程红《"无限防卫权"的提法不妥当》，载《法商研究》1999年第4期。

之防卫行为应当是制止不法侵害所必需的，此为其一。其二，从防卫行为与不法侵害行为比较而言，不法侵害行为是严重地危及人身安全的暴力犯罪，这种侵袭所侵犯的利益均是公民赖以生存的重大权益，如生命、健康等；而从本款防卫人的所处的立场来讲，由于情况危急，面对往往有备而来的严重危及人身安全暴力侵害行为，防卫人所能选择的防卫强度最严重也莫过于致使侵害人重伤、死亡。因而，从无论是从防卫手段或强度，还是从防卫人所损害的利益的角度而言，防卫行为与不法侵害行为都不存在过于悬殊的差异与明显的不相适应，即两者是基本相适应的。故而，通过以上分析，我们可以明确"该款（第20条第3款——引者注）规定从实质上来看，完全是在必要限度以内的，必要限度也当属本款文中应有之义"[①]。正如有学者指出，"实际上，仔细分析现行刑法典第20条第3款和第2款的规定，不难发现，两者精神完全一致，第3款其实是对第2款规定在特殊情况下的再次重申和进一步强调"[②]。将第3款独立出来，理解为不受限度条件制约的无限防卫权或特殊防卫权，其实都是对正当防卫权的误读。正如也有学者精辟地指出"这就说明第20条第3款规定的防卫同样是遵循了必要限度要求的、是有限防卫，根本不存在超越必要限度的防卫，即无限防卫"[③]。

其次，第3款是指示司法者的注意规定，而不是修正了正当防卫基本规定（即第20条第1款与第2款）的特别规定。所谓注意规定是指"在刑法已有相关规定的前提下，提示司法人员注意，以免司法人员忽略的规定，注意规定的设置没有改变相关规定的内容，只是对相关规定内容的重申；即使没有注意规定，也存在相应的法律适用根据"[④]。从1979年《刑法》正当防卫有关规定实施以来的司法实践的实际情形来看，司法机关对于正当防卫及其限度条件掌握过严，在处理防卫案件中，并没有真正把握正当防卫立法的宗旨，往往偏袒不法侵害者，苛求正当防卫人，把正当防卫的立法在一定程度上错误地视为处罚防卫人的法律，扭曲了正当防卫的法律形象。[⑤]尤为一提的是，司法实务中"存在唯后果论的倾向：凡是发生了死亡后果的，一律认定为防卫过当，而不问这

[①] 刘艳红、程红：《"无限防卫权"的提法不妥当》，载《法商研究》1999年第4期。
[②] 田宏杰著：《刑法中的正当行为》，中国检察出版社2004年版，第263页。
[③] 张莉、郑鸿鹄：《关于无限防卫权问题的再探讨》，载《政法学刊》2000年第2期。
[④] 张明楷：《简论"携带凶器抢夺"》，载《法商研究》2000年第4期。
[⑤] 参见赵秉志、田宏杰《特殊防卫权问题研究》，载《法制与社会发展》1999年第6期。

一防卫后果是否为制止正在进行的不法侵害所必需。"① 这种倾向导致了法官对于类似第3款中防卫行为造成暴力侵害人重伤或死亡，往往一律定性为防卫过当，严重地挫伤了公民正当防卫的积极性，造成了不良的社会效果。以上正是立法者对1979年《刑法》正当防卫的规定进行修改、补充，特别是增设第3款的规定的主要原因。本来按照第1款的规定与第2款的对正当防卫的限度条件的要求，就可以自然而然地推导出第3款关于暴力犯罪的正当防卫，但是立法者为了增加司法的可操作性与具体化，而将其明文确定下来，由此凸显刑法的昭谕功能与操作功能。有学者指出："实际上，如果我们的司法人员正确理解并把握正当防卫之必要限度，即使按照原《刑法》关于正当防卫的规定，该款（第20条第3款——引者注）中的防卫行为也应该认定为正当防卫。"② 因此，"这就把由原司法机关自由裁量的问题，由立法机关直接做出明确规定。这样做显然对于公民大胆行使防卫权和司法机关处理案件都具有较强的操作性，利于贯彻正当防卫的立法主旨。"③ 质言之，第3款仅是由立法者根据正当防卫基本规定推断而来的，它并非新《刑法》创新的新生事物，它仅是指导司法者操作的注意规定。还需要指出的是，采用立法推定形式将第3款予以明示，在我们看来，恰恰顺应了整个刑法典修订的价值取向，即由1979年《刑法》在兼容主观主义与客观主义的基础上偏爱主观主义的立场，转向1997年《刑法》客观、主观兼顾而亲近客观主义的立场判断。④ 因为如前分析，第3款作为注意规定，它实质上是将法官主观上裁量的问题外化为具体、明确的客观规定，它在一定程度上是与整个法典的客观主义立场相契合与协调的。

---

① 陈兴良著：《正当防卫论》，中国人民大学出版社1987年版，第180页。
② 参见刘艳红、程红《"无限防卫权"的提法不妥当》，载《法商研究》1999年第4期。
③ 段立文：《对我国传统正当防卫观的反思——兼谈新刑法对正当防卫制度的修改完善》，载《法律科学》1998年第1期。
④ 很多学者对此都不乏精彩的论述，详细请参见张明楷《新刑法与客观主义》，载《法学研究》1997年第6期；还可参看陈兴良、周光权《困惑中的超越与超越中的困惑》，载《刑事法评论》（第2卷），中国政法大学出版社，第38页以下。需要指出，笔者原来一直主张我国刑法的客观主义立场，但现在笔者的观点有所变化。通过研究笔者发现，主观主义与我国刑法也有较为紧密的联系，中国传统法律思想、中国刑事立法的发展以及中国刑法的主客观相统一原则等都与刑法主观主义存在密切的联系，刑法主观主义的合理性不容抹杀。在刑法各种具体制度尤其是刑罚制度的形成过程中，刑法主观主义发挥了重要的、不可替代的作用，刑法主观主义的犯罪预防思想以及刑罚个别化思想在各国刑事立法中都得到了充分体现。如果说刑法客观主义给世界各国刑法提供一种原则和框架，那么，刑法主观主义带给人们的则是原则之内的灵活和变通。原则刚性不可动摇，而灵活柔性同样不可缺少。在我国，灵活性的刑法主观主义和原则性的刑法客观主义，更应当统一在刑法主客观相统一原则的框架下进行重新考量和研究。事实上，笔者现在并不主张在我国全面贯彻客观主义的立场或主观主义的立场。问题不在于我们究竟采取的是何种立场，而应当是在我国刑法的理论架构内如何进一步地吸收世界先进的刑法思想，不管是主观主义也好，客观主义也罢。详细可以参见拙文《我国刑法中主观主义地位界定——兼与张明楷教授、周光权博士商榷》，载《法学》2005年第5期。

二、《刑法》第 20 条第 3 款与第 2 款关系探索

根据修订后的《刑法》第 20 条第 2 款的规定，防卫过当是"指为了使国家、公共利益、本人或者他人的人身、财产和其他权利免受正在进行的不法侵害，而采取的制止不法侵害的行为明显超过必要限度，给不法侵害人造成重大损害的"。[①] 而第 3 款规定的则是对紧迫的侵犯人身的致命性暴力犯罪的防卫权。

有学者认为，第 3 款规定的无过当之防卫的情况几乎涵括了 95% 的正当防卫场合，而第 1 款规定的正当防卫在现实生活中是极为罕见的。因此，第 3 款的规定实际在相当程度上否定了防卫过当之规定。[②] 我们认为，这种看法是值得推敲的。第 20 条第 2 款明文规定："正当防卫明显超过必要限度造成重大损害的，应当负刑事责任……"从法条规定本身来看，这里对防卫过当存在范围并没有做出限定性规定，因此，依第 2 款规定，我们就没有理由否认对所有的不法侵害，无论是未达到犯罪程度的不法侵害，还是达到犯罪程度的暴力侵害，无论是侵犯人身权利的不法侵害，还是侵犯财产权利的不法侵害，均可以存在防卫过当。这是其一。其二，从理论上讲，第 3 款所明确的防卫，在什么情况下出现伤害结果，什么情况下出现死亡结果，应当是有条件的，不应理解为在任何情况下出现任何一种结果，都成立正当防卫。例如抢劫、强奸都采用暴力相威胁的手段，暴力威胁也侵害人身安全，若不法侵害人仅仅以危害被害人的身体健康相威胁，并没有实施实际的重伤害行为，被害人就将不法侵害人杀死，这种防卫行为未免过当。其三，从价值观念层面来看，若允许不受防卫过当限制的防卫权的存在，最终会在国家秩序的维护与个人权益的保障的价值取舍上，[③] 倒向过度强调秩序维护的极端，而有失偏颇。正当防卫权作为私人自力救济的体现，它本身就存在助长个人实力的倾向，若不再加以约束，必会引起

[①] 彭卫东著：《论防卫过当》，载《法学评论》1998 年第 4 期。
[②] 参见范忠信《刑法典应力求垂范久远——论修订后的刑法的局限与缺陷》，载《法学》1997 年第 10 期，第 22 页；陈兴良《论无过当之防卫》，载《法学》1998 年第 6 期。
[③] 刑法作为社会的保障法，维护社会秩序的最后一道屏障，它应当是在社会利益的保护与公民个人权益的保障之间寻求某种平衡，作为刑法重要制度的正当防卫于此也不能例外。基于此，笔者倾向对"自由刑法"的提法（或市民刑法）持保留态度，自由刑法相对于权威刑法（或政治刑法）似乎是从一个极端又游离到另一个极端。参见陈兴良《从政治刑法到市民刑法——"二元社会"建构中刑法修改》，载《刑事法评论》（第一卷），中国政法大学出版社 1997 年版；刘树德《权威刑法抑或自由刑法——"二难"案件司法的政治哲学基础》，载《刑事法评论》（第四卷），中国政法大学出版社 1999 年版。

更多的纷争，扰乱社会治安，更多人的合法权益必将会受到践踏，这种做法显然是得不偿失的。况且，连国家惩罚犯罪的公力救济都要受法律制约，仅仅是作为公力救济的例外的个人防卫违法犯罪的权利怎么又可能是不受防卫过当制约的呢？再有，从现实角度分析，司法实践中大量的、经常发生的是非致命性的暴力侵害，第3款所明确的致命性暴力侵害也只占司法实践中的一部分，一般不会出现第3款的适用架空第1款的现象。因此，基于上述分析，我们认为，不受防卫限度约束的防卫权是显然不能成立的，对正在进行的危及人身安全的暴力犯罪所采取防卫行为也要受正当防卫限度条件的约束，即第3款也要受到第2款的制约。

由上，我们可以得出这样的结论：第3款与第1款之间是补充说明关系，第3款实际上是由第1款引申出来的，将其称为"无限防卫权""无过当防卫权"或"特殊防卫权"均有所不妥，如果一定要冠之以名，只能以"正当防卫权"来命名，正如有学者针对第3款的性质问题指出，"其实，法条本身已经作了非常明确的规定，即'不属于防卫过当'。不属于防卫过当就是正当防卫。换言之，'正当防卫就是该款最准确的概括和最确切的称谓'。"[①]这样第1款与第3款合并在一起即是我国刑法中的正当防卫权，它们与第2款构成一种逻辑上的并列关系，即对正在进行的不法侵害（包括暴力犯罪）实施防卫行为，没有明显超过必要限度或明显超过必要限度但没有造成重大损害的，应属于正当防卫；否则，构成防卫过当。因此，第3款的规定的防卫理所当然的包含在第1款的一般规定中，第1款与第2款的规定对第3款规定的防卫具有指导制约的作用。[②]

三、《刑法》第20条第3款术语表达的再思索[③]

（一）对于"行凶"的诠释

对于特殊防卫条款中规定的"行凶"一说，学界一直颇有微词，认为"该

---

① 刘艳红、程红：《"无限防卫权"的提法不妥当》，载《法商研究》1999年第4期。
② 参见张莉、郑鸿鹄《关于无限防卫权问题的再探讨》，载《政法学刊》2000年第2期。
③ 第3款确立后，学界围绕着其术语表达的科学合理性提出了诸多诘难，尤其对于"行凶"，"其他严重危及人身安全"等表述的非议更是如此。限于篇幅，笔者在此仅就词语"行凶"与"其他严重危及人身安全的暴力犯罪"略抒己见。

款的适用对象应当在法律上加以严格界定，但修订后的刑法采用了'行凶'这样的一个非法律术语。在民间，行凶是与打架等相联系的，所谓打架行凶。因此，'行凶'一词没有确切的法律内涵……刑法使用'行凶'这样非专业术语，导致理解上的歧义，将会影响的正确适用。"[①] 尽管上述看法有一定道理，但我们应该以一种更为宽容的心态去看待"行凶"一词。在我们看来，不应当孤立的理解"行凶"一词的含义，应当结合《刑法》第 20 条特殊防卫条款性质与意义深入理解，并且结合对于立法意图与目的探究以及我国具体国情的现实思考。首先，从立法者设立特殊防卫条款所针对的对象来看，"行凶"一词表述是合理现实的。因为立法者确立特殊防卫条款所针对的对象主要有三种：一是司法者（主要是基层法院的法官）；二是广大人民群众（潜在防卫人）；三是社会上的不稳定分子（潜在的严重暴力犯罪人）。司法者、老百姓与不法之徒均身处基层，共同生活在同一片蓝天下，他们应当同属于一个"话语系统"[②]，"行凶"一词在他们那里不会产生太大出入，所以立法者最终还是将这一表面上不那么严谨的群众性术语纳入法典中，对此，应当是无可非议

---

① 田宏杰：《防卫权及其限度》，载《刑事法评论》（第 2 卷），中国政法大学出版社 1998 年版。这种观点实际代表了学界相当多的学者的看法，还可参见杜宝庆《无过当防卫的法律适用》，载《中国刑事法杂志》1999 年第 3 期；刘英萍《试论无限防卫制度的不足》，载《人民检察》1999 年第 10 期。
② 按照新实用主义法学理论所提出的需求语境主义，法律术语与知识属于"具体要求"的范畴。在形成法律知识时，不仅人们头脑中的社会文化历史性的知识是语境化的，而且，人们的需求也是语境化的。人们总是在"具体理解"和"具体需求"之中来建构具体的法律术语与知识。由于开始总是存在着"不同理解"和"不同需求"，所以人们自然需要通过沟通与对话，在交流中运用实践理性便会得到一个相对客观的共识话语系统。作为正当防卫制度的适用者的法官与参与者的人民群众，同样可以以约定俗成地对"行凶"一词达成使用该词的"语言规则契约"。如此，"行凶"概念的外延清晰地存在于法律适用者与参与者的意识中，不会形成对于"行凶"理解的过多分歧与龃龉（对于新实用主义之"需求语境理论"，可参见刘星《法律是什么》，中国政法大学出版社 1998 年版，第 267 页以下）。再有，其实一个语词，作为一个概念来使用时，重要是对它的内涵的界定和使用范围的限定（这种限定并不总是明确具体，更多的情况是一种默契），而不在于它是否真实对应了或表现了现实；因为语词与其所指称的物从来不可能是对应的，其间的关系是一种因常识而形成的专断的、临时性的关系。（参见苏力著《阅读秩序》，山东教育出版社 1999 年版，第 19 页。）因而，从此角度而言，"行凶"这个特定的语词的使用在很大程度上是使用者之间的一种默契，苏力先生的见解对于我们理解"行凶"一词同样不乏参考价值。还有必要的指出，即使是法官与人民群众已就大众的语言——"行凶"这一术语形成默契与共识，"行凶"一词也存在核心意义明确、边缘模糊的问题，即该语词核心意义向边缘扩展，外延逐渐模糊。然而，刑法不可能拒绝使用这样的概念。因为几乎所有语词在边缘地带都是模糊难懂的，如果拒绝使用边缘模糊的术语，就很难凑齐足够的文字可以用来制定一部完整的刑法典（参见张明楷《简论"携带凶器抢夺"》，载《法商研究》2000 年第 4 期，第 90 页以下）。以上用较大篇幅来对"行凶"一词予以解释的根本意图在于表明我们不能轻易指责刑法用语的不明确性，关键在于这些语词需要法官与学者的规范解释，而不是试图否定它们。

的。① 其次，从现实来看，"行凶"一词的设立也有一定的"期待可能性"。因为正当防卫多发生在特别紧急的情况下，防卫人对于不法侵害行为并非都能有一个非常清晰的预判。应当看到，司法实践中，在正当防卫的各种情形下，有的侵害行为在具体罪名上往往在事前很难准确判断，例如侵害人手持凶器究竟是杀人还是伤害，抑或者是抢劫，等等，事前很难清楚地为他人所感知。"但是，当时的情景又表明，行为人的行为具有严重侵犯他人人身的危险性，在这种危急情势之下，苛求被害人准确判断出不法侵害人侵害行为的具体性质之后，再进行防卫显然是不恰当的。"② 再次，从设立特殊防卫条款的立法意图来看，"行凶"一词也没有明显的漏洞。在此我们建议应将特殊防卫条款中"行凶"与"杀人、强奸、抢劫、绑架以及其他严重危及人身安全的暴力犯罪"联系起来进行理解。从《刑法》第 20 条的规定来看，"行凶"不可能是刑法分则所规定的一个具体罪名，因为如果"行凶"是一个具体罪名的话，立法者没有理由不将其直接予以明示。从法律条文本身来分析，"行凶"与"杀人、强奸、抢劫、绑架以及其他严重危及人身安全的暴力犯罪"是一种并列关系，因此"行凶"显然不包括上述犯罪，也就是将这里"行凶"一词的外延明显小于它字面上的意思，对"行凶"进行限制理解。我们可将"行凶"解释为无法具体判断为具体罪名的暴力犯罪，而"杀人、强奸、抢劫、绑架以及其他严重危及人身安全的暴力犯罪"则属于刑法分则明确规定的具体的暴力犯罪。如此，从逻辑上看，"行凶"与"杀人、强奸、抢劫、绑架以及其他严重危及人身安全的暴力犯罪"存在相互补充的关系，不彼此重复，又确有各自含义，较好地体现了立法者强化公民正当防卫权的立法意图。因为在遭遇到严重暴力侵害的情况下，防卫人

---

① 值得一提的是，新《刑法》一经公布就被很多论者认为不能垂范久远而饱受批驳［可参见范忠信《刑法典应力求垂范久远——论修订后刑法的局限与缺陷》，载《法学》1997 年第 10 期；侯国云《也谈刑法典应力求垂范久远》，载《刑法问题与争鸣》（第一辑），第 107 页以下等］。在我们看来，如欲真正贯彻依法治国之理念、实现法治国之夙愿，就必须树立起对法律的信仰［国内已有部分学者对于法律信仰问题进行了有价值的探索。具体可参见谢晖《法律信仰的理念与基础》，山东人民出版社 1997 年版；刘旺洪《法律信仰与法律现代化》，载《法制现代化研究》（第 2 卷），南京师范大学出版社 1996 年版；范进学《法律信仰与中国法治化》，载《法商研究》1997 年第 2 期；陈金钊《论法律信仰》，载《法制与社会发展》1997 年第 3 期等］，正如美国学者哈罗德·J. 伯尔曼深情地咏唱"法律必须被信仰，否则它将形同虚设"（［美］哈罗德·J. 伯尔曼《法律与宗教》，三联书店 1991 年版，第 28 页）；面对刑法典，我们较为理性的姿态是冷静对待法律做出适合国情、科学合理的解释，而不是随意批判法律与变更法律，法律不是嘲笑的对象，它应是裁判的准则。（详细论述可参看张明楷《刑法格言的展开》，法律出版社 1999 年版，第 1～16 页。）故而，在我们看来，对"行凶"等术语的批评固然有一定道理，但立法者选择"行凶"的确也有其现实的考虑。刑法典的术语不可能仅是专家学者们所独享的，它必须照顾到作为法治大厦根基的人民群众的要求，否则人们根本不可能理解法律条文，何谈对法律的景仰。

② 刘艳红：《〈刑法〉第 20 条第 3 款"行凶"一词的理论考察》，载《法学评论》2000 年第 6 期。

针对不法侵害人实施了防卫行为并致使其伤亡时，如没有办法判断侵害人的暴力行为是刑法的具体罪名，就可以将其归入"行凶"的范畴，再根据当时的其他情景，具体把握行为人的防卫行为是否为防卫过当，如此，就可以较好地保护公民的正当防卫权利，而不是损害公民实施正当防卫的积极性。

（二）对于"其他严重危及人身安全的暴力犯罪"的理解

与"行凶"一词一样，特殊防卫条款"其他严重危及人身安全的暴力犯罪"（以下对该词简称为"其他暴力犯罪"）这一术语也引起了学界的较多关注，尤其是对于何谓"其他"、何谓"严重"实务界与理论界见解不一。一方面，有学者认为，该款对于防卫对象采用这样一个模糊概念，容易导致防卫人滥用防卫权利，动辄置人于死地，从而侵害犯罪人的部分合法权益。从另一方面讲，这一规定也会使防卫人在严重危及人身安全的暴力侵害面前顾虑重重，担心被追究刑事责任而缩手缩脚，不敢放心大胆、理直气壮地同严重暴力犯罪进行斗争、助长犯罪分子的嚣张气焰。[①] 有的学者还建议，对于"其他严重危及人身安全的暴力犯罪"可以如新《刑法》第17条关于已满14周岁不满16周岁的人所负刑事责任的范围为8种具体犯罪一样，明确表述为《刑法》分则规定的若干严重危及人身安全的暴力犯罪罪名。[②] 我们认为，对于"其他暴力犯罪"的批评有助于深入研究特殊防卫条款的规定，值得肯定，但学者的任务不在于仅仅指责"其他暴力犯罪"的用语不当或不明确，而应当准确地理解诠释"其他暴力犯罪"。在我们看来，从特殊防卫条款的性质与意义角度出发，立法者选择"其他暴力犯罪"这一术语不是没有道理的。前面已做过分析，特殊防卫条款不具有独立价值，它仅是指示司法人员的注意规定。立法者主要是想通过特殊防卫条款的注意规定来震慑犯罪分子不敢轻举妄动、鼓励见义勇为，同时也是出于功利优先，兼顾公平的考虑[③]，故而，对于"其他暴力犯罪"的确定性可不必强求，对于"其他暴力犯罪"的模糊性更应持一种理解同情的见解。应当指出，新《刑法》第17条第2款关于相对刑事责任年龄负刑事责任的范围问题与这里的"其

---

① 参见祝尔军、王杰《论无限防卫权》，载《刑事法学要论——跨世纪的回顾与前瞻》，法律出版社1998年版，第435页。持同样观点的还有，刘英萍《论无限防卫制度的不足》，载《人民检察》1999年第10期；魏东《"无限防卫权"质疑》，载《刑法问题与争鸣》（第二辑），中国方正出版社2000年版。
② 参见卢勤忠《无限防卫权与刑事立法思想的误区》，载《法学评论》1998年第4期。
③ 参见祝尔军、王杰《论无限防卫权》，载《刑事法学要论——跨世纪的回顾与前瞻》，法律出版社1998版，第432页。

他暴力犯罪"的是否明确化问题大相径庭，不可同日而语，两者最本质的差异在于彰显的立法取向不同。第17条第2款所体现的根本价值在于针对未成年人年幼无知、易于被教唆等特点，严格限定属于14周岁至18周岁未成年人刑事责任的范围，有利于对他们的教育和挽救。[①]故而，第17条第2款相对责任年龄人负刑事责任的犯罪应当明确、具体、不能模棱两可；而第20条特殊防卫条款中所反映的是立法者对于防卫人的保护，放宽正当防卫的一些限度条件，因而，特殊防卫条款中防卫所针对的对象——"其他暴力犯罪"的范围应当拓宽，这样才符合立法的本来意图。正如有学者指出："以立法明确列举加授权司法具体判断相结合的立法技术来解决这个问题（即特殊防卫条款防卫权所针对的犯罪行为范围问题——引者注），这样规定才具有实际的意义，便于理解和操作。"[②]

那么，应当如何理解"其他暴力犯罪"呢？有学者建议应当从暴力犯罪的范围以及犯罪的程度两个方面来把握这一概念[③]；还有的学者主张"其他暴力犯罪"应包括两种情况：一是性质严重的暴力犯罪；二是后果严重的暴力犯罪。[④]这些观点都不乏借鉴价值，但从契合《刑法》分则规定的角度来看，我们认为，应当从《刑法》分则所规定的罪状与法定刑两个方面来具体把握"其他暴力犯罪"。首先，从罪状来考察，"其他暴力犯罪"包括了罪状明示以暴力的手段为特征的犯罪，如第121条劫持航空器罪、第123条暴力危及飞行安全罪等，《刑法》对这些犯罪的罪状规定，已经明确了必须以暴力方式来实施；还包括尽管没有直接在罪状中明确规定，但隐含以暴力手段为特征的暴力犯罪，如第317条暴动越狱罪、聚众持械劫狱罪等，《刑法》对这些犯罪的罪状规定尽管没有出现"暴力"或类似用语，但其在实践中实施往往离不开暴力的手段，例如暴动越狱罪中行为人实施越狱的手段只能是暴力手段。[⑤]其次，从法定刑来考察，这是衡量是否为"其他暴力犯罪"的关键条件。1997年刑法典分则中，虽然有些犯罪是以暴力手段实施的，但是这些暴力犯罪属于轻微的暴力犯罪，故而不能对它们实施可能重伤或死亡的防卫。例如，第237条强制猥亵、侮辱妇女罪，

---

① 参见赵秉志著《犯罪主体论》，中国人民大学出版社1989年版，第108页。
② 王作富、阮方民：《关于新刑法中特别防卫权规定的研究》，载《中国法学》1998年第5期。
③ 王作富、阮方民：《关于新刑法中特别防卫权规定的研究》，载《中国法学》1998年第5期；杜宝庆《无过当防卫的法律适用》，载《中国刑事法杂志》1999年第3期。
④ 参见孙明《论无过当防卫》，载《刑法问题与争鸣》（第二辑），中国方正出版社2000年版。
⑤ 参见王作富主编《刑法分则实务研究》（下），中国方正出版社2003年版，第1574页。

第 257 条暴力干涉婚姻自由罪就属于这类犯罪。结合我国刑事立法与司法实践，我们认为，"其他暴力犯罪"的法定刑最低刑至少应当 3 年以上有期徒刑，法定刑最高刑不得低于 10 年以下有期徒刑。因为从法条的规定来看，"其他暴力犯罪"应当与前面所列举的抢劫、强奸、杀人、绑架性质相似，而抢劫、强奸等犯罪的最低法定刑都是 3 年以上有期徒刑的犯罪。再有，根据我国刑法典分则罪名的法定刑配置特点来看，严重危及人身安全暴力犯罪的法定最高刑一般均为死刑、无期徒刑以及 10 年以上有期徒刑。

第二节　制度设置层面的思索

正当防卫是刑事实体法律制度中不可或缺的内容，它作为一种重要的制度在 1979 年《刑法》中体现了不同的安排方式[①]，那么这种选择模式究竟在多大程度上凸显立法者的意图，并在新的时代背景发挥其独特的作用，则是应当引起我们深思的问题。

一、理想与现实的距离

1997 年《刑法》修改之所以将正当防卫制度作为焦点问题予以关注，很大程度上是考虑到客观现实与弘扬正气的迫切需要。1979 年《刑法》对正当防卫

[①] 1979 年《刑法》第 17 条的规定"为了使公共利益、本人或他人的人身和其他权利免受正在进行的不法侵害，而采取的正当防卫行为，不负刑事责任。正当防卫超过必要限度造成不应有的危害的，应当负刑事责任；但是应当酌情减轻或者免除处罚。"全国人民代表大会王汉斌委员长在关于《刑法》修正草案的说明中指出"由于对正当防卫超过必要限度的规定太笼统，在实际执行中随意性较大，出现了不少问题。为了保护被害人的利益，鼓励见义勇为，草案增加对严重危害人身安全的暴力犯罪的防卫权规定。"请参见王汉斌《关于〈中华人民共和国刑法（修正草案）〉的说明》，1997 年 3 月 6 日第八届全国人民代表大会第五次会议，参见高铭暄、赵秉志编《新中国刑法立法文献资料总览》，中国人民公安大学出版社 1998 年版，第 1831 页。新《刑法》吸收了草案中这一规定，因而与 1979 年《刑法》相比，在正当防卫制度上呈现了不同的规范模式。

的立法规定较为原则抽象，司法者在防卫案件中表现出一种畏首畏尾与从严把握的总体取向，因而，这就导致了好人怕坏人、善良公民对不法侵害应当出手时而不敢出手的社会问题。① 在这种背景之下，老百姓内心涌动着一种强烈的欲求，那就是通过刑事实体法律规定强化对正当防卫权的法律保障，为自己大胆实施防卫权利消除后顾之忧。因此，"民众的这种强烈愿望成为立法机关完善正当防卫立法的直接动因，也在一定程度上决定了立法者在完善正当防卫立法工程中的重点倾向"②。此外，也应当指出的是，刑法学界对于正当防卫制度的修订发挥了推波助澜的作用，很多学者提出自己完善正当防卫的真知灼见，如此在学界形成了一种众志成城、人心所向的良性态势，为修订提供了技术与智力支持。③

然而，立法者在正当防卫制度设置上所表现出来的良好意愿与价值取向却在现实中卡了壳——修正后的正当防卫制度在现实运作并不理想，除了前面已分析的理论认识不统一的原因之外，我们认为，增设第20条第3款后的正当防卫，作为一种制度，它有一个能否为人们接受并能否运作的问题。"而一种制度能否接受，很重要的是在于它与人们的物质生活条件有无密切联系，能否满足处于特定生产方式下的广大人们的需要。"④ 因此，在研究正当防卫制度的时候，必须对中国社会以及处于这种背景下的中国民众的心态予以充分关注。在我们看来，在中国特定的社会背景下，正当防卫制度之所以会出现理想与现实的冲突，在很大程度上是因为立法者对见义勇为鼓励机能的认识误解，他们以为正当防卫制度的修改，尤其是第3款的明示会为防卫人解除正当防卫后顾之忧，但没有正确估量到刑事立法对激励广大人民群众正当防卫的有限价值。⑤ 见义勇

---

① 一段时间内，针对社会风气日下、国民冷漠的社会问题，我国曾掀起了见危不救是法律义务还是道德义务的争论。有学者在借鉴欧美诸国立法例的基础上，提出在有着几千年儒家传统文化的今日中国应设立见危不救等犯罪条款，并认为将本来属于道德层次的要求，部分地变成法律规范，变成人们的强制义务，这是提高国民精神文明的一条途径，参见范忠信《国民冷漠、怠责与怯懦的法律治疗》，载《中国法学》1997年第4期。
② 赵秉志、肖中华：《正当防卫立法的进展与缺憾》，载《刑法问题与争鸣》（第二辑），中国方正出版社2000年版，第358页。
③ 参见赵炳寿、石静《新刑法中的正当防卫》，载丁慕英等主编《刑法实施中的重点难点问题研究》，法律出版社1998年版，第402页。
④ 苏力：《阅读秩序》，山东教育出版社1999年版，第29页。
⑤ 在我们看来，立法者不应该仅仅满足通过完善刑事法条设计来鼓励见义勇为，没有建立相应的配套机制，效果并不一定会令人满意。正是基于此，有的学者建议应当围绕正当防卫建立一整套鼓励见义勇为的奖励制度。可参见卢勤忠《无限防卫权与刑事立法思想的误区》，载《法学评论》1998年第4期。

为观念的深入人心不仅有赖于刑法对此作肯定性评价,而且更重要的是还得依靠社会完善的物质保障体系,如受伤英雄的生活保障、工作安置等,在市场经济背景下的中国老百姓可能对后者的关注要大于前者。

必须指出,制度的构建及顺畅运作不仅涉及制度设计本身,而且还与时间维度息息相关。修正后的正当防卫制度最终在现实中在成为"活法",除了人们的主观努力之外,更多的是靠在时间上不知不觉中实现的(人们尤其司法人员对于第3款的性质与意义的观念的转变很难一蹴而就)。故而,对于正当防卫从制定法发展为社会生活的实际规则,我们更需要的是耐心,需要时间来检验证明。[①]

在修改后的《刑法》实施以后,适用第3款还存在一个举证责任问题。增设第3款的立法初衷在于进一步鼓励公民勇敢地同犯罪作斗争,但也可能造成一种危险,即可能使不轨之徒易于歪曲和滥用防卫权遂其杀人目的。[②] 在这种情况下,如果仍采取传统的做法将举证责任置于公诉一方,则可能会因为防卫案件的特殊性而成为证据不足的疑案。而根据刑事诉讼法的无罪推定原则,疑罪从无是必然的结论。[③] 这显然是与立法者强化正当防卫权利的宗旨背道而驰的,很难说是公正合理的。因此,对此问题还需从实体法和程序法相结合的角度进行深入研究。[④]

二、正当防卫制度设置的粗疏与细密之取舍[⑤]

关于正当防卫制度的配置形式,涉及粗疏与细密的平衡问题。应当指出,

[①] 时间维度是苏力用来强调内涵的独特意蕴,在此,我们借用此概念来表达对于刑法中的正当防卫制度运作艰难的一些感悟。请参见苏力《阅读秩序》,山东教育出版社1999年版,第31~33页。
[②] 参见范忠信《刑法典应力求垂范久远》,载《法学》1997年第10期。
[③] 参见陈兴良《刑事法治的理念建构》,载《刑事法评论》(第6卷),第20页。
[④] 值得一提的是,已有人就此尝试着进行研究。论者认为,在特殊防卫案件中,由于特殊的立法目的以及对特殊防卫案件追究的困难,决定了可以采用特殊诉讼手段。故而,不能排除举证责任倒置这种原则之外的例外存在,即由犯罪嫌疑人或被告人承担对特殊防卫案件的举证责任,如果其未能履行这种责任,可以推定其有罪。当然,在这种情况下,被告方承担一定的举证责任应当不同于一般案件中追诉方的举证责任,两者的最大差异来自于证明责任的不同。论者在借鉴美国刑事司法制度有关规定的基础上,指出在特殊防卫的场合下,被告方仅承担自己无罪的较小责任,即被告方只需针对控方的故意杀人罪或故意伤害罪的指控,提出足以使法官怀疑控告理由的若干情况,而不必直接证明自己实施了特殊防卫而免责。对此请详细参见杨宗辉、郭泽强《特殊防卫案件证明责任研究》,载《武汉公安干部学院学报》2001年第1期。
[⑤] 刑事立法粗疏与细密不仅仅是一个立法技术问题,还应是一个制度配置方式问题。粗疏是指刑法条文简短、弹性过大,包容性强,或者说不具体、不细密;细密是指刑法条文非常具体、操作性强,或者说不抽象、无弹性。参见张明楷《妥善处理粗疏与细密的关系、力求制定明确与协调的刑法》,载《法商研究》1997年第1期。

1979年《刑法》是在宁疏勿密，即所谓"宜粗不宜细"的立法技术观念指导下创制的，因而其粗疏是有目共睹的。① 这种"宁疏勿密"的原则，强调灵活性规定，生恐规定过细会束缚手脚，同时认为无经验不可能规定过细。② 因此，"宜粗不宜细"的立法技术观念，在深入贯彻罪刑法定主义的今天，显然有些不合时宜。③ 显然，正当防卫的立法规定也与当时的时代背景相契合，也不可能完全不受"宜粗不宜细"原则的约束，因此，1979年《刑法》中正当防卫的规定也在一定程度上表现出较强周延性与包容性。然而，这种较强包容性的背后隐含着司法认定中的不确定性。因此，可以毫不隐讳地说，正当防卫制度配置的粗疏化倾向，为司法机关在防卫案件上的随意性裁量提供了客观基础，赋予了法官在正当防卫成立条件上较大的自由裁量权，尤其是"必要限度"的认定关乎正当防卫与防卫过当质的区分，④ 往往容易导致司法者主观擅断，侵犯公民权益。

多年来，在实践中对正当防卫和防卫过当的处理，较多地是对正当防卫的条件卡得过严，以至于将许多本不属于防卫过当的案件按防卫过当处理了，甚至有把正当防卫案件按故意犯罪判了极刑。⑤ 因而公民同犯罪作斗争的积极性遭

---

① 陈兴良、周光权：《困惑中的超越与超越中的困惑》，载《刑事法评论》（第2卷），中国政法大学出版社1998年版，第48页。
② 参见马克昌、丁慕英主编《刑法的修改与完善》，人民法院出版社1995年版，第18页。
③ 当然，我们也不能绝对的讲刑事立法应当"宜细不宜粗"。因为作为成文法典的刑法典，其自身固有的局限性，不可能事无巨细地关注一切社会生活事件。正如有学者指出"立法者和其他人一样都会出错和出偏差，他们对社会交往、合作规则的认定可能与普遍人以实际活动体现出来的判断有差异，他们并不会仅仅因为进入立法机关或在立法机关工作就在一夜之间具有上帝的全知全能，洞察一切。"（苏力著《制度是如何形成的》，中山大学出版社1999年版，第249页。）因此，刑法条文也必须具有一定的概括性，为司法自由裁量留有一定的空间，不能过于琐细。完美无缺、细致入微的法典只能成为不切实际的幻想，为了克服成文法的天生不足，就必须赋予法官一定的自由裁量权。可见，良法的核心在于刑法条文的简约明确与繁简得当，以达到警示民众的作用。在这方面，日本为世界各国做出了表率，日本在1995以刑法用语的现代化、平易化为目的，将原来的片假名全部改为平假名，并使法条的文字表述更加通俗易懂。而中国1997年的《刑法》的修改却似乎有些矫枉过正。1997年《刑法》修订，条文由1979年的192条增至现在的452条，其中分则条文由原来的103条扩充至如今的351条，增加了2倍有余。纵观世界各国，中国《刑法》的"庞大阵容"几乎可以与《意大利刑法典》相媲美，而《意大利刑法典》在欧洲及其本国已受到了多方面的责难。反观德国和日本：在《德意志联邦刑法典》中，分则条文是由从第80条至第358条，共279条组成；《日本刑法典》分则除却已被修正案废除的，实际上只有从第77条到第264条共197条构成。因此，从1979年至今，中国的刑事法治建设已走过了较成功的近20年，立法技术方面也取得了长足的进步，但刑法典依然不能过于繁杂琐细。
④ 值得深思的是，我国刑法理论对于正当防卫"必要限度"的认定标准——原则上以制止不法侵害所必需，并且侵害行为与防卫行为在手段、强度等方面又不是明显不相适应（即"适当说"）——并没有为司法实践的具体操作带来多少有价值的指导作用，理论研究与司法实践往往各自为战，这应当足以引起学界的反思。对于必要限度标准的重新设置，我们将在下面详细阐述。
⑤ 侯国云、白岫云著：《新刑法疑难问题解析与适用》，中国检察出版社1998年版，第125～126页。

到极大挫伤，这与1979年《刑法》对正当防卫制度的模糊配置是分不开的。正如意大利刑法学贝卡利亚指出："尤其糟糕的是，法律是用一种人民所不了解的语言写成的，这就使人民处于对少数法律解释者的依赖地位，而无从掌握自己的自由，或处置自己的命运。这种语言把一部庄重的公共典籍简直变成了一本家用私书。"[1] 为了避免再发生这种现象，1997年《刑法》对于正当防卫制度的总体设置是从粗疏抽象走向细密具体，尤其是第3款对紧迫的危及人身安全的暴力犯罪的正当防卫的规定，从而在一定程度上弥补了1979年《刑法》立法粗疏的弊端。第3款的具体规定向司法者昭示了并非只要造成不法侵害人伤亡，就应不分青红皂白地一律定性为防卫过当，对待诸如杀人、绑架等严重的暴力犯罪，即使在某些情况下造成犯罪分子重伤或死亡，也是在防卫限度内，属于正当防卫。进而言之，正当防卫制度的明确具体化，也正是刑法典赖以建构的罪刑法定原则的题中之义。罪刑法定原则从本质上排斥刑法规范含混模糊，要求法典明确性清晰。"刑法规范具有明确性——清晰明白而确定不移，既是对立法者的要求，也是立法限制司法的保证。对于立法来说，刑事立法必须清晰明白，准确地表达刑法规范的内容，这样，才能保证刑法规范在司法活动中被确定不移地执行。"[2] 无疑，正当防卫条款含混不清，不仅表明立法者没有尽到其应尽的职责，更为严重的是，这必定会给司法专断与专横留下巨大的空间。[3]

透过现行《刑法》第20条第3款，我们可以清晰地察悉立法者对于正当防卫制度的总体设计，是意图通过实体条款的细密化、明确化规定来限制司法的自由裁量，或者说控制自由裁量，从而促进实践中防卫案件适用的公正性。尽管上面分析了正当防卫制度的法典文本规定与司法现实仍有不合拍之处，但无疑这种解决问题的进路是值得称道的。

三、正当防卫制度在刑法解释学上的拓展

在我们看来，"社会现实的丰富性和法律语言的有限性之间所存在的难以逾

---

[1] [意] 贝卡利亚著：《论犯罪与刑罚》，中国大百科全书出版社1993年版，第15页。
[2] 曲新久：《刑法的精神与范畴》，中国政法大学出版社2000年版，第398页。
[3] 关于正当防卫制度中所内含的刑事立法与刑事司法的关系，下文还要详细论述，在此不再赘言。

越的鸿沟，决定了任何一部法典不可能穷尽具体的事实情境"①，正所谓"法有限，情无穷"，这也决定了刑法用语只能是概括的和原则的，由此也决定了刑法解释的必要合理性。刑法解释按照一定的标准，可以细分为文理解释与论理解释。所谓文理解释，是根据刑法条文的语义与定义进行解释的方法；论理解释是参酌法律发生的原因、理由、沿革及其他与法律的事项，阐明法律真实含义的解释方法。②

对于《刑法》第20条第3款，根据文理解释方法来分析，即文字表面来理解，对于正在进行的行凶、杀人、抢劫、强奸、绑架以及其他严重危及人身安全的犯罪分子，可以实行致使其重大损害后果的防卫行为，即使将不法之徒击毙，也不存在防卫过当问题。然而这种文理解释方法的理解是否公正、合理，仍然值得研究。司法实践中，犯罪现象总是千姿百态的，即使是杀人、抢劫、强奸等暴力犯罪也有迥异的表现形式。以故意杀人罪为例，从犯罪形态来看，可以有故意杀人罪犯罪未遂、犯罪预备与犯罪中止等未完成形态，也有故意杀人罪的既遂形态；有作为形式实施的故意杀人行为，亦有不作为形式实施的故意杀人行为；有基于义愤所实施故意杀人行为，也有基于贪财或奸情所实施的故意杀人行为，上述行为固然都可归入故意杀人罪之下，但其所凸显出来的客观危害与主观恶性是千差万别的。正是基于此，立法者为故意杀人罪设置两个跨度较大的法定量刑幅度，即死刑、无期徒刑或10年以上有期徒以及3年以上10年以下有期徒刑，这也正是考虑到罪刑相适应的正义需求。然而，按文理解释，对于危及人身安全的严重的暴力犯罪可以允许防卫人不加思索地用私力救济处死犯罪分子，显然是很荒谬的。我们认为，对于第3款的规定不能采用文理解释方法而应采用论理解释方法中的缩限解释来理解。缩限解释，是指刑法条文所采用的文字失于广泛，不足以表明刑法的真实含义，于是限制其意义，使其符合《刑法》真正含义的解释。③ 即在本款中，对严重危及人身安全的暴力犯罪做出比通常含义要窄的解释，对此，可以借鉴美国刑法正当防卫中对暴力侵害的划分，将暴力侵害进一步细化。按照美国刑法的理论与实践，把暴力侵

---

① 田宏杰：《防卫权限度的理性思考》，载《法学家》1998年第4期，第51页。
② 文理解释的特点在于解释刑法的某一规定时，置一切与该规定相关联的其他因素于不顾，严格按照其词义或语法结构说明其含义，即不扩大，也不缩小。而论理解释特点是在解释刑法的某一规定时，不拘泥于该规定的字面意义，而是联系一切与之有关的因素阐明其含义。参见李希慧著《刑法解释论》，中国人民公安大学出版社1995年版，第97～103页。
③ 张明楷著：《刑法的基础观念》，中国检察出版社1996年版，第227～228页。

害的"暴力度"细化为致命暴力（deadly force）和非致命暴力（nondeadly force）。如果侵害的暴力属于致命性暴力，即能致人死亡或者重伤的暴力，那么防卫暴力也可以是致命性的。如果侵害的暴力属于非致命性的，那么防卫的暴力也应当是非致命性的。[①] 我们认为，立法者视野中第3款规定的达到犯罪程度的侵犯人身的暴力侵害与美国《刑法》正当防卫制度中的致命性的暴力侵害有异曲同工之妙。对于致命性的暴力侵害，防卫人采取防卫行为，虽然导致了重伤或死亡的重大损害结果，但却没有明显超过必要限度。根据《刑法》第20条第2款对于防卫过当构成条件的规定，造成重大损害结果与明显超过必要限度应是成立防卫过当的并列条件，缺一不可。对于致命性的暴力侵害所实施的造成伤亡的防卫行为，根据刑法理论通说的"适当说"，应当认定防卫行为没有明显超过必要限度，即还是在防卫限度的约束下所实施的正当防卫行为。

四、正当防卫制度的崭新诠释

前面已做过分析，第3款的确立，从根本上改变了1979年《刑法》中正当防卫的体系安排，极大地拓展了它的内部结构。鉴于第3款对于第1款的补充说明关系以及第3款与第2款的平行并列关系，为了纠正人们对第3款认识误区，我们建议对正当防卫制度的条款排列予以适当的调整，以利于更清晰地表达正当防卫制度的内部逻辑关系。即将第3款的位置提前，紧随第1款之后，原有的第2款变为现在第3款，调整次序后的条款表述如下（以下对调整后3款依次称为新第1款、新第2款、新第3款）：

第20条[②]【正当防卫】 为了使国家、公共利益、本人或他人的人身、财产和其他权利免受正在进行的不法侵害，而采取的制止不法侵害的行为，对不法侵害人造成损害的，属于正当防卫，不负刑事责任。

对正在行凶、杀人、抢劫、强奸、绑架以及其他严重危及人身安全的暴力犯罪，采取防卫行为，造成不法侵害人伤亡的，也属于正当防卫，不负刑

[①] 储槐植著：《美国刑法》（第二版），北京大学出版社1990年版，第119页。
[②] 为了论述方便，避免歧见，我们在本书其他部分中，仍将"对于严重暴力犯罪的正当防卫"条款按现行《刑法》规定称为第20条第3款。

事责任。

　　正当防卫明显超过必要限度造成重大损害的，应当负刑事责任，但是应当减轻或者免除处罚。

　　新第1款诠释了正当防卫的概念以及明确了正当防卫不负刑事责任的原则。由于正当防卫是出于维护合法权益、遏制不法侵害的正当目的，是对国家和人民有贡献的行为，因此，本款规定在一定程度上对于鼓励公民见义勇为，积极同犯罪作斗争起到了积极的作用。新第2款是规定了对紧迫危及人身安全的严重暴力犯罪的正当防卫权，明确规定了这种防卫行为也属于正当防卫，以作为对新第1款的补充说明。应当指出，这种补充说明并非是画蛇添足的多余之举。它向司法者、广大人民群众（潜在的防卫人）、不法之徒（潜在的侵害人）昭示对于严重的致命性暴力犯罪实施的防卫行为的合法性，具有重大现实价值。新第3款则在最后规定了防卫过当的成立条件及其刑事责任，明确了构成防卫过当必须是同时具备"明显超过必要限度"与"造成重大损害"两个并列条件。这样就对前面新第1款与新第2款起到了限定作用，尤其是对新第2款产生制约关系。值得一提的是，对于新第2款与新第3款的关系，我们也可以从防卫行为造成重大损害结果为切入口，分别对它们进行分析。据此新第3款规定防卫过当是明显超过必要限度造成重大损害后果的防卫行为；而新第2款规定却是没有明显超过必要限度的但造成重大损害后果的防卫行为，即正当防卫行为。这样，就进一步印证了新第2款与新第3款之间清晰的并列关系。这种调整不仅是形式上的简单改变，更是在实质意义上纠正目前学界与实务界对于新第2款的认识偏差，避免曲解立法者的本意。这样新第1款规定了对不法侵害的正当防卫，明确了正当防卫行为的基本含义，新第2款规定了对紧迫危及人身安全的暴力犯罪的正当防卫权，明确规定了这种防卫也属于正当防卫，以作为对新第1款的补充；新第3款规定的防卫过当作为与前面两个条款在逻辑上平行的条款，同时也表明新第1款与新第2款都要受到防卫限度的制约，都可能存在防卫过当的情形。如此安排，从逻辑上讲，可以说是恰到好处的。新第2款紧随新第1款，并对新第1款做出进一步补充说明，新第3款防卫过当置于最后，总体上起限定作用。这样，在形式表述上是严密周延的。而且这样安排条款将不会再有对新第2款性质的诸多争议，同时能够比较统一的指导司法实践，以利于在更大程度上实现公民的正当防卫权。重新设计后的条款关系如图4-1（这里，"新1"是正当防卫的一般条款，"新2"是指示司法的特殊条款，"新

3"是防卫过当条款）：

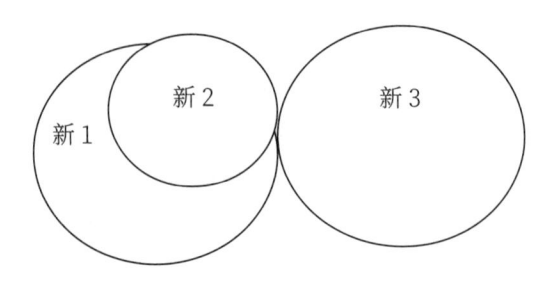

图 4-1　重新设计后的条款关系图

第三节　价值观念层面的探究

价值观念关注的是刑法规范的价值理性，它是对制度设置的实质合理性、正义性进行反思与检讨。在整个正当防卫制度的更迭、演进过程中，刑法价值观念居于潜隐的地位，它最终决定着正当防卫制度的运作与建构，更是对制度表述形式——立法技术起着导向作用。正当防卫制度的变迁，尤其是第20条第3款规定在粗疏与细密上的选择，从根本上取决于内化于法律适用者心目中的价值观念的走向，否则正当防卫的演进只能会是徒具形式，从本质上谈不上制度的结构性变革。因此，透过第3款规定的表面，揭示其内在的价值意蕴，对于深化正当防卫制度的探讨恐怕会有所裨益。[①]

[①] 本书仅仅探索四组八个相对应的价值范畴，事实上，正当防卫与效益也息息相关。正当防卫制度也应为追求效益的法律价值进行设计。一般而言，国家对于违法犯罪进行惩罚是属于事后的权力资源的投入以挽救和恢复社会所遭受的经济利益和公正利益的损失，这也是由刑罚权统一于国家所决定的。但是，这种权力的运作毕竟是滞后的，不能积极主动的避免损失的发生，因此，为了提高效益而应赋予公民正当防卫的权力以及时有效地避免和减少损失。同时，正当防卫制度也应该恰当地对司法资源进行分配，以便减少法律资源的浪费，更好地实现司法个案中的公正来达到社会公正。立法的任务就是为司法提供一把正义而明确的标尺，司法的职责就是使用这把标尺对具体的行为进行裁量，只有二者的权责界限分明，才能充分地发挥和正确地使用有限的资源以达到最大经济效益和社会公正效益。否则，如果立法不明确，就会造成司法资源过多投入，并且还有可能丧失个案的公正；如果立法亲自过问具体的司法问题，就会导致不必要的立法资源的浪费和司法资源利用的萎缩，甚至产生整个社会公正的负面效益。

一、刑事立法与刑事司法的关系

根据现代法治国家的权力结构分布以及罪刑法定原则，一般说来，国家立法机关是刑事立法权的唯一行使主体，它不可能同时享有刑事司法权[①]；而刑事司法机关只能严格执行立法机关所确立的刑法，而不能干预、入侵刑事立法领域。这实际仅是刑法制约方式的一种，即权力制约权力。[②]但是作为成文法典的刑法典，其自身固有的局限性，不可能事无巨细地关注一切社会生活事件。正如有学者指出："立法者和其他人一样都会出错和出偏差，他们对社会交往、合作规则的认定可能与普遍人以实际活动体现出来的判断有差异，他们并不会仅仅因为进入立法机关或在立法机关工作就在一夜之间具有上帝的全知全能，洞察一切。"[③]完美无缺的法典只能成为不切实际的幻想，为了克服成文法的天生不足，就必须赋予法官一定的自由裁量权。因此，正当防卫制度具体运作过程中就存在着一个矛盾：一方面，立法者通过刑法诠释自己的立法意图，司法者基于罪刑法定的法治铁则，一丝不苟地贯彻刑法关于正当防卫的规定，立法者、司法者都坚守着自己的"领地"，互不干涉；另一方面，为了增加刑法的普适性，又必须保证司法者在一定限度内对防卫案件拥有自由裁量权，因此，正是在这种意义上，正当防卫制度的最终确立都是立法权与司法权相互"斗争"、限制的产物。前面已做过分析，1979年《刑法》关于正当防卫制度的规定，从本质上讲是倾向于粗疏化，这就赋予法官在实践中较为广阔的适用领域。然而，由于种种原因，立法者真正意图并未为司法者所领悟，导致司法实践中的尴尬局面；1997年《刑法》关于正当防卫制度的规定，特别是第3款体现了刑事立法的细密，司法者关于正当防卫案件的自由裁量权被限制在一定狭小的范围内，法官只能严格执法，如此刑事立法权与司法权便真正实现了一定限度地严格分离。1979年《刑法》关于正当防卫制度粗疏的刑事立法规定意味着立法者对司法者的良好期待，充分相信司法工作人员具有过硬的素质与水平，在遇到疑难防卫案件时他们会运用自己的智慧，最终做出合理、公正的决断。而现在1997

---

① 当然也存在立法机关分享部分司法权的例外，如英国上议院享有一定程度的司法权，我国人民代表大会享有特赦权。
② "权力制约权力"方式指的是通过权力之间的相互制约来防止权力滥用。国家刑罚权属于国家权力的一部分，但它的界定与行使须分别由立法机关与司法机关来承担。详见罗树中《刑法制约论》，中国方正出版社2000年版，第42页。
③ 苏力著：《制度是如何形成的》，中山大学出版社1999年版，第249页。

年有关正当防卫制度的规定反映了立法者希望按照严谨的逻辑建构封闭的刑事法规体系，以使公民的自由和权利得到最大限度的保障。具体反映在1997年《刑法》中正当防卫的规定，特别是作为立法指示司法注意规定的第3款的规定，更是一定程度上凸显了刑事立法与刑事司法的严格分工。

通过以上分析，不难认识到，增设第3款的规定重要意义主要是在防卫问题上体现作为罪刑法定原则题中之义的明确性原则。换言之，第3款并没有改变正当防卫的一般规定，它还是要受防卫限度等条件的约束。进一步而言，立法者是希望通过立法推定的形式减少在司法实践中对于掌握防卫限度这一问题时由于执法者理解上的偏差，而发生以往司法实践中常出现的争议和执法不一致的情况。[①] 并且，立法者还期望第3款这种注意规定的形式可以防止司法者滥用刑罚权而非法侵犯公民的权益，切实保护公民行使正当防卫的权利，这一点前已述及，不再赘述。故而1997年《刑法》关于正当防卫制度细密化的规定的立法动机源于立法者对法官司法统一性的追求，意在以完备详尽的规定，排除法律适用中人为或个体化因素。[②] 因此新旧正当防卫制度在一定程度上反映了立法者与司法者的互动关系。

二、人权保障机能与社会保护机能的取舍

第20条第3款的规定除了揭示刑事立法与刑事司法的互动关系外，同时还反映刑法机能上的取舍。[③] 人权保障机能和社会保护机能的冲突是刑法价值冲突的聚焦点，它可以涵盖一般正义和个别正义、安全和灵活等价值冲突形式。[④] 所谓人权保障机能指的是，通过一定的刑法手段，促使人权从应有权利向实有权利转化。人们对于犯罪和刑罚关系合理化的要求和希望，结出了罪刑法定原则

---

① 参见张莉、郑鸿鹄《关于无限防卫权问题的再探讨》，载《政法学刊》2000年第2期。
② 2000年4月21—22日，在中南政法学院召开的中国法学会诉讼法学会民事诉讼法委员会第三届民事诉讼法学研讨会，集中讨论了制定一部《民事证据法》可行性等问题，有学者明确提出，制定《民事证据法》的根本目的就是通过明确立法的方式管住法官，即限制法官自由裁量权，这对于理解第3款中所反映的立法者限制司法者的意图不乏借鉴意义。
③ 刑法具有多种机能，其中得到大多数学者所认同的机能有三种：一是规制的机能，即刑法具有使犯罪行为的规范评价得以明确的机能；二是法益保护机能，即刑法具有保护法益不受犯罪行为侵害或者威胁的机能；三是自由保障机能，即刑法具有保护个人自由不受国家刑罚权恣意侵犯的机能。尤以法益保护机能与自由保障机能的对立统一受到学界的较多关注。
④ 参见宗建文著《刑法机能研究》，中国方正出版社2000年版，第25页。

的果实，也可以讲，拥有强大权力的现代国家为保护公民的自由确立了罪刑法定主义原则，罪刑法定原则事先明确规定犯罪与刑罚的关系，这就具有了保障公民自由的重要机能。这种保障机能由于保障的个人不同，实际机能有异，具有作为善良公民的大宪章和犯罪人的大宪章两种机能。① 而社会保护机能指的是，刑法对于社会秩序维持和控制的机能。刑法是国家维护其所建立的社会秩序的意志制定的，根据国家的意志，专门选择了那些有必要用刑罚制裁加以保护的法益。侵害或者威胁这种法益的行为就是犯罪，是科以刑罚的根据，刑法具有保护国家所关切的重大法益的功能。刑法的社会保护机能，是刑法存在的根基。而社会保护的刑法意义，主要体现在刑法对于国家利益、社会利益以及个人利益的保护上。② 刑法是具有强制力保证的国家法，担负着维护国家秩序的责任，未圆满完成维护国家秩序的使命，应当持续地、和谐地实现刑法的保护机能和保障机能，不能过于强调某一机能。③

而刑法中有关正当防卫规定恰可以反映立法者在保障机能和保护机能上的选择。④ 正当防卫作为一种以正制邪的特殊制度，它反映了侵害人与防卫人两者的利益冲突。立法者鼓励公民见义勇为，保护防卫人的合法权益，实质上体现了保护社会的机能。与此同时，立法又必须对防卫权予以一定的限制，应当对侵害人的权益给予一定程度的保护，从而体现了刑法保障人权的机能。正当防卫实质上是两种价值取舍的矛盾的统一体。一方面，正当防卫制度必须明确适用条件，不能无限度赋予公民正当防卫权，同时也防止法官做出违背公平、正

---

① 参见［日］木村龟二主编《刑法学词典》，上海翻译出版公司1991年版，第10页。
② 参见陈兴良著《刑法的价值构造》，中国人民大学出版社1998年版，第168页以下。
③ 参见［日］木村龟二主编《刑法学词典》，上海翻译出版公司1991年版，第11页。
④ 曾在上海闹得沸沸扬扬的"钓鱼式执法"事件的背后，实际上也是反映出当下一些公权力机关在保障机能和保护机能上的选择。2009年10月14日晚8时，从河南老家到上海工作才两天的小伙子孙中界，刚把一批工人送到公司基地，在上海浦江镇召泰路闸航路口遇到一名身材瘦弱的年轻人招手要求乘车，乘客上车4分钟后便要求停靠在闸航路188号。正是在这里，孙中界受到了原南汇区交通行政执法大队的检查，认为其"涉嫌非法营运"而扣下金杯面包车。刚来上海3天的孙中界显然没有想到自己就这样被定义成了"黑车"，并且要面临1万元的行政罚款。情急之下孙中界选择伤指以示清白，而此事经媒体报道后也迅速引发各方关注。所谓"钓鱼式执法"，在英美法系中叫"执法圈套"（entrapment），这是英美法系的专门概念，它和正当防卫等一样，都是当事人无罪免责的理由，大陆法国家对此也有严格限制，例如日本法律禁止执法者为了取证，而诱惑当事人产生违法意图。从法理上分析，当事人原本没有违法意图，在执法人员的引诱之下，才从事了违法活动，执法机关当然不应该惩罚这种行为。这种行为如果运用不当将致人犯罪，诱发严重的社会问题。行政执法中的"钓鱼式执法"，与刑事侦查中的"诱惑侦查"，或者叫"诱惑取证"类似。因此，上海市的某些地区选择"钓鱼式执法"来打击黑车运营，实际上是在保护机能指引下，漠视了公民保障机能的维护。我们应以此类事件引发的公共意识作为契机，全面规范行政执法甚至是刑事司法中的案件证据审查制度，真正建立起非法证据的有效排除规则，从机制上杜绝公权力的滥用，保障民众自我保护或者通过合法渠道获得司法救济的权利，真正实现宪法中所明确的"保障人权"。

义的裁断，保护公民的个人权利与自由；另一方面，正当防卫制度的规定必须适应复杂多变的社会，对所有危及国家、社会、公民个人合法权益的紧迫不法侵害均应赋予其适当的防卫权，以最大限度地鼓励公民见义勇为，维护公共秩序、保护社会。1979年《刑法》对于正当防卫的规定，虽然已基本表达了以正抗邪的精神实质，但总体规定包容性较强，法官在具体把握正当防卫与防卫过当的界限时过于严格，不利于对社会秩序的维护，很多本应是正当防卫的行为却被定性为防卫过当处理，而1997年《刑法》为避免法官的裁量过严，放宽正当防卫的条件设定，并将针对暴力侵犯人身犯罪的防卫限度加以明确规定，体现的是一种条文规定细密化的倾向，更有利于保障公民的防卫权。值得一提的是，将第3款理解为仍受防卫限度制约的技术性条款，是从根本上在人权保障机能与社会保护机能立场选择上的协调与平衡，这种有机选择不仅在较大程度上赋予了公民较为宽广的正当防卫权，并且也在一定程度上照顾到了不法侵害人的合法权益，对于有效防止正当防卫权的不适当行使无疑将具有积极的意义。当下中国正由政治国家与市民社会合一的一元社会向政治国家与市民社会分立的二元社会转轨[①]，因此个人权利与国家权力互动互促，和谐共融，将是整个社会的主旋律，而将第3款重新定性为正当防卫权根本上是与时代发展相契合的，是值得称道的。

三、刑法的正义性与功利性的碰撞[②]

正义（justice），一般也翻译为公正或公平，源于拉丁文"justitia"，系"jus"一词演绎而来，是伦理、政治、法律领域中的价值判断范畴。但是，对

[①] 陈兴良：《从政治刑法到市民刑法——二元社会建构中的刑法修改》，载《刑事法评论》（第1卷），但亦有学者认为中国目前所处的是政治国家、第三领域、市民社会三足鼎立的多元社会。参见黄宗智《中国的"公共领域"与"市民社会"——国家与社会间的第三领域》，载邓正来、[英] J. C. 亚历山大编《国家与市民社会》，中央编译出版社1999年版。

[②] 其实，刑法的正义性与功利性的冲突也是刑法的正义性与秩序性（或称安全性）的矛盾的体现。美国法律哲学家埃德加·博登海默认为秩序与正义是理解与诠释法律制度的形式结构及其实质性目的所不可或缺的，事实上在其那本传世之作《法理学法律哲学与法律方法》中，博登海默正是根据正义与秩序来演绎法律制度的。博氏理论架构中的秩序（或安全）作为一种关注如何保护人们免受侵略、抢劫和掠夺等行为的侵害的实质性价值与本书中所指称的功利价值实际上属同一范畴。参见[美] E. 博登海默著，邓正来译《法理学法律哲学与法律方法》，中国政法大学出版社1999年版，第219页以下。

于什么是正义，人们则远远没有达成共识。正如有学者指出的那样，"正义具有一张普洛透斯似的脸，变化无常、随时可呈不同形状，并具有极不相同的面貌"①。从不同角度观察，可以看到相异的景象。在亚里士多德的哲学思想中，它是被用来评价人们的行为的一个概念，其基本含义是公平正直。而在当代法学家以及哲学家的视野中，正义则越来越多地被专门用来评价社会制度的一种道德准则。②罗尔斯说："正义是社会制度的首要价值，正像真理是思想体系的首要价值一样。一种理论，无论多么精致和简洁，只要它不真实，就必须加以拒绝或修正；同样，法律和制度，不管它们如何有效率和有条理，只要它们不正义，就必须加以改造或废除。"而在刑法学领域，正义意味着"否认为了一些人分享更大利益而剥夺另一些人的利益。自由是正当的，不承认许多人享受的较大利益能绰绰有余地补偿强加于少数人地牺牲"③。易言之，正义这一概念原则地提出，其根本目的在于防止国家刑罚权的滥用，保障公民的基本权利。而功利作为一个政治学或者哲学范畴，其历来受到众多学者的推崇。学者们一般认为，"人的本性就是追求快乐，避免痛苦，能够给人们带来快乐的，就是善，反之就是恶的，正义被置于功利之下承认个人功利需要的观念，是以人为本的伦理观念。将个人功利观念扩展到整个社会，作为解决利益冲突的社会政治、道德准则，就是功利主义"④。功利主义对刑法有着深远的影响。"正义和权利优先于功利"这一预先假定与承认将行为犯罪化的立法决定可能会受到功利因素的影响是一致的。比如，可能有的观点认为，除非惩罚盗窃获得了更多的功利而不是非功利，就不该惩罚盗窃行为。⑤功利在法律价值上往往更直接体现为秩序。法既是秩序的保证也是秩序的化身，秩序是法的直接价值追求，同时也是与其永远相伴随的基本价值。马克思说，"法是社会上的一部分人积极地按照自己的意志规定下来并由另一部分人消极地接受下来的秩序"。正当防卫制度作为法的一部分也是以秩序作为其价值基础的，其存在是秩序的要求，其完善必须有利于社会秩序的稳定和发展，因此，正当防卫制度与秩序价值不仅内在契合，而且具有追求秩序价值的自身特点。其所追求的秩序价值就是要实现由法

---

① [美] E. 博登海默著，邓正来译：《法理学法律哲学与法律方法》，中国政法大学出版社1999年版，第252页。
② [美] 道格拉斯·N. 胡萨克著，谢望原译：《刑法哲学》，中国人民公安大学出版社2004年第2版，第4页。
③ [美] 约翰·罗尔斯著：《正义论》，中国社会科学出版社1988年版，第1~2页。
④ 曲新久著：《刑法的精神与范畴》，中国政法大学出版社2000年版，第87页。
⑤ [美] 道格拉斯·N. 胡萨克著，谢望原译：《刑法哲学》，中国人民公安大学出版社2004年第2版，第77页。

所确立和保护的有条不紊的社会整体秩序状态。

正义和功利，在政治、道德、法律领域都具有极为重要的地位，两者联系紧密。从广义上说，公正也是一种功利（或称最高功利），因为公正可以被理解为两种或两种以上许可存在的不同利益的平衡（平衡不等于平均）。①并且，人类的任何活动——无论是个体的还是社会的，都基于一定的功利目的，毫无功利可言的人类活动，是不存在的，也必定是不正义的，人们追求功利目的，同时又要受到一定正义原则的制约，不受正义规则限制的功利追求也是实现不了的。②正如有学者深刻地指出，"没有功利，公正无所依存，没有公正，功利必成公害。这是功利与公正的对立统一的关系"③。当然，如此笼统地谈论正义与功利的互动关系，还不足以映射出两者在刑法领域的表现。从根本上讲，任何一部刑法典本质上都是功利与正义相互碰撞、冲突的生成物④，那么，作为刑法基本制度的正当防卫也不能例外。所谓刑法的正义性是指刑法关注两种或两种以上许可存在的不同利益的平衡，而刑法的功利性则指刑法在不同利益取舍之间，更倾向于合乎统治阶级对社会的管理需要。⑤

第3款的明确化规定，反映了立法者兼顾正义与功利的价值倾向。立法者面对侵害人与防卫人之间的利益冲突，首先关注的是正义需求的满足。实际上，在针对紧迫的暴力犯罪侵害所实施的防卫案件中，存在着一个弱者角色转换的过程。一方面，在遭到暴力侵害时，侵害人往往有备而来，而防卫人没有任何准备，处于相对弱小的劣势，所以《刑法》为了保护弱者，允许防卫人可以实施正当防卫。在某些情况下，甚至可以致使侵害人伤亡；另一方面，当防卫行为实施完毕，造成不法侵害人一定的伤亡后，不法侵害人就转化为弱者的角色。所以，《刑法》对防卫行为规定了一定的防卫限度，超过防卫限度，就成为防卫

---

① 参见储槐植著《美国刑法》，北京大学出版社1996年第2版，第7页。
② 参见曲新久著《刑法的精神与范畴》，中国政法大学出版社2000年版，第77页。
③ 储槐植著：《美国刑法》，北京大学出版社1996年版，"第二版代前言"，第9页。
④ 一个时代有一个时代特定的价值取向，公正和功利作为社会活动一直追求的两种价值，二者的有机结合是人类的终极目标与理念。然而刑法的公正与功利如何结合，却是近现代刑法价值论的灵魂。也许不瘟不火、不偏不倚的契合只能停留在未曾实现过的理想层面，立法者必须面对现实做出艰难而苦涩的选择。平心而论，修订后的《刑法》提交一份亲近功利、兼顾正义的选择方案，这种安排的背后也折射出我们这个时代的特征。
⑤ 参见储槐植著《美国刑法》，北京大学出版社1996年版，"第二版代前言"，第1~10页。

过当。① 这也体现出对不法侵害人一定的保护，其实这个过程充分体现了正义的区别原则。② 再者，第 3 款也体现立法者的功利选择。为了维护现行制度的稳定，为了维护国家的长治久安，立法者又必须倡导公民积极行使正当防卫权，第 3 款的规定在一定程度上反映了立法者的功利需求，针对紧迫暴力犯罪，刑法允许在某些情况下造成不法侵害人伤害或死亡，而不必担心因防卫过当而受到刑罚责难。从正义与功利的辩证关系讲，即使在某些致命性的紧迫暴力侵害来临时，允许公民实施造成重大损害后果的正当防卫行为，在一定程度上难免对侵害人造成不公平，但是相对于实现充分及时有效地保护广大人民群众的合法权益、维护社会的稳定秩序这个相对较大的功利而言，立法者在价值选择上的适当倾斜应当是现实理性的。③ 如此可以较好地维护社会秩序，合乎广大人民群众的利益。

四、权力与权利的对立统一④

本文第一章已指出，正当防卫权作为国家刑罚权的必要救济，它是公力救济在紧急情况下的替代物。诚然，"制止不法侵害，保护合法权益，是国家权力的归宿，也是国家权力存在的意义和价值之所在"⑤。从本质上讲，刑法从其产生以后，就已经把对所有侵害行为的报复惩戒权收归冷静、慎重的国家所

---

① 在防卫过当场合下，侵害人与防卫人的角色互换为我们研究防卫过当这种特殊的犯罪的生成模式提供了绝佳的进路。犯罪生成模式是我国犯罪学专家张远煌倡导提出的，在张教授那里，犯罪生成模式＝犯罪人人格＋罪前情景＋社会反应，罪前情景本质上是指激发犯罪动机和促成犯罪行为实施的一系列外部客观情况的综合（详细请参看张远煌《罪前情景》，载《法商研究》1999 年第 3 期）。张教授认为，防卫过当作为一种犯罪，它实质是在被害人（即不法侵害人）有一定过错的罪前情景作用下生成的。请参见张远煌《现代犯罪学的基本问题》，中国检察出版社 1998 年版，第 191 页。
② 罗尔斯在其经典巨著《正义论》中所演绎的正义观的两个原则，其实质反映了一种对最少受惠者的偏爱，一种尽力想通过某种补偿或再分配使一个社会的所有成员处于一种平等的地位的愿望，而在这其中，体现"合乎最少受惠者的最大利益"则是正义的区别原则的精髓（参见［美］约翰·罗尔斯著《正义论》，何怀宏等译，中国社会科学出版社 1997 年版，第 71 页以下）。在某种程度上，刑法规范作为一种制度安排方式，它也贯彻了正义的区别原则，正当防卫制度即是适例。
③ 参见祝尔军、王杰《论无限防卫权》，载《刑事法学要论——跨世纪的回顾与前瞻》，法律出版社 1998 年版，第 431 页。有的学者将这种立法价值取向归结为守法公民人身权利价量的扩大，第 3 款的明示从某种意义上说明，法律对其保护的守法者的人身权益，做出了本质高于不法侵害者人身权益的功利评价。详细可参见屈学武《正在行凶与无过当防卫权》，载单长宗等主编《新刑法研究与适用》，人民法院出版社 2000 年版，第 131 页。
④ 从"权力与权利"的角度观察正当防卫是本书作者所持的重要观点，我们还将在本书第七章"正当防卫制度的拓展性思考"中深入论述此问题，此处从简。
⑤ 田宏杰：《防卫权及其限度》，载《刑事法评论》（第 2 卷），中国政法大学出版社 1998 年版，第 254 页。

有。但是，由于公力救济存在事后性的局限，国家又通过法律认可一定范围的私力救济的存在，即当公民在遭到不法侵害袭击并且来不及诉诸国家法律保护的紧急情况下，可以对不法侵害人进行反击，而不必为此承担责任。正如孟德斯鸠精辟地指出，"在公民与公民之间，自卫是不需要攻击的。他们不必攻击，只要向法院申诉就可以了。只要在紧急情况下，如果等待法律的救助，就难免丧失生命，他们才可以行使这种带有攻击性的自卫权利。"① 由此可见，从刑法诞生之后，正当防卫便正式地成为一种法律上的权利。正当防卫权作为国家刑罚权的必要救济，它是公力救济在紧急情况下的替代物。一旦公民的合法权益受到侵犯，国家作为被害者的代言人理应挺身而出，保障合法权利的正常行使。但由于公力救济的滞后性，使其不可能对紧迫的不法侵害予以及时的规制，对合法权益予以最迅捷的保护，这时有限度允许公民代表国家行使一定的权力就在所难免。法律赋予公民在紧迫的不法侵害和暴力犯罪面前可以实施正当防卫行为，这使得正当防卫与国家刑罚权在违法犯罪的惩治上，具有本质上的通约性，所以正当防卫权中内含权力的意蕴；同时，正当防卫又是一种维护合法权益的救济手段，根据学界通说，权利就是国家通过法律规定，对人们可以做出某一行为的许可和保障②，正当防卫无外乎是国家通过刑法规定对人们在紧急情况下反击不法侵害的许可和保障，所以正当防卫也兼有权利的性质。③ 因而，正当防卫本质是权利与权力对立统一的复合体。④ 如此，在正当防卫中就存在一个悖论：正当防卫作为权利，立法者基于国家的长治久安与社会稳定的考虑，强化对公民正当防卫的权利保护，鼓励广大公民利用此项权利同违法犯罪分子作斗争，是十分必要的。但正当防卫作为权力，由于权力天生的扩张、侵犯的特

---

① [法] 孟德斯鸠著：《论法的精神》（上册），商务印书馆1961年版，第137页。
② 参见张贵成、刘金国主编《法理学》，中国政法大学出版社1992年版，第109页。
③ 在法学理论中，根据权利产生的原因不同，可将权利划分为原权和派生权（或称救济权）。原权指基于法律规范之确认，不待他人侵害而已存在的权利，又称为第一权利。而派生权指由于他人侵害原权利而发生的法律权利，也称为第二权利。而在正当防卫的场合下，防卫权的产生缘起于一定的不法侵害，本人或他人的人身或财产权利以及其他权利是原权，当这些权利受到正在进行的不法侵害的时候，就衍生出了防卫权，因而，防卫权也可被视作第二权利。参见陈兴良《刑法适用总论》，法律出版社1999年版，第319页。
④ 权利和权力是法律上一对基本范畴，它们具有相互依存、相互制约的密切关系。应当指出，两者的划分标准是多元的，而非一元的，这些标准依次是行为主体与行为属性、强制性、法律地位、对应关系、自由度、集散性等。参见郭道晖《法的时代精神》，湖南出版社1997年版，第283页以下。但亦有学者指出权利与权力的区分标准在于利益与财富的归属之不同，并进而认为，权利与权力的统一体应成为法理学的独立分析单元，颇有新意。参见童之伟《再论法理学的更新》，载《法学研究》1999年第2期。但我们在此以强制性与集散性作为厘定权利与权力的标准，将正当防卫权作为权利与权力的对立统一的有机整体。

性，决定了其必须具有的相对性、派生性、受制约性。所以，必须对正当防卫的权力意蕴予以必要的限制。如果不适当地强调正当防卫的权力性质，必然会弱化对不法侵害人应有的合法权益的保障，会导致国家责任的不恰当的转嫁和公力救济的旁落。所以，正当防卫制度必须在权力倾向与权利倾向之间谋求平衡。应当指出，将第3款视为不受必要限度约束的防卫权，是在权利与权力的取舍之下，过分强调了权力的内涵，而忽视了权利的意蕴，不免失之偏颇。所以，对待第3款的性质和意义，从权利与权力的共容和谐的角度，我们可能会洞悉更为清晰的视景。另外，在正当防卫问题上权力与权利的矛盾亦可以视为权利与义务的对立统一。"因为法律对公民的人身财产等合法权益的保护具有普遍性，不法侵害行为人和防卫人的合法权益同等地受到法律的保护，法律赋予公民享有防卫权的同时，要求公民履行一定的义务，这一义务就是防卫必须在一定限度内进行。"[①] 没有无义务的权利，也没有无权利的义务，将第3款视为不加限制的防卫权，显然是忽视了公民应尽的义务，使正当防卫权成为不受义务限制的绝对权力，从而走向极端。

[①] 杨晋平：《无限防卫权的价值与完善》，载《刑法问题与争鸣》（第二辑），中国方正出版社2000年版，第375页。

第六章
防卫过当教义学研究

防卫过当是正当防卫制度中一个重大课题，同时也是同正当防卫成立条件密切相关的问题。司法实践中疑难防卫案件的焦点往往在于如何清晰地界定正当防卫与防卫过当，因为这关系到防卫行为是合法的正当防卫还是过当的危害社会行为。因此，正确解决防卫过当的问题，有利于罪与非罪界限的划分，以更好地保护国家、公共利益和公民的合法权益。

《刑法》第20条第2款规定："正当防卫明显超过必要限度造成重大损害的，应当负刑事责任。"据此，我国《刑法》中防卫过当，就是指防卫人在实施防卫行为时，防卫行为明显超过必要限度，给不法侵害人造成重大损害。可见，这时，防卫行为已由正当合法的有益行为转化为过当的危害社会的行为，因而应负刑事责任。

第一节　防卫过当与正当防卫界限的客观重构

1997年《刑法》第20条第2款（以下简称第2款）规定将1979年《刑法》第17条第2款"正当防卫超过必要限度造成不应有的危害"修改为"正当防卫明显超过必要限度造成重大损害"，这一修订进一步明确了正当防卫与防卫过当的界限，而且，"它扩大了正当防卫的权限，更有利于鼓励公民勇敢地同违法犯罪行为作斗争"[1]。因此，在新刑法典对防卫过当的规定作了较大修改的背景下，有必要进一步研究防卫过当的有关问题，以期能为在司法实践中正确区分正当防卫与防卫过当的界限提供理论支持。[2]

---

[1] 侯国云、白岫云著：《新刑法疑难问题解析与适用》，中国检察出版社1998年版，第112页。
[2] 本节实际上是从客观方面来对《刑法》第20条第2款的规定予以展开，考虑到防卫过当的主观方面的问题的复杂性，我们将在下节单独进行研讨。

一、"明显超过必要限度"与"造成重大损害"关系研究

目前学界对于正当防卫的限度条件意见不一，很大程度上根源于"明显超过必要限度"与"造成重大损害"两者之间逻辑关系的认识分歧。我们认为，学界对于两者关系的认识大致可以归纳为两种观点。其一是"并列说"，这种观点认为，"明显超过必要限度"与"造成重大损害"在逻辑上存在并列关系。"在认定正当防卫的限度条件时，必须同时考察防卫行为是否明显超过了必要限度和是否造成了重大损害两方面的情况，而不能只讲究一者而忽略另一者。"[1]如果防卫行为明显超过必要限度，但未造成重大损害，则这样的行为就不能以防卫过当论处。[2]其二是"包容说"，持这种观点的论者认为，"这里的'造成重大损害'是'明显超过'的事实佐证，关键之处是'明显超过'，而不是'造成重大损害'，从两者的关系上讲，凡是明显超过必要限度者，必然是造成了重大损害"。[3]因而"包容说"认为"重大损害"的后果包含了"明显超过必要限度"，只要"明显超过必要限度"，必然会以"重大损害"为必然结果。在我们看来，上述两种观点本质区别在于对是否存在'明显超过必要限度'但没有造成"重大损害"即只造成一般损害的认识差异上。"包容说""认为不存在所谓'明显超过必要限度'但没有'造成重大损害的'情况，换言之，只是在'造成重大损害'的情况下，才存在'明显超过必要限度'的问题。"[4]而"并列说"则主张"明显超过必要限度"的行为并不一定会"造成重大损害"。[5]在"并列说"看来，"如果防卫行为超过必要限度但未造成重大损害，例如某甲为制止邻居修房侵犯其不动产产权的行为持刀砍向建筑工人，但却被躲开，或被他人拦住后将刀夺下，未发生伤害后果，这样的行为就不能以防卫过当论处"。[6]两者关系可见图5-1（A代表"明显超过必要限度"；B代表"造成重大损害"）。

---

[1] 高铭暄、马克昌主编《刑法学》（上册），中国法制出版社1999年版，第241页。
[2] 参见王政勋、贾宇《论正当防卫限度条件及防卫过当的主观罪过形式》，载《法律科学》1999年第2期，第80页。
[3] 侯国云、白岫云著：《新刑法疑难问题解析与适用》，中国检察出版社1998年版，第127页。
[4] 张明楷著《刑法学》（上），法律出版社1997年版，第232页。
[5] 季美君、张国卫《论正当防卫的客观条件和特殊防卫权》，载杨敦先等主编《新刑法施行疑难问题研究与适用》，中国检察出版社1999年版，第238页。
[6] 王政勋、贾宇：《正当防卫限度条件的认定》，载杨敦先等主编《新刑法施行疑难问题研究与适用》，中国检察出版社1999年版，第253～254页。

"并列说"　　　　　　　　　　　"包容说"

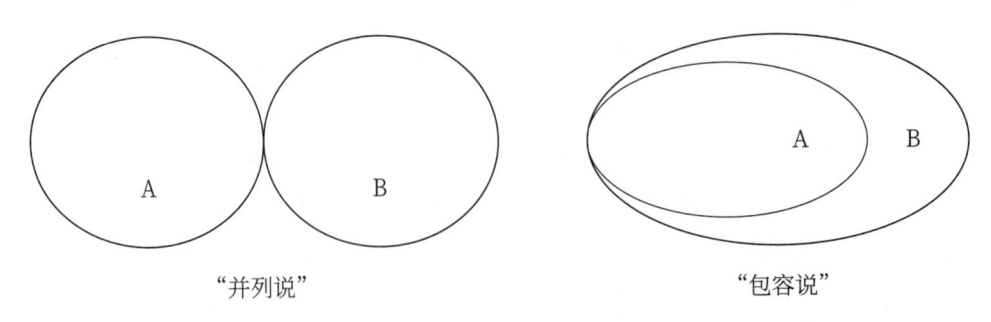

图 5-1　"明显超过必要限度"与"造成重大损害"关系图

我们认为,"明显超过必要限度"与"造成重大损害"之间的关系恐怕不能简单地归结为包容或并列关系,而应是一种交叉关系。

首先,明显超过必要限度不仅可能造成重大损害,而且也可能引起一般损害后果。在侵害行为只侵犯微小的财产利益的情况下,防卫行为致使侵害人一般伤害,就是明显超过必要限度,因为一般人都会认识到人的身体健康权要明显超过轻微的财产权益。具体可见图 5-2:

明显超过必要限度

造成重大损害　　　　造成一般损害
　　A　　　　　　　　　　B

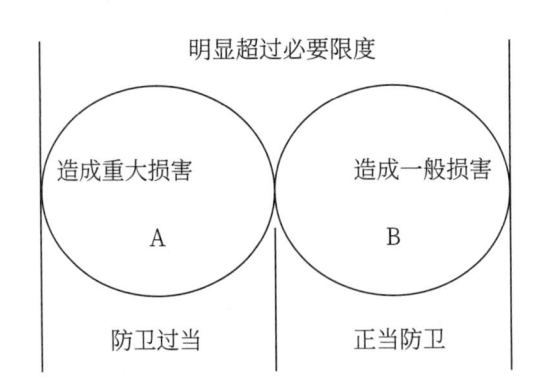

防卫过当　　　　　　　　正当防卫

图 5-2　防卫行为明显超过必要限度之不同情形图

其次,"造成重大损害",可以是"明显超过必要限度"的防卫行为引起,亦可以是"没有明显超过必要限度"的防卫行为造成的。实际上,《刑法》第 20 条第 2 款与第 3 款就是以"是否明显超过必要限度"为标准,而分别对已经"造成重大损害后果"的防卫行为所进行的划分:即第 20 条第 2 款规定的是"明显超过必要限度"并且"造成重大损害后果"的防卫过当行为;第 20 条第 3 款明确规定的则是对正在进行的危及人身安全的致命性暴力犯罪,采取防卫行为造成不法侵害人重伤或死亡的,虽然造成了重大损害后果,却在限度条件之内，因而不是防卫过当，没有明显超过必要限度的情况。具体可见图 5-3：

造成重大损害后果

明显超过
必要限度
A

没有明显
超过必要限度
B

第 20 条第 2 款　　第 20 条第 3 款

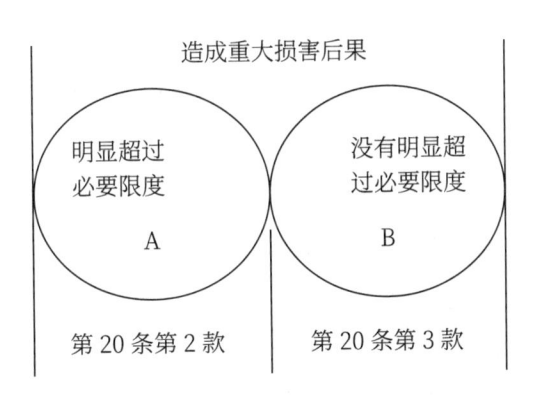

图 5-3　造成重大损害后果之情形图

明显超过必要限度可以造成重大损害后果或一般损害后果，而造成重大损害后果，可能是明显超过必要限度，亦可能是没有明显超过必要限度。据此，我们认为，明显超过必要限度与造成重大损害之间呈现一种交叉关系，具体见图 5-4（图中阴影部分为防卫过当，空白处为正当防卫）：

明显超过必要限度　　造成重大损害

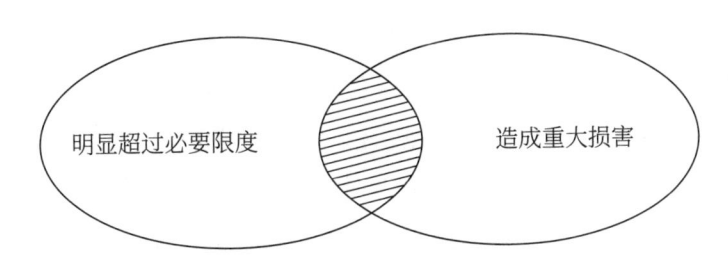

图 5-4　"明显超过必要限度"与"造成重大损害"之交叉关系图

图 5-4 中，"明显超过必要限度"与"造成重大损害"在它们的交合处，即交集（阴影部分）为防卫过当，这意味着必须同时具备"明显超过必要限度"与"造成重大损害"两个条件，才成立防卫过当，而仅有"明显超过必要限度"或"造成重大损害"一个条件不能成立防卫过当，即在防卫过当的构成上，我们倾向于支持"两条件说"。必须指出，我们主张的防卫过当"两条件说"应当有别于传统的"两条件说"。传统的"两条件说"的提法主要是针对 1979 年《刑法》中关于防卫过当的规定，该说认为 1979 年《刑法》中，防卫行为超过必要限度与造成不应有的危害，是防卫过当在客观方面的两个基本特征，二者

必须同时具备，缺乏其中任何一个都不能成立防卫过当。[①]1997年《刑法》颁布后，仍有学者主张防卫过当的"两条件说"。[②]笔者认为，用两条件说诠释1979年《刑法》中的防卫过当客观特征尽管不免失之偏颇，[③]但是现在情况已发生变化。在1997年《刑法》已对防卫过当规定作了重大修订的情况下，"两条件说"无疑具有一定的合理性。况且，我们所构造的两条件说具有其自身的特点，它是在吸收传统"两条件说"与"一致说"[④]的合理内核的基础上，并在1997年《刑法》已对防卫过当的规定予以变更的背景下，所作出的一种全新的选择，是对传统理论的扬弃（以下对我们所主张的两条件说简称为"新两条件说"）。"新两条件说"的确切含义是，"明显超过必要限度"与"造成重大损害"两条件在形式上是并列的，而在实质上却是有机统一的。所谓"形式上的并列"是指从形式逻辑角度分析，"明显超过必要限度"与"造成重大损害"必须同时具备才成立防卫过当，两者缺一不可。由图5-2与图5-3所示，仅仅具备"明显超过必要限度"或"造成重大损害"条件的防卫行为不仅可能是防卫过当行为，而且也有可能是正当防卫行为，故而，从逻辑上分析，唯有同时具备"明显超过必要限度"与"造成重大损害"条件才成立防卫过当，即"明显超过必要限度"与"造成重大损害"是构成防卫过当的并列条件。而所谓"明显超过必要限度"与"造成重大损害"两条件实质上的统一可以从理论与实践两个方面予以阐释。从理论上看，在某种程度上，防卫过当是结果犯，它必然会造成重大损害，舍此，防卫过当无存在余地。[⑤]换言之，重大损害性是防卫过当不可或缺的外在特征。没有造成重大损害的防卫行为，或者是不能纳入刑法评价范畴的无价值行为，或者是为立法者所鼓励的正当防卫行为。故在一定范围内（即图5-4中的阴影部分）"明显超过必要限度"与"造成重大损害"又实现了有机统一："明显超过必要限度"的防卫行为必然"造成重大损害"，"造

---

① 参见卢云华《试论正当防卫过当》，载《中国社会科学》1984年第2期。
② 参见宋庆德主编《新刑法犯罪论研究》，中国政法大学出版社1999年版，第178页。
③ 1979年《刑法》中，防卫行为"超过必要限度"与"造成不应有的危害"是统一的，两者不可分割，凡是超过必要限度的防卫行为，必然造成不应有的危害；凡是造成了不应有危害，莫不是防卫过当。详细请参看周国均、刘根菊《正当防卫的理论与实践》，中国政法大学出版社1988年版。
④ "一致说"认为，1979年《刑法》中，防卫行为"超过必要限度"与"造成不应有的危害"是一致的，行为与结果是相互依存、密不可分的两个概念，不应将防卫行为与防卫结果机械分离。参见周国均、刘根菊著《正当防卫的理论与实践》，中国政法大学出版社1988年版，第159页。
⑤ 参见陈兴良著《刑法适用总论》（上），法律出版社1999年版，第344～345页。

成重大损害"的防卫行为也肯定"明显超过了必要限度",此为其一。其二,从实践来看,防卫过当行为的认定应当包括结果性评价与过程性评价。所谓结果性评价是对防卫行为所造成的结果是否是"重大损害后果"进行考量;而所谓过程性评价是对防卫行为是否"明显超过必要限度"进行裁断。在司法实践中,防卫过当的结果性评价与过程性评价往往并不是截然分开的。因为从现实来看,只造成一般的损害后果或没有造成任何损害后果的防卫行为是被排除在司法程序之外的,而能够纳入司法者视野中的最后可能被认定为防卫过当的行为均是已经造成了重大损害的防卫行为,司法者只需进行一次过程性评价即可(结果性评价已内含在此过程中),即判断已经"造成了重大损害后果"的防卫行为是否"明显超过必要限度",所以司法者在判断防卫行为是否过当时,结果性评价与过程性评价是结合在一起进行的。因此,"明显超过必要限度"与"造成重大损害"两条件在认定防卫过当过程中又是有机统一的。

二、正当防卫限度条件之重塑

既然"明显超过必要限度"与"造成重大损害"只有两者同时具备,才可能成立防卫过当。那么,这就意味着正当防卫的限度条件也就包括了两个部分,即是否"明显超过必要限度"与是否"造成重大损害"。

(一)限度条件分立之可能

根据《刑法》规定,正当防卫的限度条件对防卫人的要求与正当防卫的必要限度对防卫人的要求相比,显得更加宽松。如果防卫行为未明显超过必要限度,自然在正当防卫的限度条件之内,成立正当防卫;如果防卫行为明显超过必要限度,但没有造成重大损害的后果,仍然符合正当防卫的限度条件,成立正当防卫。详言之,根据第2款的规定,实际中存在着明显超过正当防卫的必要限度但未超过正当防卫的限度条件而仍然在正当防卫范畴之内的情形。而1979年《刑法》中,防卫行为超过必要限度就会按照防卫过当定性的。所以,1997年《刑法》中的正当防卫限度条件被赋予了新的内涵。正如国内有学者指出:"新《刑法》中'必要限度'一词实际上是从旧《刑法》中借用过来的,因而其含义仍然和旧《刑法》中的含义一样,但是对于新《刑法》中正当防卫的

'限度条件'，必须要有全新的理解"。①

进一步而言，正当防卫的限度条件实质上涵括了防卫行为是否在"必要限度"之内与防卫行为是否"造成重大损害后果"的两个条件。限度条件首先关注的是防卫行为的属性，即行为是否明显超过必要限度，在此基础上，再考察结果的属性，是否属于重大损害。由此，我们认为可以将正当防卫的限度条件，细化为行为限度条件与结果限度条件。② 见图5-5。

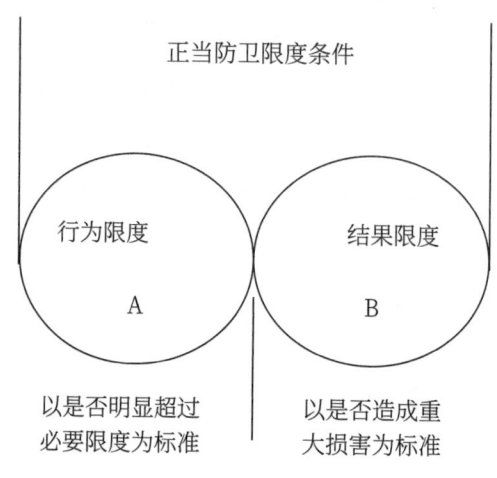

图 5-5　正当防卫的限度条件之分立图

在行为限度条件中，主要以必要限度为衡量标准，若明显超过必要限度则成立行为过当；而在结果限度条件中，是以是否造成可量化操作的重大损害后果为判断基准，造成了不法侵害人重伤或死亡的重大损害后果，才成立结果过当，这样防卫过当就包括了行为过当与结果过当两个条件，仅有行为过当还不必然导致防卫过当。

---

① 王政勋、贾宇：《论正当防卫限度条件及防卫过当的主观罪过形式》，载《法律科学》1999年第2期。
② 分析我国1979年《刑法》与1997年《刑法》先后对正当防卫限度条件的法律规定，不难明白，《刑法》是从防卫行为强度，即采取强力的程度和给不法侵害人损害的损害结果两个方面规定正当防卫的限度条件的。"超过必要限度"（1979年《刑法》）或"明显超过必要限度"（1997年《刑法》）是指防卫行为所达致的强度；"造成不应有的损害"（1979年《刑法》）与"造成重大损害"（1997年《刑法》）是指给不法侵害人造成的损害结果。由此，行为强度与损害结果两个标准共同构筑了正当防卫的限度条件。此种观点，国内已有学者涉及，请参见宋庆德主编《新刑法犯罪论研究》，中国政法大学出版社1999年版，第178～181页。

（二）确定行为限度的具体标准

既然，确定正当防卫行为限度的标准为是否"明显超过必要限度"，那么，清晰界定必要限度的内涵与外延应是判断行为限度的关键。然而，对于什么是"必要限度"，从 1979 年《刑法》制定至今，学者仍未达成共识。有的学者认为，"必要限度"就是指防卫行为与不法侵害行为在性质、手段、强度等方面大体相适应，但"相适应"不意味着二者完全相等，这就是"基本相适应说"[①]；也有的学者认为，"必要限度"是指防卫人制止不法侵害所必需的限度，只要防卫在客观上有必要，防卫强度就可以大于、也可以小于、还可以相当于侵害强度，此为"必需说"[②]；还有的学者认为，防卫行为的必要限度，应从两个方面考虑：一方面要考察防卫行为是否为制止不法侵害所必需，另一方面还要判断防卫行为与不法侵害行为是否基本相适应，防卫行为正好足以制止不法侵害行为，而没有对不法侵害人造成不应有的危害，即认为在正当防卫的必要限度以内，此说为"折中说"（或称"适当说"）。[③] "适当说"可以说是目前学界的通行观点，然而"折中说"并没有给司法实践中防卫案件的认定以明确的指导，对于什么是"正好足以制止不法侵害行为"，司法上往往因缺乏具体标准而无所适从。1979 年以来，在司法实践中，往往由于对"必要限度"标准理解上的困惑，从而对正当防卫的认定采取了较为严格的态度，使广大公民正当防卫的积极性受到了挫伤。[④] 因此，在刑法对正当防卫作了重大修改的背景下，立足司法实践，对必要限度做出符合立法原意、适合司法操作的解释就尤为迫切。有必要指出，自《刑法》修订以来，有学者针对"必要限度"这一概念，指出"在'超过必要限度'前增加'明显'两字，这样就突破理论上'基本相适应说'的局限，更倾向于必要说，只要足为有效制止不法侵害这一目的所实际需要，而

---

① 参见杨春洗等主编《刑法总论》，北京大学出版社 1987 年版，第 174 页。
② 参见陈建国《从调戏妇女的流氓被防卫人刺伤谈起》，载《光明日报》1983 年 5 月 21 日，第 3 版。
③ 参见高铭暄、马克昌主编《刑法学》（上），中国法制出版社 1999 年版，第 241 页；赵秉志主编《新刑法教程》，中国人民大学出版社 1997 年版。
④ 在 1979 年《刑法》正当防卫制度的运作过程中，出现了正当防卫与防卫过当界限不清的问题。学界与实务界对于什么叫"超过必要限度"与如何理解衡量必要限度的标准——"适当说"的具体标准，见仁见智，无法量化。而法院判决时又要受非法律的不正常因素的干扰，正当防卫权无法得到保障，本来是"以正抗不正"的正当防卫却产生了"正不压邪"的结果，社会正气得不到弘扬，危害社会稳定的邪恶势力气焰空前嚣张，民众普遍反映没有安全感，实践中公民见义勇为的场景更是寥寥无几。请参看宗建文《刑法机制研究》，中国方正出版社 2000 年版，第 141 页。

未明显超过必要限度的，即不为过当"。① 然而，这种观点与"适当说"并无本质不同，它们都存在着抽象、难于把握的弊端，其不足，为司法实践所确证。② 在我们看来，"基本相适应说"应当是合理可行的。③ 尽管1979年《刑法》中以"基本相适应说"作为"必要限度"的标准可能会有"没有看到正当防卫的目的是为了制止正在进行的不法侵害，因而没有抓住问题的实质"④的流弊，但在1997年《刑法》已对正当防卫的限度条件作了全新的修整之后，"基本相适应说"是有可能"担此重责"的。首先，与"必需说"和"适当说"相比，"基本相适应说"具有较为明显的可操作性。具体而言，在《刑法》中，正当防卫的限度条件除了行为限度以外，还有结果限度的约束。在行为限度方面，须强调防卫行为从性质、手段、强度、保护的利益及后果上必须与不法侵害行为的性质、手段、强度、侵害的法益和可能造成的后果不能过于悬殊；在结果限度方面，须考查防卫行为造成的结果是否重大，这无疑对司法者来说较为容易把握，具有一定的操作价值；法官不会在"基本相适应说"的标准前茫然不知所措，从而在一定程度上弥补了传统观点的局限，为准确司法奠定了基础。其次，

---

① 梁华仁、刘为波：《新刑法对正当防卫制度的修改》，载丁慕英等主编《刑法实施中的重点难点问题研究》，法律出版社1998年版，第428页。
② "必需说"认为，防卫行为足以制止不法侵害为必要限度，只要是为制止不法侵害所必要，无论对不法行为人造成的损害轻重，均不认为是防卫过当。"必需说"固然有其鼓励正当防卫的积极意义，但它与"适当说"均存在着难以量化的致命缺陷，无助于司法实践的具体操作。因为实际上"必需说"中"需要"还是"不需要"，不能以防卫人自己的主观认识为标准，也不能以审判人员的主观认识为标准，只能是依据当时、当地的客观情况为标准，而当时、当地的客观情况如何操作量化，在我国刑法学界一直没有一个统一的标准。
③ 有必要指出，刑法理论上对于"必要限度"的不同理解，即"基本相适应说"与"必要说"的对立，可归结为结果无价值与行为无价值的冲突与矛盾。"基本相适应说"重视结果无价值的立场，即不正当的攻击者的利益在某种程度上，其法益性受到被害法益的防卫的否定，被害法益与防卫所否定的不法侵害者的利益应当基本相适应，差别不能过于悬殊；而"必要说"所关注的恰恰是行为无价值的立场，即认为正当防卫是在社会伦理秩序的范围内，为维护某种法秩序服务的行为，因而凡是为了制止不法侵害者以及维护稳定的法秩序的防卫行为都应当为社会予以正当化。（对于行为无价值与结果无价值的概念以及具体展开可详见李海东主编《日本刑事法学者》（下），[中]法律出版社·[日]成文堂1999年版，第5～6页；张明楷著《外国刑法纲要》，清华大学出版社1999年版，第138～141页。）如果更深一层追问，行为无价值与结果无价值的争论应归结于犯罪理论——客观主义与主观主义，以及犯罪本质（违法性本质）——规范违反说与法益侵害说的对立，我国理论界在1997年《刑法》修订前，并没有展开关于主观主义与客观主义、规范违反说与法益侵害说的研讨。值得注意的是，近两年来，我国已有学者涉足《刑法》修订的立场变迁以及犯罪本质的研究。并认为1997年《刑法》在经历重大变更后，更加亲近于客观主义立场，而在犯罪本质问题上更倾向于法益侵害说。[刑法立场的研究文章，请参见张明楷《新刑法与客观主义》，载《法学研究》1997年第6期；陈兴良、周光权《困惑中超越与超越中的困惑》，载陈兴良主编《刑事法评论》（第2卷），中国政法大学出版社1998年版等。关于犯罪本质的探究可参见陈兴良《社会危害性理论——一个反思性的检讨》，载《法学研究》2000年第1期；张明楷《新刑法与法益侵害》，载《法学研究》2000年第1期等]。在这种意义上，依托在《刑法》修订的背景之下，在"必要限度"的认定上选取"基本相适应说"，可能是顺应了《刑法》客观主义倾向以及犯罪论中法益侵害说的立场。
④ 高铭暄、马克昌主编《刑法学》（上册），中国法制出版社1999年版，第241页。

以"基本相适应说"作为认定行为限度的标准,也不会对防卫人造成不公,因为在衡量了防卫行为的限度后,还要对防卫后果进行评价,唯有造成重大损害的防卫行为才最终定性为防卫过当,如此可以较好地凸显正当防卫制度的立法原意,也能兼顾刑法机能即人权保障与社会保障的平衡[①],因而,是较为可取的。另外,在"必要限度"的认定标准上采纳"基本相适应说",也在一定程度上契合了整个刑法典的价值取向。一般认为,1979年《刑法》采取的是在兼融主观主义与客观主义的基础上偏爱主观主义的立场,而1997年《刑法》则倾向于客观、主观兼顾而亲近客观主义的立场判断。[②] 将"必要限度"的标准界定为具有较强操作性的"基本相适应说",实质上是将原本属于法官主观裁量的问题外化为具体、明确的客观规则,这在一定程度上与整个法典的客观主义立场是相协调的。

那么,在司法实践中如何在行为限度上坚持"基本相适应说"呢?我们认为,实现"基本相适应",主要是坚持防卫行为强度与不法侵害的强度基本上相适应,不是过于悬殊,差别过大。应当指出,"基本相适应说"不是要求防卫强度与侵害强度绝对相等,而是基本上相适应,在一般人看来不是过于明显的不相适应。一般而言,不法侵害行为的强度决定了防卫行为的强度从而决定着行为限度,故对不法侵害的强度的认定至关重要。而"所谓不法侵害的强度,是一个综合性的指标,它指行为的性质,这一行为对客体所造成的损害结果的轻重以及造成这种损害结果的手段、工具的性质和打击部位等因素的统一。"[③] 因此,在司法实践中分析具体防卫案件时,应通过防卫一方与侵害一方的手段、所采工具、双方人员多少与强弱等多种因素的全面分析与比较,来确认是否是基本相适应。正如意大利学者所指出的那样,为了正确判断不法侵害与防卫行为是否相适应,必须对冲突的利益及不法侵害与防卫行为的一系列构成要素进行全面分析,才有可能得出正确的结论。[④] 必须明确的是,必要限度不是一成不

---

① 从根本上看,任何刑法制度都需要在人权保障与社会保护之间保持合理的张力,正当防卫制度在保护社会的同时,也不能漠视对公民权利的保障。
② 很多学者对此都不乏精彩的论述,详细请参见张明楷《新刑法与客观主义》,载《法学研究》1997年6期;还可参看陈兴良、周光权《困惑中的超越与超越中的困惑》,载《刑事法评论》(第2卷),中国政法大学出版社,第38~46页。
③ 陈兴良著:《正当防卫论》,中国人民大学出版社1987年版,第165页。
④ 参见[意]杜里奥·帕瓦多尼著《意大利刑法学原理》,陈忠林译,法律出版社1998年版,第167页。

变，它要随着侵害行为的变化而变化，所以它是一个不断变化的范畴。[①]并且，必要限度也不仅仅是一个点，它应是一个区间。[②]必要限度中的"限"，指一定范围，而"度"指"程度"，所以必要限度就应是最大限度与最小限度之间的区间，具体可参见下图5-6。[③]

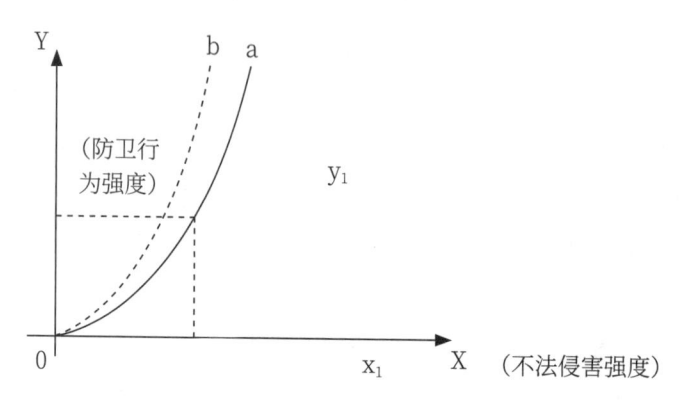

图 5-6 正当防卫之必要限度界定图

如图5-6所示，图中曲线为正当防卫最大限度曲线，曲线下方皆为正当防卫，而曲线上方则为防卫过当，对于强度为 X_1 的不法侵害，对应着最大限度防卫强度 Y_1，故而必要限度则为区间 [$(X_1, 0) \sim (X_1, Y_1)$]。并且随着 X 值的变化 Y 值也随之变化，这也反映出必要限度的认定是一个动态的过程。例如，当防卫人面对侵害人赤手空拳的攻击，最大限度的防卫可能是致使侵害人中等程度的伤害；而如果侵害人恶向胆边生，从身上取出刀子向防卫人砍来，这时候最大限度的防卫强度就升格为致使侵害人重伤或死亡。

由上，不难看出，不法侵害与防卫行为双方都处于运动状态，事态处于不断地发展变化中，防卫人必须根据情况的变化，调整其行为的手段和方式。因此，把握防卫行为强度与不法侵害强度基本相适应，应有一种动态的思维。这就涉及正当防卫的动态性。正当防卫的动态性，不仅要求动态的立法，而且还要求动态的司法。这就意味着，司法机关在办理防卫案件时，必须设身处地，

[①] 参见姜振丰《关于正当防卫的几个问题的研究》，载刘守芬、黄丁全主编《刑事法律问题专题研究》，群众出版社1998年版，第207页。
[②] 参见王作富主编《刑法》，中国人民大学出版社1999年版，第107页。
[③] 图5-6中所示虚线b，所彰显的是正当防卫制度修订后，尤其是1997年《刑法》第20条第3款确立，正当防卫最大限度曲线有向纵轴（防卫强度轴）移动的趋势，即对应着某个确定的侵害强度，正当防卫强度的最上限有扩张的趋向。

充分考虑防卫行为实施时的实际情况。不能脱离正当防卫实施的具体环境，坐而论"度"，仅仅从最后造成的损害结果出发，对防卫人过于苛刻，有失公允。

具体来看，把握正当防卫"必要限度"，不能孤立地根据不法侵害和防卫行为的手段、缓急、结果、权益的重要性等某一个因素，而是应当进行全面的考量。① 主要应注意以下几点②：

第一，通过不法侵害行为的手段，来把握是否基本相适应。如果不法侵害人实施同种性质的不法侵害行为，如均为实施抢劫行为，那么不法侵害人采用的手段，对不法侵害的强度有着较大的影响，同时也直接决定着防卫人的所实施的防卫行为强度。例如对于不法侵害人实施的抢劫行为，采用暴力的方法实施的抢劫行为就显然要比采用胁迫的方法实施的抢劫行为社会危害性要大。因此，要制止前者的强度就要比制止后者要大些，于是决定着两者在"必要限度"——基本相适应上的差异。

第二，通过不法侵害行为的缓急程度③来把握"基本相适应"。所谓不法侵害的缓急，是指侵害的紧迫性，它所形成的对国家、公共利益、本人或他人的人身和其他权利的危险程度。④ 考察防卫行为与侵害行为是否基本相适应，还应注意不法侵害的缓急。在来势凶猛的不法侵害面前，防卫人往往没有时间去充分选择适应的防卫行为，所以应当允许防卫行为限度更为宽松一些。⑤ 在不法侵害的强度尚处于潜在的情况下，无法以现实的侵害强度作为确定正当防卫行为

---

① 意大利著名刑法学者杜里奥·帕多瓦尼也曾指出，仅仅以冲突的利益作为衡量防卫行为与侵害行为是否相适应的标准，存在先天不足——因为这种观点忽视了防卫行为和侵害行为本身的复杂性。要确定防卫行为与不法侵害行为是否相适应，就不能不综合考虑下列因素：危险的程度、侵害者的主观心理态度、冲突的性质以及由此决定的防卫者"被迫"的程度、防卫手段的可选择性等。事实上，为了正确判断侵害和防卫行为之间是否相适应，必须对冲突的利益以及侵害和防卫行为的一系列构成要素进行全面分析，才能得出正确的结论。参见[意]杜里奥·帕多瓦尼著《意大利刑法学原理》（注评版），陈忠林译评，中国人民大学出版社2004年版，第152～153页。
② 对于正当防卫限度中行为限度的具体展开，得益于陈兴良教授的《正当防卫论》（中国人民大学出版社1987年版）一书部分观点的启发，在此谨表谢忱，但所有观点均由笔者自己负责。
③ 我国有学者倡导，应将不法侵害行为的缓急程度视为一个独立的因素来作为确定必要限度的标准，并指出：不法侵害的缓急在确定正当防卫必要限度中的作用，受到某些刑法学家的重视，甚至认为是唯一的标准。我们应该在确定正当防卫必要限度的具体标准中，引入不法侵害的缓急这一概念，以便为确定防卫强度是否为制止正在进行的不法侵害所必须提供客观依据。"[详细可参见陈兴良《刑法适用总论》（上），法律出版社1999年版，第340～341页。]对此，我们认为是值得研究的，不法侵害的缓急仅仅是说明不法侵害强度的一个因素，不法侵害的缓急不能上升为与不法侵害强度相并列的一个范畴，即使在不法侵害的强度尚处于潜隐的状态之下，不法侵害的缓急也仅仅是作为说明不法侵害的可能强度或不法侵害可能造成危害的一个因素，而不能与不法侵害的强度相提并论。
④ 陈兴良著：《刑法适用总论》（上），法律出版社1999年版，第340页。
⑤ 参见姜伟编著《正当防卫》，法律出版社1988年版，第90页。

限度的标准时，只能以不法侵害的缓急作为衡量不法侵害潜在强度，并以可能造成的损害来衡量防卫强度与不法侵害强度是否"基本相适应"的标准。不法侵害的缓急程度在确定正当防卫必要限度中的作用，历来受到一些大陆法系国家刑法学家的高度重视，甚至被认为是唯一的标准。例如我国刑法学家王觐就曾指出：决定反击行为是否逾越防卫行为必要之限度，不以被侵害法益之大小为标准，而应以侵害缓急之程度为标准。为防卫价格百元之财产而杀伤盗贼者，仍然是正当防卫，就在于盗贼行为的急迫性。①

第三，以不法侵害危害的权益即刑法法益②的性质作为判断是否"基本相适应"的标准。立法者确立正当防卫制度的根本意图在于保护合法权益免受违法犯罪行为的侵害。不法侵害所侵犯的合法权益正是防卫行为所竭力维护的权益。"不法侵害危害的权益决定了不法侵害的性质，也在一定程度上决定了不法侵害的强度和缓急。"③故而，应当以不法侵害所侵犯的权益，即刑法法益作为决定行为限度的因素之一。防卫人在选择防卫行为时，应当考虑到所保护的合法权益的性质和大小。保护重大权益的，可以采取较强烈的防卫行为，保护较小的权益，就不能选择强烈的防卫行为。

第四，以不法侵害行为与防卫行为所处的客观背景条件作为判断是否"基本相适应"的标准。任何侵害行为与防卫行为均是在一定的时空下实施的，同样强度的不法侵害，在不同的时空下，需要制止的防卫强度是不同的。例如同样强度的不法侵害，在深夜的独街小巷显然要比白天的闹市大街上需要的防卫强度要大。此外，不法侵害人主体的情况也可以作为判断基本相适应的标准。同样性质的非法侵害，身高体壮的人实施所需的防卫强度肯定会比身单力薄的人实施所需的大；多个侵害人同时实施所需的防卫强度显然比个人实施所需的大。

---

① 参见王觐著《中华刑法论》，中国方正出版社2005年版，第221～222页。
② 刑法法益，因其概念之不同可以区分为实体的刑法法益概念和形式的刑法法益概念两种。所谓实体的刑法法益概念，又称内容的、充实的刑法法益概念，是基于个人主义的思想，重在刑法法益的内容；形式的刑法法益概念，又称方法的刑法法益概念或者机能的、目的的刑法法益概念，是基于全体主义，重在刑法法益的方法。在此处，我们所指称之刑法法益是以实体的内容为主，兼顾形式的概念，即刑法法益是指受刑法规范保护的利益。对于刑法法益的深入研究，可参看丁后盾《刑法法益原理》，中国方正出版社2000年版。
③ 陈兴良著：《刑法适用总论》（上卷），法律出版社1999年版，第341页。

第二节 防卫过当主观罪过的再研究

防卫过当是在防卫权的行使过程中由于量变的积累而达致的质变,防卫行为明显超过必要限度造成重大损害,防卫行为就失却合法的要素而转变为犯罪行为。从形式上看,防卫过当与正当防卫在构成上仅仅只有一个相异的条件(即防卫行为在客观上明显超过必要限度造成重大损害为防卫过当,否则成立正当防卫),对这种行为给予否定的社会评价,似乎会有客观归罪之嫌,然而,实质上并非如此。防卫过当与正当防卫一样亦是一个客观与主观相统一的范畴,防卫人对于自己客观上所造成的重大损害结果唯有在主观上具有可责难性,司法机关才能对其防卫行为冠以"防卫过当"的标签并追究其相应的刑事责任。事实上,防卫过当是防卫行为的正当性和损害结果的非正当性的统一。防卫行为的正当性是指:实施防卫行为时确有不法侵害存在(不同于假想防卫);不法侵害正在进行(不同于防卫不适时);防卫的目的是为了保护合法权益不受非法侵害(不同于防卫挑唆等);防卫行为是针对不法侵害者本人实施(不同于防卫对象错误)。可见,在正当防卫的5个正当性要件中,防卫过当具备了4个。从这个意义上讲,防卫过当具有正当性的一面。但是,从另一方面看,防卫行为的强度和力度明显超过了不法侵害的强度和力度,对不法侵害人造成了重大损害,从而使合法的防卫行为变成了不法的侵害行为,也使正当性的行为转化成非正当性的行为。

从行为无价值(handlung sunwert)和结果无价值(erfolg sunwert)角度,可能更有利于我们认识防卫过当的刑事责任问题。所谓行为无价值,是指着眼于行为的反规范性而予以否认的价值评判;而结果无价值,是指着眼于行为引起法益损害或者危险,对此所做的否定性价值评判。显然,行为无价值和结果无价值所传达的思想是不一样的。行为无价值是侧重于告知公民如何正确实施行为。如果行为人按照自己的理解正确地实施了行为,其行为目的正当,行为方式得体,手段合适,那么其行为价值就应当抵消行为无价值;而结果无价值侧重于遏制司法擅断,限制恣意,保障平等裁判。司法官员在裁判结果无价值的时候，就要进行客观的利益衡量，不应掺入主观的色彩，不能认为两个犯罪人的生命价值低于一个正常人的生命价值。① 如果是侧重行为无价值，防卫过当抵消了其行为无价值，这样，防卫过当的可罚性基础就变得不是那么坚实，对于防卫过当，一般予以减轻处罚或者免除处罚。而如果侧重结果无价值，例如造成了侵害者重伤或者死亡的场合，防卫过当的可罚性基础并没有明显的削弱。依据我国《刑法》第20条第2款规定，对于防卫过当，应当减轻或者免除处罚。可见，我国《刑法》关于防卫过当从立法上看，是坚持了行为无价值的立场。而正当防卫之所以成为1997年《刑法》修订的热点，很大程度上是由于司法实践中对于防卫过当案件的处理，在一定程度上背离了行为无价值的基本立场，而倾向于结果无价值，特别是对于造成被防卫者重伤或者死亡的案件，被告人往往是以故意伤害罪或者故意杀人罪被处理了。因此，我们需要对防卫过当的刑事责任问题进行认真研究。

而解决防卫过当的刑事责任的核心则在于准确界定防卫过当的主观罪过问题。应当承认，防卫过当的主观方面是"正当防卫的理论中观点最混乱的一个问题"。② 理论界至今未能就防卫过当的主观罪过达成一致的看法，③ 这在很大程度上导致了在司法裁量中对于防卫过当行为定罪与量刑的随意性，④ 而司法运作中的混乱无序也极大地挫伤了公民同犯罪作斗争的积极性。缘于此，笔者尝试着从"明显"一词的理解入手以及借鉴期待可能性理论⑤对防卫过当的主观方面

---

① 王安异著：《刑法中的行为无价值和结果无价值研究》，中国人民公安大学出版社2005年版，第4～6页。
② 陈兴良著：《刑法适用总论》（上卷），法律出版社1999年版，第345页。
③ 目前，我国学界对防卫过当的主观方面通行的观点认为，防卫过当的主观罪过可以是间接故意、疏忽大意的过失与过于自信的过失。参见高铭暄主编《刑法学原理》（第二卷），中国人民大学出版社1993年版，第233～234页；王作富著《中国刑法研究》，中国人民大学出版社1988年版，第211～212页；陈兴良著《正当防卫论》，中国人民大学出版社1987年版，第228～229页。而有学者主张防卫过的主观罪过只能是过失，并且主要是疏忽大意的过失。参见齐文远主编《刑法学》，法律出版社1999年版，第151页；张明楷《刑法学》（上），法律出版社1997年版，第234页。同时，还有部分学者认为，防卫过当的主观罪过也可以是直接故意，参见王政勋、贾宇《论正当防卫限度条件及防卫过当的主观罪过形式》，载《法律科学》1999年第2期；姜振丰《关于正当防卫的几个问题研究》，载刘守芬、黄丁全主编《刑事法律问题专题研究》，群众出版社1998年版，第235页等。
④ 我国刑法学界对于防卫过当的罪过形式存在较大的分歧，并形成了极为奇特的现象。理论上一般主张防卫过当可以是过失犯罪，在个别情况下，也可以是故意犯罪，而司法实践中则大都对防卫过当按故意犯罪来处理。参见姜伟著《正当防卫》，法律出版社1988年版，第129～130页。
⑤ 期待可能性理论是大陆法系刑法理论中规范责任论的核心内容，它是指从行为时的具体情况看，可以期待行为人不为违法行为，而实施适法行为的情形。期待可能性理论来自德国法院1897年对"癖马案"所做的判决：行为人多年以来受雇驾驶双匹马车，其中一匹马具有以其尾绕住缰绳并用力压低马车的癖性。行为人多次要求换一匹马，但是，雇主没有答应他的要求。某日该马劣性发作，车夫采取了所有紧急措施，但马仍然撞伤他人。法院判决行为人无罪，理由是很难期待被告人坚决违抗雇主的命令，不惜失去职业而履行避免其预见的伤害行为的结果发生的义务。这样，法院根据被告人所处的社会关系、经济状况否定了期待可能性的存在，从而否定了在损害结果的发生上行为人的应受谴责性。

进行研究，以期能为司法实践中防卫过当案件的正确定性略尽绵薄之力。[①]

一、"明显"含义之理解

首先，让我们来具体分析《刑法》第 20 条第 2 款中的"明显"一词的含义。依据《现代汉语词典》，所谓"明显"，是指"清楚地显露出来，容易让人看出或感觉到。"[②] 有学者指出："明显，即清楚地显露出来，容易让人看出或感觉到，它是以一般及具有正常理智的人的感觉感观为标准，也就是说一般人能容易看出或感觉到即为明显。"[③] 另有学者认为，"当界限不分明时，只有超越得很多，才谈得上'明显'二字。关于正当防卫明显超过必要限度的问题，也是这样。只有超越得很多，才说得上明显超过。"[④] 上述看法有一定可取之处，但也只涉及了问题的一个方面。在我们看来，"明显超过必要限度"应是一个客观与主观相统一的范畴，所以界定何为"明显"，应当包括客观方面与主观方面的因素。[⑤] 首先，在客观方面，应当考虑到不法侵害的性质、程度、缓急以及防卫人实施防卫行为所采取的手段、强度和防卫行为实施的背景环境，如时间、地点等。其次，在主观方面，"明显"要求应当充分关注防卫人当时的防卫心理，"明显"不能包括防卫人由于恐惧、惊慌等心理因素而使精神受到很大刺激而实施的造成重大损害后果的情形。[⑥] 那么，将"明显"作为主观与客观相统一范畴

[①] 清晰界定过当防卫人的主观罪过形式，把握其罪过程度，乃是确定对防卫过当行为进行处罚的重要依据因为防卫过当的罪过形式直接关乎防卫过当行为罪名的确定。参见郭守权等著《正当防卫与紧急避险》，群众出版社 1987 年版，第 107～109 页。
[②]《现代汉语词典》，商务印书馆 1996 年版，第 890 页。
[③] 王前生、徐振华《刑法中公民的防卫权》，载丁慕英等主编《刑法实施中的重点难点问题研究》，法律出版社 1998 年版，第 436 页。
[④] 侯国云、白岫云著：《新刑法疑难问题解析与适用》，中国检察出版社 1998 年版，第 130 页。
[⑤] 国内已有学者认为"明显"一词既包括客观方面的内容，也涵括主观方面的内容，可参见赵index国强《新刑法中正当防卫权之强化》，载丁慕英等主编《刑法实施中的重点难点问题研究》，法律出版社 1998 年版，第 414 页；王政勋、贾宇《论正当防卫限度条件及防卫过当的主观罪过形式》，载《法律科学》1999 年第 2 期。但这些学者却没有对此种理解给予有力的论证。
[⑥] 实际上这是将期待可能性的理论纳入了正当防卫的制度中，"法律不强人所难"，只有当一个人具有期待可能性时，才有可能对行为人做出谴责。如果不能期待行为人实施妥当的行为，也就不存在对其加以谴责的可能。法律不能期待防卫人在心理受到巨大外界刺激的状况下实施受限度条件约束的防卫行为，正如美国著名大法官霍姆斯 1921 年在布朗上诉案的决定中有句名言常被用来说明对防卫人的主观判断不能苛求，"在面对举刀的情况下不能要求做出分寸的反应"。[请参见储槐植著《美国刑法》（第二版），北京大学出版社 1996 年版，第 119～120 页。] 对于期待可能性理论对于防卫的心理的影响，我们将在后面进行详论。

的根据何在呢？在笔者看来，这种理解可能是立法者意图的必然延伸。1997年立法者对于正当防卫制度修订的根本意图是"为了保护被害人（即防卫人——引者注）的利益，鼓励见义勇为"①，立法者对防卫过当规定的重大修改之一是在原有的"超过必要限度"之前增加了"明显"两字，这显然与立法者修订意图是相吻合的。自1979年《刑法》实施以来，实践中对正当防卫和防卫过当的处理，较多的是对正当防卫的条件卡得过严，以至于将许多不属于防卫过当的案件按防卫过当处理了。②1979年《刑法》中正当防卫制度运作障碍的最根本症结在于，国家对于防卫者提出了过于苛刻的要求，没有顾及防卫人在紧迫的不法侵害面前心理与生理的反应。故1997年《刑法》关于正当防卫规定修订的基本出发点就是放宽正当防卫的限度条件，扩充正当防卫的外延，充分关注防卫人防卫时的心理变化，意图避免出现过分约束、限制正当防卫行为的局面。从表面上看，立法者增加了"明显"二字似有些轻描淡写，实则可谓用心良苦，它可以说是立法者"对公民脆弱人性倾注刑法的同情之泪"③的彰显。故在防卫权实施的特殊场合，防卫人的主观心理必须被充分考虑与关注，"倘若法律不对人性的脆弱表现相当的尊重，便会背离人类所应有的怜悯之心"。④尽管"明显"仅仅是表征程度的客观范畴，人们只不过是通过感官体验与理性抽象在头脑中将这一范畴正确地反映出来，对于明显的判断是在防卫行为实施后，法官代表社会一般人进行的程度判断是一种客观判断，但如果将"明显"的判定脱离防卫人心理状况，就无法实现防卫案件的个别正义，对见义勇为的防卫人恐怕是有失公平的。应当看到，司法者对于是否"明显"的判断是在没有受到任何攻击或威胁的安定状况下做出的，而防卫人在突然的不法侵害面前，除非经过特种训练，否则不免会手足无措，情绪或大或小发生变化，这一切也必然会影响他们对客观情势的认识能力。还需指出的是，对于"明显"一词若仅从客观方面进行判断，实质上是对防卫行为的结果性评价，而并没有涉及防卫行为的过程。在我们看来，对于防卫行为应当尽可能避免任何机械、静态的分析，

---

① 王汉斌：《关于〈中华人民共和国刑法（修正草案）的说明〉》，1997年3月6日第八届全国人民代表大会第五次会议，参见高铭暄、赵秉志编《新中国刑法立法文献资料总览》，中国人民公安大学出版社1998年版，第1831页。
② 参见侯国云、白岫云著《新刑法疑难问题解析与适用》，中国检察出版社1998年版，第125页。
③ 这原是日本刑法学者大塚仁教授对于期待可能性理论的评述，我们在此援引用于说明对于"明显"应赋予其主观心理的内涵。请参见冯军著《刑事责任论》，法律出版社1996年版，第245页。
④ 冯军著：《刑事责任论》，法律出版社1996年版，第245页。

而应当更加注重动态的过程研究。[①]从此角度而言，对于"明显"一词含义的客观与主观相统一的理解实乃动态分析防卫行为之内在要求，而关注"明显"一词的主观心理方面，亦是动态分析防卫行为过程的必然结论。因此，对这里的"明显"不仅要重视客观的因素，而且还必须对防卫人当时的心理投以关注，即"明显"不仅指根据一般人的认识超越必要限度，而且它还应当涵括行为人也清楚地认识到自己的行为超过了必要限度。如果仅仅只是一般人认为超越而防卫人由于恐慌、兴奋等心理因素而对此缺乏认识，也不能被认为是"明显超过"。

二、期待可能性理论之引入

既然"明显"指根据一般人的感观以及行为人的认识都超过了必要限度，那么，过当防卫人对不法侵害的强度、自己防卫行为所需强度是应具有有大致的认识的。因此，从逻辑上讲，防卫过当的主观方面恐怕只能是一种有认识的罪过，即可以包括直接故意、间接故意与过于自信的过失。

但是，直接故意作为防卫过当的主观罪过，在理论存在着难以自圆其说的缺陷：直接故意罪过心理的认识内容要求行为人认识其行为与危害结果的因果联系，认识程度要达到对危害结果发生的肯定性判断，而防卫过当尽管存在符合直接故意罪过心理的认识因素的情况，但却不符合直接故意罪过心理的意志因素的特点。因为直接故意罪过心理的意志因素的特点是：行为人的意志态度是希望危害结果发生，意志努力表现为积极地追求危害结果的发生。如果行为人对自己的防卫行为明显超过必要限度、造成重大损害是认知的，并且积极追求这种危害结果的发生，就很难讲行为人是出于正当的防卫意图而为的行为。因此，在这种情况下，就丧失了防卫意图这一防卫过当的根本前提，与防卫过当行为有了质的界限。[②]故而，我们认为，在1997年《刑法》对防卫过当的规

[①] 实质上，《刑法》第20条第3款针对严重危及人身安全的暴力犯罪的防卫权的规定，正是动态分析防卫行为的适例。它从立法上表明了若仅是防卫行为在客观上造成了明显的重大伤亡后果，并不必然意味着"明显超过必要限度"，"明显"的认定还须考虑防卫过程中的心理状态。因此，《刑法》第20条第3款规定所内含的意蕴在一定程度上，对于客观和主观相统一地诠释"明显"一词的含义提供了有力注脚。
[②] 对于直接故意不能成为防卫过当的主观罪过，已有学者就此问题进行详细论证，可参见陈兴良著《刑法适用总论》（上），法律出版社1999年版，第346～347页。

定经过重大修订后，防卫过当的主观罪过已有所变化，它仅仅能由间接故意与过于自信的过失构成。这与我国刑法学界通行观点的主要差异在于疏忽大意的过失是否可以成为防卫过当的主观罪过。那么，为什么要将疏忽大意的过失排除在《刑法》规定的防卫过当主观罪过之外呢？为了进一步解释此问题，以下我们从期待可能性视角来对防卫过当主观方面进行研究。

期待可能性理论是大陆法系刑法理论中规范责任论的核心内容[①]，这一理论近来已受到我国学者的关注。具体而言，期待可能性是指"从实施行为时的外部情况看，这种意义上的期待可能性是刑事归责的要素之一，缺乏这一要素，就仍然不能谴责行为人"[②]。期待可能性视野中的"外部情况"，是一种具体的非常规的情况，而不是一般的常规的情况。我们认为，当行为人遭遇不法侵害的突然袭击时，就应当属于"具体的非常规的情况"，因而，这就使得我们在分析中国刑法中防卫过当的主观方面时，有可能借鉴西方刑法中的期待可能性理论。[③]

法律赋予公民在紧迫的不法侵害面前行使防卫权的同时，也要求公民履行将自己的防卫行为控制在限度条件之内的义务，但法律不强人所难，行为人在

[①] 在大陆法系刑法中，犯罪成立需要具备构成要件符合性、违法性、有责性三个要件，这三个要件也是其犯罪论体系赖以建构的基石。在有责性即责任论中，对于作为责任内容的要素的性质的认识，主要存在心理责任论与规范责任论的争论。规范责任论的特色在于同法律规范的关系上把握责任。在规范责任看来，为了给予责任非难，仅仅具有故意或过失的心理要素（心理责任论）并不够，还必须是能够期待行为人在具体情况下实施其他适法行为，只有满足这种条件，才能考虑责任非难。因此，在这种意义上，规范责任论正是以期待可能性理论为核心而建构起来的。参见张明楷《外国刑法纲要》，清华大学出版社1999年版，第194～198页。

[②] 冯军著：《刑事责任论》，法律出版社1996年版，第234页。

[③] 当然，在引入期待可能性理论后，对于将其置于犯罪论中什么位置还存在不同认识。"并列说"认为，应把期待可能性理解为与责任能力、故意及过失并列的第三责任要素；"构成要素说"主张把期待可能性理解为故意与过失的构成要素；"责任阻却说"坚持 期待可能性既不是与责任能力、故意及过失并列的第三责任要素，也不是故意过失的构成要素，而应当将不存在期待可能性的情形，理解为一种责任阻却事由。我们认为，期待可能性完全可以在刑事归责中发挥独立的机能，在认定责任的有无与大小时，需要对期待可能性的有无和大小进行判断，在这种意义上，我们倾向于期待可能性与犯罪故意、犯罪过失相并列的责任要素。犯罪故意与犯罪过失是责任的原则要素，即积极的责任要素，而期待可能性是责任的例外要素，即消极的责任要素。在实际处理案件时，需要注意：只要存在以行为人的内心要素为基础的故意、过失，一般就可以说行为人有责任，没有期待可能性的事态只是例外的情况。期待可能性是与行为人的内心态度明显不同的所谓客观的责任要素，把它解释为与故意、过失不同的责任要素，在理论上更为简易易懂。所以，在个案中，需要在确认个人有故意、过失之后，再考虑是否有必要利用期待可能性理论为被告人辩解，以求得实质上的合理性。有无期待可能性，只需要在确定行为人有故意、过失，但是以犯罪处理又明显不合理的案件中加以证明。在刑事诉讼中，首先提出行为人缺乏期待可能性且需加以证明的责任应在辩护方，检察官只在提出反驳意见时才需要提出相应的证据。在一般情况下，具有责任能力的人，基于故意、过失，实施某一行为，通常就存在期待可能性。所以，行为人有无期待可能性，在绝大多数案件中，都不需要特别予以考虑。但在某些特殊情况下，期待可能性的判断仍然是必要的。当然，期待可能性理论的适用范围不能太广，否则可能导致司法无序；在判断有无期待可能性时，需综合多种因素考虑，谨慎从事。当然，我们认为对期待可能性的移植问题仍有进一步研究的必要。

紧迫情况下，没有履行一定的义务，而导致防卫过当的结果的发生，如果是出于可原谅的事由，而让他们负刑事责任可能是有失公允的。众所周知，相对意志自由是刑事责任的哲学根据，也是具体犯罪成立的主观基础。"期待可能性问题实际是对人的意志的相对自由的反映，无非是对客观条件限制人的意志自由的作用的承认。"① 当行为人根本没有相对的意志自由，即无法实施合法行为，没有采取合法行为的期待可能性时，客观上实施了损害社会的行为，刑法并不对这一行为予以责难。因而，"期待可能性的实质在于对行为人的意志自由进行规范性评价，当行为人无法进行意志选择时，意志自由度为零，无期待可能性，因而也不构成犯罪。"② 正如前面已指出，1997年《刑法》中第20条第2款"明显超过必要限度……"中之"明显"一词不包括防卫人由于恐慌、兴奋等因素而使精神受到较大刺激而疏于履行避免自己的防卫行为造成不当结果的情形，这在实质上已内含了期待可能性的理论意蕴。在面对不法侵害的攻击，尤其是较大强度的暴力侵害时，防卫人进行反击，在某种程度上可能是出于一种本能反应，因为突如其来的暴力侵害可能在很大程度上抑制了防卫人的意志自由，防卫人可能表现出一种因恐惧害怕、惊慌失措而出现认识盲点及意识范围狭窄之情形，疏于履行避免不当结果发生的义务，造成了不法侵害人伤亡的结果。法律应对其予以同情，予以宽宥。纵观世界各国刑法典，诸多国家都在规定防卫过当必须负刑事责任的一般原则之外，还规定了防卫人因惊愕、恐慌等心理因素造成防卫不适当的结果，不以防卫过当论处的例外情况。例如1998年11月13日颁布的《德国刑法典》第33条规定："防卫人由于惶惑、害怕、惊吓而防卫过当，不负刑事责任。"③ 1996年修订的《瑞士联邦刑法典》第33条第3款第2项"正当防卫人由于可原谅的惶惑或惊慌失措而防卫过当的，不处罚。"④ 1974年9月29日，日本法制审议会总会决定的《日本改正刑法草案》第14条第3款，在前项情况下（即防卫行为超过限度的情况下），认为行为人的"行为出于恐怖、惊愕、兴奋或者过于惊慌失措，因而，不能非难行为人的，不处罚。"⑤ 以上立法例也清晰表明了在世界范围内防卫人由于精神受刺激，疏

---

① 高铭暄主编《刑法学原理》（第2卷），中国人民大学出版社1993年版，第11页。
② 谢玉童：《紧急避险、期待可能性与意志自由》，载《刑事法判解》（第1卷），法律出版社1999年版，第337页。
③ 参见徐久生、庄敬华译《德国刑法典》，中国法制出版社2000年版，第51页。
④ 参见徐久生译《瑞士联邦刑法典》，中国法制出版社1999年版，第8页。
⑤ 参见张明楷译《日本刑法典》，法律出版社1998年版，第100页。

于履行结果避免义务而导致重大损害后果的,不负刑事责任的趋势。基于以上分析,我们认为,在 1997 年《刑法》修订以前,将疏忽大意的过失作为防卫过当的主观罪过,可能是科学、合理的。而在正当防卫制度已经历较大变迁的情况下,仍将疏忽大意的过失纳入到防卫过当的主观罪过范畴,就不免有些失当。事实上,1997 年《刑法》对正当防卫的修订,放宽了正当防卫的限度,将一部分旧刑法认为是防卫过当的行为,归入现在的正当防卫的范畴,在我们看来,这一部分行为应当包括了疏忽大意过失心理支配下的防卫过当行为。1997年《刑法》在"超过必要限度"前增加"明显",实质上是将无认识过失即疏忽大意的过失排除在防卫过当的主观方面之外。正如有学者指出,因为疏忽大意的过失最本质的特征是对危害结果没有认识,但 1997 年《刑法》关于防卫过当的规定却要求防卫人清楚认识到防卫行为发生危害社会的结果,所以疏忽大意的过失不是防卫过当的罪过形式。①

三、防卫过当主观罪过的具体展开

如前所述,既然疏忽大意的过失不是防卫过当的主观罪过,并且直接故意作为防卫过当的主观罪过,也存在较大缺陷,那么,《刑法》中防卫过当的主观罪过只能是间接故意与过于自信的过失。②

(一)间接故意是防卫过当主观罪过的主要表现形式

在我们看来,防卫过当的罪过形式应当包括间接故意,而且在大多数情况下均应表现为间接故意。防卫人在实施防卫行为的过程中已经清晰地意识到防卫行为明显超过必要限度并会给不法侵害人造成重大损害,但他仍然在这种认

---

① 王政勋、贾宇:《论正当防卫限度条件及防卫过当的主观罪过形式》,载《法律科学》1999 年第 2 期。
② 前面已指出,防卫过当主观罪过的界定在很大程度上决定了防卫过当行为罪名的确立。按照笔者的观点,如果过当防卫人由于间接故意造成不法侵害人重伤、死亡的,则分别定为故意伤害罪、故意杀人罪;如果过当防卫人出于过于自信的过失造成不法侵害人重伤、死亡的,则分别定性为过失重伤罪、过失致人死亡罪。另外,还有必要指出,过当防卫行为还可以针对不法侵害人的工具——财产,也可能出现防卫人针对轻微的不法侵害而实施了损害不法侵害人重大财产利益的情况。如果在这种情况下,防卫人基于间接故意的主观心态,就可以定性为故意毁坏财物罪。因为过失损坏财产的行为不构成犯罪,所以在过当防卫行为针对的对象是财产时,只可能成立故意毁坏财物罪。故而,对于防卫过当的,一般情况下可定性为故意杀人罪、故意伤害罪、过失重伤罪与过失致人死亡罪,在特殊情况下,也可构成故意毁坏财产罪。

识因素的作用下放任其明显过当的防卫行为，主要是由于认识错误所引起的。准确地说，这种认识错误应是法律认识的错误。具体而言，防卫人认识自己的防卫强度已明显超过必要限度，将给不法侵害人造成重大的损害结果，但是却误认为法律上允许这种防卫行为的实施。防卫人不正确地认为，既然对方所实施的是法律上应给予否定评价的不法侵害，自己所实施的是为法律、社会所认可的正当防卫行为，那么防卫行为即使过火点，即明显超过必要限度也无所谓。故而，防卫人心理所呈现的是一种虽然不是明确希望防卫行为明显超过必要限度造成重大损害，但也没有表现出否定结果发生的心态：如果过当结果发生了，则是侵害人罪有应得、自作自受；如果没有发生过当结果，也在防卫人意料之中。这种心态完全符合我国《刑法》中的间接故意的特征。而根据我国刑法理论，间接故意包括认识因素与意志因素，认识因素是指明知自己的行为会发生危害社会的结果，而意志因素则是放任的意志，它是指行为人为了某种利益，而甘愿冒发生某种危害结果的风险的心理态度。[1] 放任意志与追求意志之间的关系可以具体表现为以下三种情形：一是行为人追求某种正当目的，而放任某种危害社会的结果；二是行为人追求某种危害社会的目的，而放任了另一种危害结果；三是行为人追求某种根本性的危害社会目的，而放任了手段行为的危害结果。[2] 我们认为，在大多数情况下，过当防卫人的主观心理恰恰符合上述第一种情形——即防卫人追求制止不法侵害、保护合法权益的正当目的，而放任了明显超过必要限度造成重大损害结果的发生。

另外，刑法规范不仅是一种裁判规范，而且更是一种行为规范。[3] 由此，刑法关于防卫过当的规范，不仅是司法者裁定、判断防卫行为是否过当的依据，而且它向一般老百姓昭示了防卫过当与正当防卫的界限。然而，由于现实条件的限制，刑法规范作为行为规范所针对的基层老百姓不可能如法学家那样熟谙法律，对于防卫过当的内涵与外延以及防卫过当与正当防卫之间的界限没有比较精确的认识，他们只能根据他们朴素的正义观、道德观来理解法律。故而，经常发生防卫人对自己防卫行为在法律上的认识错误，间接故意应是防卫过当的主观罪过的主要表现形式。还需指出的是，《刑法》修订后，间接故意成为防

---

[1] 参见齐文远主编《刑法学》，法律出版社 1999 年版，第 130 页。
[2] 高铭暄主编《刑法学原理》（第 1 卷），中国人民大学出版社 1993 年版，第 53～57 页。
[3] 张明楷著：《刑法学》，法律出版社 1997 年版，第 57 页。

卫过当主观罪过的主要表现形式，并不是对防卫人要求的苛刻，加重防卫人的责任，从而背离立法精神，相反，很多案件由于符合了《刑法》第 20 条第 3 款的规定，而排除了承担刑事责任的可能。

（二）过于自信的过失亦可以是防卫过当的罪过形式

过于自信的过失在刑法理论中被称为有认识的过失，它也能够成为防卫过当的主观罪过形式。有的学者认为，面对突然的不法侵害，行为人不可能将自己的防卫行为划分为哪些是制止不法侵害所必需的有益行为，哪些是不应有的过限行为，行为人也就不可能针对不应有的行为采取措施，以达到轻信危害结果不会发生的认识程度。因此，防卫过当不存在过于自信的罪过形式。[1]我们认为，上述观点值得研究。在过于自信的过失中，从认识因素上讲，行为人虽然预见到其行为导致危害结果发生的可能性，但他更加认识到了防止结果发生的可能性，他对阻止危害结果发生的一些有利因素有足够的认识，虽然这种认识是不可靠的；从意志因素上讲，行为人反对、排斥危害结果的发生，意志努力表现为积极（尽管不及时）采取措施避免危害结果发生，但是最终发生了出乎他意料的结果。在过于自信的过失中"轻信能够避免"主要表现为：其一，行为人过高地估计了可以避免危害结果发生的其自身的和客观的有利因素；其二，行为人过低地估计了自己的行为导致危害结果发生的可能程度。在防卫权的实施过程中，亦可能出现防卫人虽然已经认识到了自己的防卫行为可能明显超过必要限度并造成重大损害，但由于受事实错误的影响，过分相信凭借自己的能力、体力、经验等可以避免过当结果的发生，而最后却出现了重大损害的过当结果。一般讲，在正当防卫"正"对"不正"的力量对比中，"不正"的力量往往要大于"正"的力量，但有时也会出现相反的情形。详言之，行为人对过当结果持过于自信的过失心理，主要发生在防卫力量较侵害力量处于优势的时候。这种优势，可以是在侵害行为着手实行时，也可以是在防卫的过程中。例如一个身材瘦弱的男子欲对一名女子实施强奸，而这位女子恰恰是一位跆拳道高手，两人展开搏斗，女跆拳道高手起初还能将自己的行为控制在防卫限度内，未给侵害人造成重大损害。但相持时久，女高手决定采取强度大的防卫措施，制止

---

[1] 参见周宁《试论防卫过当罪过形式》，载《人民检察》2002 年第 2 期。

不法侵害，结果一脚命中侵害人要害，致其死亡。本例中女高手对自己的防卫行为的过当结果就是持一种过于自信的过失心态，女高手自信自己武艺高强，能将自己行为控制在防卫限度内，避免重大损害结果的发生，结果却致使侵害人死亡。

第七章
正当防卫制度的本体思考

第一节　正当防卫的第三者效果[①]

一般讲，正当防卫是"正对不正"制度，因此，在具体的正当防卫场合下，仅仅存在双方关系，即侵害一方和防卫一方（被侵害方），但在一些特殊的情况下，也会涉及第三人。对此种问题如何定性，是正当防卫还是紧急避险，抑或是其他正当行为，对上述问题的回答，就不能不面对正当防卫的第三者效果问题。

在我国，正当防卫的第三者效果是一个较为陌生的概念，尽管在一些著述中对正当防卫的第三者效果的具体情形有所涉及，但大多比较零散，很难谈得上系统、全面。对正当防卫的第三者效果单独列出进行专题研究，更是难得一见。因此，本书对正当防卫的第三者效果进行尝试性研究，希望能够抛砖引玉，引起学界对此问题的关注和重视。司法实践中，防卫行为涉及第三者的情形，主要包括三种情形，即防卫行为的结果发生在第三者身上、侵害者利用第三者或者第三者的物以及防卫人利用第三者或者第三者的物等情形。

一、防卫行为的结果发生在第三者身上

防卫行为的结果发生在第三者身上是指对未实施不法侵害的第三人实施防卫行为或防卫行为给无辜第三人造成损害的情形。例如，行为人甲在乙用水果刀刺来的时候，为了防卫而用所携带的猎枪向乙射击，但是没有打中，而是打中了乙旁边的丙，使丙身负重伤；或者既打中了乙也打中了丙，使两人都负伤的场合。[②] 上述案件该怎么处理，刑法学界众说纷纭，看法不一。

[①] 本部分内容的形成得益于冯军教授于 2001 年在中国人民大学法学院主讲的"外国刑法学"课程的启示，在此笔者深表谢意。另外，我指导的研究生陈霞也为本部分的撰写搜集了大量资料，在此也表示谢意。文中观点，作者自负其责。
[②] [日] 大谷实著，黎宏译：《刑法讲义》（总论），中国人民大学出版社 2008 年版，第 258 页。

第一,"正当防卫说"。这种观点认为,正当防卫的结果发生在第三者身上仍成立正当防卫。理由如下:(1)丙的结果是甲针对乙的正当防卫行为导致的,甲反击乙的不法侵害时,虽然附带产生给丙的合法权益造成损害的结果,但甲的行为的正当性仍然不丧失,不能因为防卫行为的结果发生在第三人身上,就否认甲的行为仍然在整体上成立正当防卫;(2)正当防卫是一种权利行为,是对社会有用的行为,发生在第三者身上的效果是可以被允许的危险中产生的正当化效果;(3)同一个行为在对攻击者的关系已经是正当行为的场合下,对被损害者也应是正当的。

第二,"紧急避险说"。这种观点认为,正当防卫的结果发生在第三者身上,应作为紧急避险处理。持此观点的学者一般认为,反击者与损害者的关系不应当是"正对不正"的关系,而是"正对正"的关系。赞成此种观点的理由主要有以下几点:(1)甲在遭受危险时,将风险转嫁给第三人丙,这符合紧急避险的特征,应当成立紧急避险;(2)甲根据对乙实施反击行为的同时,又对丙造成了伤害的行为而避免了现在的危险,另外,通过对乙开枪而保护自己的身体安全的防卫意思中,同时也包含有避险的意思在内,因此,主张将甲对丙的行为看作是紧急避险;(3)甲被乙砍过来时,在对乙的关系上是受到了急迫不正的侵害,在对丙的关系上可以说是遭受着现实的危险,所以,甲用枪还击的行为,在对乙的关系上是正当防卫行为,针对丙则可以认为是避险行为,因而,只要没有损害法益的权衡,就认为可以成立紧急避险。①

第三,"假想防卫说"。这种观点认为,正当防卫的结果发生在第三者身上属于假想防卫的情形。理由是:(1)甲有正当防卫的意思,但丙没有对甲实施不法侵害,甲在丙的不法侵害不存在时实施的行为,和假想防卫类似,甲应当视情况成立过失犯罪或者意外事件;(2)在这种场合,急迫不正之侵害实际上存在,行为也是在防卫的相当性范围内的,只是由于错误对其他的客体造成了损害结果,这是假想防卫的一种。其中既有客体的错误,也有方法的错误;行为人主观上可能有过失,也有可能无过失而成为紧急避难的问题。

第四,"责任阻却说"。这种观点认为,在甲受到乙的杀害行为威胁的紧急情况下,不能期待甲不侵害他人的权利,因此,即使甲的行为具有违法性,也

---

① 参见[日]大塚仁著,冯军译:《刑法概说》(总论),中国人民大学出版社2003年版,第330页。

可以认为其缺乏期待可能性而阻却责任的成立。

第五,"区分说"。这种观点认为,对于防卫结果发生在第三者身上的情形,应当分别处理:防卫第三者而符合紧急避险的条件的,应以紧急避险论,不负刑事责任;防卫第三者而出于侵害之故意的,应以故意犯罪论;防卫第三者而出于对事实的认识错误,但主观上具有过失的,应以过失犯罪论;防卫第三者而出于对事实的认识错误,但主观上既无故意也无过失的,应以意外事件论。

那么,究竟上述哪种观点更为合理可取呢?"正当防卫说"尽管维护了防卫人甲的利益,但也不适当地漠视了丙的正当权益。甲的反击行为,对于乙,可以认定为正当防卫,但丙并没有实施任何不正当的侵害,因此,认为对于丙也成立正当防卫不妥[①];如果认为连对非侵害者的第三者都能进行正当防卫,就过于扩张了正当防卫的概念[②],因为正当防卫是针对紧急不法的侵害人而进行的反击行为,其反击的对象只能是不法侵害人自己,而不能是无辜的第三者。在上述案例中,尽管防卫人甲出于防卫的意图实施了反击行为,但是反击行为所造成的损害结果却发生在了与不法侵害人乙完全无关的第三者丙身上,显然不符合正当防卫的基本概念。[③]

"紧急避险说"也有不尽合理之处。首先,避险意识是紧急避险的成立条件之一,甲仅仅是碰巧损害了第三者丙的利益,并没有通过损害丙的利益来避免现实危险的意图和认识,所以不能以紧急避险论;其次,为了成立紧急避险,需要甲通过损害丙的法益能够避免其现在的危险,但是,在具体的场合,很难承认存在这种关系;再次,就防卫人甲而言,保护自己的生命利益,并不一定要通过对无辜的第三者丙的利益造成损害的方式,其直接对加害人乙造成损害就可以了,因此,损害丙的利益并不是保全甲自己的利益的最佳途径,不符合紧急避险"不得已"的限制条件。[④]

"假想防卫说"也存在问题,因为虽然甲有正当防卫的意思,但是此意思完全不是针对丙的;如果将这种情况认定为假想防卫,与理论上一般理解的假想防卫的概念并不吻合,是对假想防卫概念的不当扩张,容易招致混乱。

"责任阻却说"的适用性也遭到质疑,因为期待可能性毕竟是超法规的责任阻却事由,误用或者滥用期待可能性会损害法治秩序,因此这种观点也有待

---

①② [日]大谷实著,黎宏译:《刑法讲义》(总论),中国人民大学出版社 2008 年版,第 258、329 页。
③④ 参见黎宏:《论正当防卫与紧急避险的界限》,载《人民检察》2006 年第 6 期。

商榷。①

相比较之下，我们认为，"区分说"更全面、合理，这也是我国刑法学界的通说。因此，笔者支持区分说，认为对防卫行为给第三者造成损害的情形，不可一概而论，应该根据防卫人不同的主观心态分别处理：（1）如果防卫第三者符合紧急避险条件的，应以紧急避险论，不负刑事责任。例如，歹徒甲追杀乙，乙迫不得已拿刀架在甲的幼子丙的脖子上，请求甲放过自己，这就属于紧急避险。紧急避险没有超过必要限度，造成不应有的损害的，不负刑事责任。（2）如果不是出于防卫或者避险的意图，而是故意加害第三者，当然不成立正当防卫或者紧急避险，而应以相应的故意犯罪论处。例如，甲将乙砍伤，乙反击甲后甲逃跑，乙追赶不上，于是又袭击被甲撇下的其子丙，将其打成重伤。由于甲主观上有伤害丙的故意，客观上实施了伤害丙的行为，应以故意伤害罪论处。（3）如果防卫人不是有意给第三者造成损害，而是由于认识上的错误或者行为失误，误击第三者并对其造成损害，也不属于正当防卫或者紧急避险，而是刑法中的错误问题，要按处理有关事实错误的原则来处理。如果防卫人主观上具有过失的，应以过失犯罪论，当然，要以法律有处罚过失犯的规定为限；如果防卫人主观上既无故意又无过失的，应以意外事件论，防卫人不负刑事责任。

二、侵害者利用第三者或者第三者的物

这种情形主要是指不法侵害者利用第三者的物品或人身，作为实施侵害行为的手段或工具，防卫者实行防卫反击时对其造成损害的情形。例如，不法侵害人乙利用第三人丙所有的财物攻击甲，甲为了防卫而用铁棒反击，丙的财物被损坏。甲的反击行为是不是正当防卫呢？② 对上述问题，学界也存在不同的观点。

（1）"正当防卫说"。该说认为反击者甲的行为成立正当防卫。因为，第三者丙的物已经成为乙的不法侵害的一部分，所以只要是对该种行为实施的防卫

---

① 参见周光权著《刑法总论》，中国人民大学出版社 2007 年版，第 212 页。
② ［日］大谷实著，黎宏译：《刑法讲义》（总论），中国人民大学出版社 2008 年版，第 259 页。

行为，就应当作为正当防卫的问题来解决。① 而且，乙用丙的财物攻击甲的行为是不正当的侵害本身，对甲来说，一般没有余暇去考虑财物是否是乙以外的其他人的所有物，因此，认为甲的反击行为是针对不正当的侵害进行的正当防卫，是妥当的。

（2）"紧急避险说"。该说认为，反击者甲的行为应当视为紧急避险。根据正当防卫的定义，防卫行为是针对不法侵害的反击行为，那么其对象就应当限定为侵害者的法益。第三者并没有实施不法侵害行为，所以其法益也是正当的，防卫人与第三者的关系是"正对正"的关系，因而只能成立紧急避险。

（3）"两分说"。这种观点认为，对于防卫人的反击行为应当区分具体情形认定为正当防卫或者紧急避险。属于正当防卫行为的有机组成部分的，自然是要视为正当防卫；属于避险所必要的，应认为是紧急避险。例如，A 想杀害 B，B 骑自行车逃走，A 用停在路边的 C 的摩托车追赶。D 为了防止 B 被 A 追并遭杀害，而将 A 所骑 C 的摩托车砸毁。表面上看，D 所毁坏的是与不法侵害无关的第三者的财物，似乎是紧急避险。但是，由于 C 的摩托车被 A 用作犯罪的手段或工具，就与不法侵害有了紧密联系，D 损害 C 的摩托车，实质上是通过毁坏 A 的犯罪工具，来达到制止其不法侵害的效果，应该认为是正当防卫的一个有机组成部分，不能把它割裂开来单独而论。再说，A 利用别人的物品从事犯罪活动，被 D 的正当防卫行为所毁坏，D 当然不承担赔偿责任，理所应当由不法侵害者甲承担赔偿责任，最终受损害的还是 A，而不是第三者 C。反过来讲，如果对第三者造成损害，并不能达到制止不法侵害的效果，而是在迫不得已的情况下，为了制止不法侵害而使第三者连带受损。如某甲挟持小孩乙作"挡箭牌"，开枪滥杀无辜，丙为了避免多人被杀害，在不得已的情况下，采用了使甲、乙身体均受伤害的方法，制止了甲的不法侵害。这是一个反击行为，对不法侵害者而言是正当防卫，就第三者而论是紧急避险，即正当防卫与紧急避险相竞合的情形。在这样的场合，之所以要把对第三者的损害视为紧急避险，是因为对第三者造成损害并不能达到制止不法侵害的效果，只不过是为了避免不法侵害带来的危险所采取的紧急避险措施。②

上述各种观点中，"正当防卫说"在德日刑法学界受到较多学者的支持，但

---

① ［日］大谷实著，黎宏译：《刑法讲义》（总论），中国人民大学出版社 2008 年版，第 259 页。
② 刘明祥：《关于正当防卫与紧急避险相区别的几个特殊问题》载《法学评论》1998 年第 1 期。

是仍然有人提出反对意见，他们认为：即使第三者之物成为侵害行为的一部分，其过错也在于不法侵害人，不能认为第三者之物因此丧失了得到法律保护的权利。因此，如果认为这种类型是正当防卫的话，对第三者的法益侵害就会因为是正当防卫而得不到补偿。①

而"紧急避险说"仅从表面上看问题，值得商榷。在上述案例中，尽管财物是丙的所有物，但在防卫行为的当时，已经不在丙的控制之下，而是成为乙的加害行为的组成部分。这时候，甲是作为对乙的加害行为的反击而损坏财物的，并不是针对丙本人进行反击，完全符合正当防卫的成立要件。在这种场合下，如果说财物是和加害行为无关的第三者丙的所有物，对没有参与侵害行为的人不能正当防卫，只能紧急避险，显然不利于对防卫人进行权利保护。②

"两分说"也不够严密。因为即使按照其思路，对不法侵害人而言，防卫者成立正当防卫；对第三人而言，防卫者成立紧急避险。由于正当防卫对于法益衡量的要求不如紧急避险严格，所以在正当防卫和紧急避险竞合时，将防卫人的行为解释为正当防卫可能更为合理。

笔者认为，比较而言，"正当防卫说"更为妥当。尽管第三者之物的所有权不属于侵害人，但是在防卫行为的当时，此物已为不法侵害人所用，成为不法侵害的一部分，不能将其割裂开来单独而论，否则就会犯重形式轻实质的错误。况且，防卫行为都是在紧迫侵害的情况下实施的，防卫人根本无暇先辨别侵害所用之物是他人所有还是第三人所有，然后再决定是采取正当防卫还是紧急避险的措施。如果以侵害人所用之物的所有权归属来对反击行为进行不同的定性，对防卫人来说显然是强人所难的。而对于有学者提出的"如果认为这种类型是正当防卫的话，对第三者的法益侵害就会因为是正当防卫而得不到补偿"的问题，我们认为，上述问题也是可以合理解决的。第三者的利益并非得不到补偿，第三者之物是因为被实施侵害之人用作犯罪工具而遭到破坏，自然应由侵害者赔偿第三者的损失，运用民事赔偿的有关原理来处理即可。从最终损害结果的承担者角度看，反击行为所造成结果的民事侵权赔偿义务，应该由驱使人承担，而不是反击人负担。我国的《民法通则》和《侵权责任法》都规定，因正当防卫造成损害的，不承担民事责任；《民法通则》第 129 条规定：因紧急避险造成

---

① 陈家林：《防卫行为与第三者法益侵害》，载《甘肃政法学院学报》2008 年第 3 期。
② 参见黎宏《论正当防卫与紧急避险的界限》，载《人民检察》2006 年第 6 期。

损害的，由引起险情发生的人承担民事责任。而反击行为所造成民事侵权赔偿结果由驱使人承担，这就完全排除了紧急避险成立的可能性。因此，无论是从刑事责任还是民事责任角度来看，反击行为人的行为都是阻却责任的，应是正当防卫行为。

与此类似，在加害人突然将第三者推出去撞击被害人，被害人为了保护自己，对向自己撞来的第三者造成伤害结果的时候，也应当将其作为正当防卫处理。在这种场合下，第三者作为一种犯罪工具成为对被害人进行攻击的手段的一部分，因此，应当允许被害人对该手段行为进行反击，而不能说是和加害人无关的第三者，一味地要求受害人进行躲避。①

三、防卫人利用第三者或者第三者的物

这种情形是指防卫人利用第三者的物品或者身体来反击不法侵害，结果造成被利用的第三者的物品或者身体损害的结果。例如：不法侵害人乙用铁棒对甲进行不法侵害，甲为了防卫而使用第三者丙的物品予以反击，丙的财物被毁损。甲利用第三者丙的所有物进行反击的行为，如何定性？对此问题，学界也存在分歧。

第一，"紧急避险说"　这种观点认为，防卫人利用第三者或者第三者的物对不法侵害者实施反击行为，应成立紧急避险。就上述案例来说，甲的反击行为是正当防卫，但其行为的手段正好使丙的利益受到了侵害，所以甲和丙的关系是"正对正"的关系，可以说，甲在对丙的关系上，是用丙的物品避免了正在发生的危险。第三者丙既与危险无关，自己又未实施任何违法行为，所以符合紧急避险的条件。②

第二，"区分说"　这种观点认为，在防卫人利用第三者或者第三者的物对不法侵害进行反击的场合，应区分不同的情形分别进行定性：(1) 在防卫人认识到防卫所用之物是第三者所有的情况下，可以认为存在避险意思而成立紧急避险。(2) 在防卫人没有认识到防卫所用之物是第三者所有的情况下，防卫人

---

① 参见黎宏《论正当防卫与紧急避险的界限》，载《人民检察》2006年第6期。
② [日] 大谷实著，黎宏译：《刑法讲义》（总论），中国人民大学出版社2008年版，第259页。

没有对第三者法益的侵害意思，也就没有避险意思。相反，防卫人的行为是针对不法侵害者所实施的反击行为，具有防卫意思，只要符合正当防卫的其他条件，就应当认定为是正当防卫。[①]

上述两种观点，我们认为，"区分说"有明显的缺陷。尽管情势紧急，但一般人都很清楚自己有哪些物品，所以都能在第一时间反应欲用之物为他人所有还是自己所有，因此，区分说划分出来的第二种情形，即防卫人没有认识到防卫所用之物是第三者所有的情况，似乎没有存在可能。

笔者认为，"紧急避险说"是合理的。防卫人利用第三者之物的场合和侵害人利用第三者之物的场合不同，防卫人一般能够认识到所用之物为自己所有还是他人所有，他是想借用他人之物来避免由侵害人造成的正在发生的危险，防卫人与第三人之间是"正对正"的关系，符合紧急避险的条件。只要没有超过必要限度，造成不应有的损害的，都不应当不负刑事责任。至于第三者遭受的损失，因为防卫者的行为合法，赔偿义务应由险情引起人即不法侵害人来承担。与此类似，在防卫人为了逃避侵害人的侵害行为，不得已将无关的第三者推到自己面前，抵挡侵害人的攻击，从而使自己得以脱身的场合，由于也产生了避险效果，也应以紧急避险论。但是应注意，由于涉及人身权益的法益衡量问题，在成立条件上应从严解释，不能超过必要限度造成不应有的损害；另外，也必须符合紧急避险"唯一性"的条件。

实际上，侵害者利用第三者的物或者防卫人利用第三者的物所产生的问题，涉及对物防卫（sachwehr）理论问题。我国刑法中没有真正意义上的对物防卫的概念，对物防卫概念主要是源自大陆法国家。对物防卫概念中尽管有"防卫"要素，我们无法否认其与正当防卫的相似，但更多的是，对物防卫具有不同于正当防卫的独特性质。依据德国的法律规定，为了避免由该物引起的迫切危险，允许对他人的财物加以毁损、破坏（可以类推包含无主物），但以此等毁损或破坏是避免危险所必要的，且与被避免的危险相比，在价值上应以均衡为限。[②]"对动物的独立'攻击'（由于人的追猎所引发），根据现行法律不能进行正当防卫，而是可实施紧急避险。"一般讲，"物"分为动物与非动物，非动物

[①] 参见陈家林《防卫行为与第三者法益侵害》，载《甘肃政法学院学报》2008年第3期。
[②] 参见［德］汉斯·海因里希·耶赛克、托马斯·魏根特著，徐久生译《德国刑法教科书》，中国法制出版社2001年版，第427页。

当然不能自发地侵害他人，但它却可以在人的意志支配下，被用来作为违法犯罪工具，而被实施防卫的情形之定性认识较为一致——即一般都认为这种情况对物的防卫，其实质是对物背后的人的防卫，造成物损坏的，应认为是正当防卫。

第二节 人民警察的正当防卫权问题
——兼谈袭警罪的设置问题

一、正当防卫的规定是否适用于人民警察[①]

在对1979年《刑法》修订过程中，人民警察是否可以实施正当防卫的问题也引起了人们的普遍关注。在1996年12月提交第八届全国人大常委会第二十三次会议审议的《中华人民共和国刑法（修订草案）》第21条，曾对人民警察的防卫权作了规定，其中第1款规定："人民警察在依法执行盘问、拘留、逮捕、追捕罪犯或者制止违法犯罪职务的时候，依法使用警械和武器，造成人员伤亡后果的，不负刑事责任。"第2款规定："人民警察受到暴力侵害而采取制止暴力侵害的行为，造成不法侵害人伤亡后果的，不负刑事责任。"[②] 对此，学者们多持反对态度，其主要理由有二：第一，对于警察在执行职务时，依法使用警械和武器的防卫权，在其他有关的法律、法规中已作了明确规定，无须在刑法中再予规定；第二，如果立法上允许警察对被侦查、被拘留的人运用警械、武器致伤、致死，可能造成警察的权力滥用，不利于保障公民的基本人权与合法权益。[③] 参考学者们的意见，立法机关考虑到人民警察依法执行职务中防卫权的规定所存在的问题不好解决，加之有关法规和条例对人民警察在执行

[①] 值得注意的是，有学者认为，国家公权力的介入制止不法侵害在刑法理论上应视为"基于法令的职务行为依法必须而为，不为即属渎职"；只有私权力对不法侵害的制止，才有必要解释为正当防卫。在法律上判断损害人的行为是否正当，公民的私力救济和警察代表国家的公力制止的行为标准大为不同。前者比后者的适用条件要宽松得多，前者是鼓励而为但可以不为，但后者是不得已而为且必须为，两者不应相提并论。参见冯亚东《犯罪构成与诸特殊形态之关系辨析》，载《法学研究》2009年第5期。

[②] 参见高铭暄、赵秉志主编《新中国刑法立法资料总览》，中国人民公安大学出版社1998年版，第1293页。

[③] 参见王作富、阮方民《关于新刑法中特别防卫权规定的研究》，载《中国法学》1998年第5期。

职务中，在什么情况下依法使用警械、武器不承担责任，违法使用警械要承担责任，都已有规定，1997年《刑法》最终没有保留《刑法修订草案》中人民警察在依法执行职务时正当防卫权的立法内容。[①] 在我们看来，我国刑法关于对正在进行的不法侵害、甚至严重危及人身安全的暴力犯罪的正当防卫的有关规定，适用于全体公民，当然也应包括人民警察在内。但是，在不同的场合，人民警察制止不法侵害行为的性质可能会有所不同，这种性质的不同会导致对行为的要求或限制条件的差异。详言之，在人民警察在履行职责的情况下，对不法侵害加以制止的行为是正当职务行为；而当人民警察不是在履行职责的情况下，如在休假中、在探亲访友途中遭不法侵害而进行反击的行为，应同一般公民一样，视为正当防卫，适用《刑法》第20条的规定。人民警察的上述正当职务行为与正当防卫行为对于反击的限制是大相径庭的。相比较而言，法律对人民警察制止违法犯罪的执行职务的行为有比实行正当防卫更加严格、更加具体的限制。以人民警察依法执法职务时使用武器制止不法侵害为例，《中华人民共和国人民警察使用警械和武器条例》不仅在具体的条文中对在什么情况下才能使用武器作了严格的规定，而且还专门规定了人民警察使用武器的禁则。[②] 另外，人民警察制止违法犯罪活动的职责行为是必须履行的，否则可能要受到法律追究。再有，警察职务行为所针对的不要求是正在进行的不法侵害，也可以是不法侵害尚未开始处于预备阶段或已经结束的场合。最重要的是，人民警察职务行为的法律效果原则上由国家来承担，如人民警察执行职务制止违法犯罪活动造成无辜人员伤亡或财产毁损的，应由国家依法承担赔偿或补偿责任。

应当看到，若法律赋予人民警察在执行职务行为时，使用警械和武器造成人员伤亡而不负刑事责任的权利，可能会造成人民警察与群众的对立和矛盾，而且考虑到目前我国有些警察的素质现状，利用职权侵犯公民权利的情况时有发生，故而不应在立法上肯定警察上述权利的存在。正如有学者指出："因为新《刑法》规定了无过当防卫（第20条第3款），而对职权（职务）行为造成损害应是严格限制的。例如，当人民警察遇到严重危及他人人身安全的暴力犯罪

[①] 参见赵秉志、肖中华《正当防卫立法的进展与缺憾》，载《刑法问题与争鸣》（第二辑），中国方正出版社2000年版，第365页。

[②] 参见陆中俊《试论正当防卫与人民警察执行职务行为的区别》，载丁慕英等主编《刑法实施中的重点难点问题研究》，法律出版社1998年版，第443页。

时，应尽量去制服罪犯，从而对罪犯绳之以法，而不应以开枪击毙罪犯了事。"[1] 另据 1983 年 9 月 14 日最高人民法院、最高人民检察院、公安部、国家安全部和司法部联合制发的《关于人民警察执行职务中实行正当防卫的具体规定》，警察执行职务制止违法犯罪的行为是被视为正当防卫来看待的。但是，从实施以来的情况看，上述规定对人民警察的制约过严，难以适应人民警察的执法实践，尤其是不能及时有效地制止严重暴力犯罪，不利于保护广大公民和人民警察的合法权利；同时，由于对人民警察执行职务行为的性质、条件、限度及法律责任的规定不够明确具体，在司法实践中，公检法往往在认识上发生分歧，甚至有的警察依法正确履行职责的行为，也被认定为防卫过当，受到不应有的指责和追究。[2] 可见，在实践中，在人民警察依法执行职务制止不法侵害问题上就存在一个悖论：一方面不可对这种权利放之过宽，否则会有滥用职权之嫌，另一方面又不可统得过死，否则会不利于人民警察权力的行使，不利于人民警察合法权益的保护。为了解决这一问题，我们认为，需要对人民警察依法执行职务的行为在刑法典中做出单独规定，明确这种行为属正当职务行为，并对正当职务行为的对象、强度及法律后果均明文规定。这里特别值得研究的是行为限度问题。根据《关于人民警察执行职务中实行正当防卫的具体规定》，人民警察可以使用武器制止不法侵害但不得超过必要限度，至于对"必要限度"文件未作具体规定。对这一问题，立法上尚未明确，且也未引起学界的重视。作为参考，《美国刑法》规定，警察对罪犯实行合法逮捕时遇到反抗，使他有理由相信被逮捕者即将对他进行人身伤害，并合理地相信对被逮捕者使用适当暴力是制止其反抗的唯一方法，则为法律所允许。[3] 而如果被捕者不是暴力反抗而是企图逃跑，警察不处于人身受伤害的危险之中，逃跑行为反抗的只是警察的意志，警察能否逮捕人犯而使用包括致命暴力在内的武力？笔者认为，警察可以对逃跑的重犯可以使用致命暴力，对轻犯则不可以。当然，对于人民警察依法执行职务行为等正当职务如何科学、合理地作出规定，恐怕是需要理论界认真研究的重要课题，也是我国刑法典今后进一步完善应予考虑的问题。

---

[1] 张明楷著：《刑法学》（教学参考书），法律出版社 1999 年版，第 180 页。
[2] 参见陆中俊《试论正当防卫与人民警察执行职务行为的区别》，载丁慕英等主编《刑法实施中的重点难点问题研究》，法律出版社 1998 年版，第 444～445 页。
[3] 参见储槐植著《美国刑法》（第二版），北京大学出版社 1996 年版，第 124 页。

二、"袭警罪"设立的合理性思考

与人民警察依法执行职务行为问题息息相关的一个问题就是暴力袭警问题。关于是否设立"袭警罪"的争论在社会上也引起了强烈的反响。据悉，早在 2003 年初，就有 35 位全国人大代表提交了在《刑法》中增加"袭警罪"的议案。2005 年 8 月 28 日，全国人大常委会会议审议通过了《治安管理处罚法》，而在审议这部法律草案时有常委会委员建议，在法律明确了警察义务的同时，有必要设立"袭警罪"。北京大学法学院教授王世洲指出，刑法应当对警察提供特殊保护的思想，是世界各国刑法学说和司法实践所赞同的。目前我国增设"袭警罪"可以通过 4 种途径：一是由全国人大常委会通过刑法修正案，增设"袭警罪"；二是由全国人大常委会就妨碍公务罪做出立法解释，将袭警行为明确规定为从重处罚的情节；三是由公安部提出修改《人民警察法》的建议，在其中增设"袭警罪"；四是提请最高人民法院或者最高人民检察院专门就袭警问题做出司法解释，规定袭击警察是应当受到严厉惩罚的情节。

第九、十届全国人大代表，黑龙江省哈尔滨市人民检察院反贪局局长孙桂华认为，社会上普遍过于强调警察的义务、责任和无私奉献精神，忽视了对警察执法权威的保护，这给执法的社会大环境带来负面影响。首先，公安机关在处理群体性治安事件时，极有可能成为群众不满情绪的宣泄对象；其次，社会对民警的宽容度不够，一旦发生群体性事件或治安案件，直接肇事人的行为往往容易被理解和接受，而民警对这些事件或案件依法采取的措施和手段却往往得不到理解和配合，甚至导致冲突；三是相关立法工作滞后，弱化了对袭警行为的打击力度。现行《刑法》单纯以"妨碍公务罪"或"故意伤害罪""故意杀人罪"对袭警行为进行处理，显然缺乏足够的法律威慑力。

在我们看来，与整个社会现状相比，袭警行为比袭民行为要少得多。减少袭警行为要从消除社会不和谐因素和提高警察为人民服务的意识入手，而不能靠给警察更多特权这种办法来解决。而在我国现行《刑法》中将袭警行为增设为独立的罪名，不仅有失科学，而且会带来一系列的弊端。第一，所谓袭警，无外乎以威胁、谩骂、殴打及围攻等方式阻碍警察执行公务，其本质与妨害公务行为并无二致。如果把袭警行为设立为一个独立的罪名，怎么解决它与其他形式的妨害公务罪之间的关系？第二，成文法的特点在于，其规定只针对具有普遍性的行为，而不关注个别现象。袭警行为只是妨害公务的一种特殊表现形式，若仅仅因为袭警现象日渐增多就设立"袭警罪"，那么随着社会的变迁，袭击人大代表、法官、税务人员等现象同样有可能增多，是不是也应当增设"袭击人大代表罪""袭击法官罪""袭击税务人员罪"？这样发展下去，势必导致罪名设置的叠床架屋，破坏罪刑关系的均衡性与协调性，最终则有违法律的公正与正义，有损法律的神圣与尊严。当然，不主张设立"袭警罪"，不意味着对于袭击警察的行为可以放任不管。我们建议，可由全国人大常委会颁布单行刑法规定，将现行《刑法》中的妨害公务罪的量刑幅度修改增加为三档，即分别针对情节一般、情节严重、情节特别严重的妨害公务罪，规定与其社会危害程度相当的法定刑，以解决现有妨害公务罪法定刑过轻的问题。

第三节　正当防卫与紧急避险界限研究

一、共性的解说

正当防卫与紧急避险作为《刑法》中明文规定的正当行为，都是国家赋予公民在紧急条件下实施的行为，两者具有一定的共性，具体来讲，主要表现在以下一些方面。

首先，正当防卫与紧急避险都是《刑法》所明确规定的正当化行为，尽管行为表面上对他人的利益造成了一定的损害，但却是对统治秩序有益的行为，所以行为人无须为此承担刑事责任。正是在这种意义上，有的论著也将正当防卫和紧急避险统称为排除犯罪性的行为。[①] "从功利的角度看，排除社会危害性行为就是对社会有利的行为，具有趋利避害的意义。'趋利'是指该行为从总体上或从根本上看是对社会有利的，'避害'或者表现为完全排除某种危害，或者表现为减少其危害的程度，或者以产生一种较小的危害为代价，而避免另一种

---

① 参见马克昌主编《犯罪通论》（修订版），武汉大学出版社1999年版，第709～710页。

较大的危害结果发生。如果行为不具有趋利避害的性质,就不可能成立排除社会危害性行为。"①

其次,正当防卫与紧急避险都是刑法规定的紧急行为。西方有句著名的法律格言"紧急时无法律",该格言的基本含义是,在紧急状态下,可以实施法律在通常情况下所禁止的某种行为,以避免紧急状态所带来的危险。②显然,正当防卫与紧急避险都为"紧急时无法律"提供了有力的注脚。进而言之,两者都是在紧急状态下产生的权利,有学者将其定义为紧急权。③紧急权的产生是因为在紧急情况下,依靠国家的力量来保护某种合法权益已经不可能,因而赋予个人以紧急权,允许个人通过损害一定的利益,来避免合法权益受到损害。可见,正当防卫与紧急避险,都是在自己或者他人之合法权益处于危险而无法期待获得国家机关适时救济之状况下,为保全该合法行为所为之"紧急行为",此点为两者共通之处。④

再次,正当防卫与紧急避险都规定了相同的权利行使的前提条件,即"正在进行的不法侵害"与"正在发生的危险"。在概念上不法侵害与危险尽管有所不同,但均强调"正在"进行与发生,显示同一性。⑤详言之,作为正当防卫成立之前提条件"正在进行的不法侵害"与紧急避险之前提条件"正在发生的危险"实际上表明的都是"紧急"的含义。而所谓"紧急",指若不采取救济方法将失去生活利益从而陷于危险状态,若合法权益处于这种危险状态,则称为"法的紧急"。"紧急"与危险具有不可分之关系,既然危险可能导致"未来"利益之损失,则紧急势必本质地与未来相结合。而紧急与未来当中介入时间要素的紧迫,自然有其必要。紧迫之危险,意味着救助时机已经处于迫切之状态。因此,无论是"正在进行的不法侵害",还是"正在发生的危险",皆表示作为紧急行为性质之要件,实质上是相同之内涵。⑥

最后,正当防卫与紧急避险在成立上规定了一些相同的条件。正当防卫与紧急避险在主观上都具有正当的内容,即行为人主观上必须具有善意的内

---

① 王作富主编《刑法》(第二版),中国人民大学出版社 2004 年版,第 104 页。
② 参见张明楷著《刑法格言的展开》,法律出版社 2003 年第 2 版,第 231 页。
③ 参见[日]团藤重光著《法学的基础》,有斐阁 1996 年版,第 239~240 页。
④ 参见陈子平著《刑法总论》(2008 年增修版),中国人民大学出版社 2009 年版,第 190 页。
⑤ 参见彭卫东著《正当防卫论》,武汉大学出版社 2001 年版,第 138 页。
⑥ 参见陈子平著《刑法总论》(2008 年增修版),中国人民大学出版社 2009 年版,第 190~191 页。

容——意识到行为虽然造成某种损害,却可能阻止更大的损害。这突出表现在:一般讲,正当防卫的成立需要行为人在主观上具有防卫认识,而紧急避险的成立需要行为人在主观上具有避险认识,即行为人必须认识到其行为的正当的性质。当然,防卫意思和避险意思对于正当防卫与紧急避险同样不可缺少。"正当防卫以行为人有防卫意思为要件,紧急避险以避险者有避险意思为要件。如果不具有这样的意思,即使客观上达到了防卫或避险的效果,也不能成立正当防卫或紧急避险"。① 总之,无论是正当防卫还是紧急避险,行为人主观上都必须具有正当的目的,行为人的主观目的必须与刑法目的相一致,要么是为了打击犯罪要么是为了保护人民合法权益。② 此为其一。其二,正当防卫与紧急避险在客观上都对他人的权益造成了一定的损害。依据我国《刑法》规定,正当防卫和紧急避险只有对不法侵害人造成损害或者造成第三者损害的,才可能成立正当化行为。从实践来看,如果没有对权益造成一定的损害,是不可能纳入法律的评价范畴的,而进入刑法评价视野的排除社会危害性行为,其本身均需以给社会某种利益造成一定的损害为代价或前提,否则就不成其为排除社会危害性行为。故"法律不理会琐细之事",《刑法》不关注没有代价或者说没有造成损害的排除社会危害性行为。③ 因此,"如果防卫行为或避险行为未对他人造成实际损害,则正当防卫或紧急避险无存在的余地"。④ 其三,《刑法》对于正当防卫和紧急避险都规定了必要的限度。因为正当防卫和紧急避险作为国家赋予公民实施的紧急权,它们的实施必须被较为严格的限定,否则就可能被滥用。防卫行为必须在防卫限度的幅度内才能是正当的,否则防卫行为明显超过必要限度造成重大损害的,构成防卫过当,而紧急避险由于造成了无辜的第三者的权益损失,其行使更是应当恪守一定的限度,如果避险行为超过必要限度的构成避险过当。并且,《刑法》对于超过法定限度的防卫过当以及避险过当规定了相同的法律后果,即应当减轻处罚或者免除处罚。

---

① 参见刘明祥著《紧急避险研究》,中国政法大学出版社 1998 年版,第 118~119 页。
② 参见王安异著《刑法中的行为无价值和结果无价值研究》,中国人民公安大学出版社 2005 年版,第 225 页。
③ 参见王作富主编《刑法》(第二版),中国人民大学出版社 2004 年版,第 104 页。
④ 见刘明祥著《紧急避险研究》,中国政法大学出版社 1998 年版,第 119 页。

二、差异的展开

(一) 国外刑法中正当防卫和紧急避险的差异

国外刑法学理论一般认为，正当防卫与紧急避险由于本质属性的差异，决定了两者在许多方面的不同，由于大陆法系国家与英美法系国家有着较大的区别，下面分而述之。

1. 大陆法系国家

在大陆法系国家，正当防卫与紧急避险，作为所谓紧急行为，两者有些类似，但两者也有明显不同。在日本，由于对于紧急避险的性质主要存在着"违法阻却说"与"责任阻却说"的分歧，因而在正当防卫与紧急避险的最根本属性方面，两者观点存在着本质的差距。依据"紧急避险违法阻却说"，紧急避险被作为合法看待，得出的结论与正当防卫并无区别，均为合法。而与此相反，从"紧急避险责任阻却说"的观点出发，紧急避险被视为违法，这时，正当防卫与紧急避险才存在区别的可能。日本著名学者大塚仁认为，正当防卫与紧急避险的区别主要在于：第一，当防卫行为是针对不正的侵害，为了防卫权利，而指向侵害者的反击，其中存在所谓"正"对"不正"（Recht gegen Unrecht）的关系；但是，紧急避险行为的实施，在很多场合，牺牲的是与危险的原因没有关系的第三者，应当说存在的是所谓"正"对"正"（Recht gegen Recht）的关系。[1] 由于基本性质的不同，可以比较宽缓的承认正当防卫的成立范围；而对紧急避险，则很强地要求符合补充原则和法益权衡原则。[2] 而在德国，占主流地位的学说将紧急避险区分为作为"合法化事由的紧急避险"以及作为"减免罪责事由的紧急避险"。前者表明了，特定之紧急避险行为，尤其是当保全之法益大于破坏之法益时，被视为实行正当的、被法律认可的目的之适用手段；而后者关于作为减免罪责事由的紧急避险的立法用意在于：在法条规定之紧急避险情况下，不能苛求行为人与其他任何一个公民一样，以合法行为替代实际上已实施的违法行为。这样，在德国刑法中，作为减免罪责事由

---

[1] 参见 [日] 大塚仁著，冯军译《刑法概说》（总论），中国人民大学出版社 2003 年版，第 346 页。
[2] 所谓补充原则，是指避险行为是保护法益的唯一方法，除了避险行为以外，没有其他方法可以采用的场合才被允许的原则，就是补充原则（大谷实著《刑法总论》，黎宏译，法律出版社 2003 年版，第 227 页）。而所谓法益权衡原则，是指行为所引起的法益损害不能超过企图避免的法益损害程度。这样，在法益的账簿上，至少可以做到"收支平衡"。参见陈立主编《外国刑法专论》，厦门大学出版社 2004 年版，第 297~298 页。

的紧急避险和正当防卫之间的区别,与日本刑法中阻却责任的紧急避险和正当防卫的区别应当是大致相同的。

2. 英美法系国家

正当防卫和紧急避险在英美法系国家往往是一般辩护事由(或者成为合法辩护事由)中的重要的"正当理由"(justification),两者具有某些相似性。具体来看,正当防卫和紧急避险是正当理由,而不是可得宽恕理由,大致相当于大陆法系国家的违法阻却事由,而可得宽恕理由则大约相当于责任阻却事由。英美法系国家认为,正当防卫和紧急避险在社会价值上是正当的,因为正当理由行为实际上无害于社会,甚至有利于社会,即择小害而避大害。[①]但两者有着较大的差别。避险行为必须在不得已的情况下实施,如果另有更好的选择时,不成立紧急避险合法辩护。而在正当防卫的场合,特别是在自身防卫的情况下,围绕着躲避原则[②],英美国家学者则多有争论,即被侵犯者处于非法侵害的紧迫危险之中是自身防卫合法辩护的构成条件之一,但这是不是意味着被侵犯者没有躲避的余地呢?对此问题,英美国家存在两种针锋相对的观点[③]:一种观点认为,就整个社会来说,应当尽可能地减少不必要的损害,所以应当采取"能躲避就不自卫"的态度,此观点也是美国普通法的传统观点。另一种观点认为,对侵犯者躲避无异于鼓励犯罪,是不光彩的丢脸做法,因此即使能够躲避也可以进行自卫。在美国,第二种观点居于支配地位,但有的州也采用第一种观点。我国香港特别行政区在规定正当防卫的条件时,明显倾向于采取躲避原则。如:公民在受到不法侵犯时,首先要尽可能向警察报案,请求警察保护;当不法侵犯发生时,公民要尽可能地采取"撤退"原则,避开对方的侵犯;即使在无可避免的情况下,采取的防卫措施也必须是合理的,不能超过必要的限度。另外,紧急避险辩护权仅仅发生在立法机关没有在刑事法律中做出明确限定的场合。如果刑事法律已经有明确的规定,就可以按照法律规定处理,不存在紧急避险合法辩护。而在正当防卫的场合,当运用武力导致了人身损害、财产损失以致他人死亡时,可能是正当的或可以辩护的,因为武力的合理运用可能是为了保

[①] 储槐植著:《美国刑法》(第二版),北京大学出版社1996年版,第89~90页。
[②] 有的也称为撤退原则,所谓躲避原则或撤退原则是指,要自卫者在使用致命的武力以前应尽可能撤退或者躲避,其理由在于当一个人可以用逃跑的方式来避免自己被伤害时,就没有必要使用致命的武力。
[③] 参见赵秉志、陈志军《英美法系刑法中正当防卫构成条件之比较研究》,载《法商研究》2003年第5期。

护一定的公共利益和个人利益。因此,正当防卫对于任何包含暴力要素或使用暴力实施的犯罪来说,都是一般辩护理由。[①]

(二) 我国《刑法》中正当防卫和紧急避险的差异

我国刑法理论一般认为,正当防卫是合法权益与不法侵害之间的矛盾,而紧急避险则是两个合法权益之间的冲突,是"两害相权取其轻"的问题。[②] 具体而言,我国刑法中正当防卫和紧急避险的差异表现以下几方面。

1. 危险的来源不同

正当防卫的危险来源是单一的,仅仅限于人的不法侵害,并不包含其他内容;而紧急避险的危险来源则是多元的,它不仅包括人的不法侵害,而且还可以是自然灾害如地震、海啸、高层建筑的倒塌等现象,还有动物的侵袭、人的生理疾病等原因带来的危险等。总之,一切对被保护利益产生危害的力量都可以成为紧急避险的危险来源。可见,紧急避险的危险来源是相当广泛的。需要指出,由于本书不赞同对于无责任能力人的侵袭实施正当防卫,所以此处人的不法侵害中的"不法"就不应是客观的不法,而应是主观的不法。

2. 行为指向的对象不同

正当防卫行为所针对的对象只能是不法侵害者本人,受到损害的只是不法侵害者的利益,此处的利益,不仅可以是不法侵害者的人身利益(如通过打击侵害人的身体来进行防卫),也可以是不法侵害者的财产利益(比如损害侵害人用作犯罪的工具或者手段的财物来进行防卫);而紧急避险行为所针对的对象通常情况下是与危险形成没有关联的第三者,即通过损害无关的第三者的利益来达到避险的目的。但是需要指出的是,在特殊情况下,紧急避险行为所针对的对象也可能是危险源本身。比如依照本书的复合体理论,于无责任能力人的侵袭实施的反击行为(如将精神病人打伤)不是正当防卫,而是紧急避险。我国台湾地区有学者将上述针对无责任能力人的侵袭实施的反击行为称为"逆击行为"形式的紧急避险,在这种特殊的情况下,行为所指向的对象即是危险来源者本身。另外,在正当防卫的场合,防卫人一般是采取损害不法侵害人人身的方式来制止不法侵害,因为在大多数情况下这是制止不法侵害最有效的方法,

---

① 参见 [英] J. C. 史密斯、B. 霍根著,李贵方等译《英国刑法》,法律出版社 2000 年版,第 288~289 页。
② 参见高铭暄、马克昌主编《刑法学》,高等教育出版社、北京大学出版社 2000 年版,第 143 页。

只是在为数不多的情况下，防卫人可以采用损害不法侵害人的财物的方式来制止不法侵害；而在紧急避险的场合下，则恰恰相反，在大多数情况下，避险人是采用损害无关的第三人的财物的方法来避免危险，而在个别情况下，避险人可以通过对无责任能力人的人身打击来达到避险的效果。

3. 行为实施的条件不同

在紧急避险的场合下，行为的实施具有唯一性，即避险行为只能在不得已的情形下实施，如果在当时存在其他不损害他人合法利益的方法避免危险，则不能对无辜的第三者实施避险行为。而在正当防卫的场合下，行为的实施仅仅具有选择性，而不是唯一性。公民面对不法侵害，一般情况下可以采用逃跑、报警、劝阻、防卫等方法来制止不法侵害。"对于正当防卫而言，即便是有其他方法可以避免不法侵害时，也仍然可以实行正当防卫，并且国家鼓励公民同犯罪行为作斗争，公民面对严重犯罪侵害时，挺身而出实行正当防卫，这是一种正义的高尚的行为。"①

4. 对于行为限度的要求不同

尽管正当防卫与紧急避险都必须在一定的限度范围内实施，但两者的要求是不同的。在正当防卫的场合，依据我国刑法通说，防卫人对于不法侵害者所造成的损害，只要是制止不法侵害所必需的，并且与所保护的利益不是明显不相适应，就被认为是在必要限度内。至于结局，防卫行为造成的损害可能与所要避免的损害在量上相等，也有可能超过所要避免的损害。但是，在紧急避险的场合，依据我国刑法理论通说，避险行为所造成的损害必须小于所要避免的损害，否则，可能会被视为避险过当，并要承担刑事责任。这主要是因为紧急避险造成的危害与避免的损害是两个合法利益的冲突，只有牺牲较小的权益保护较大的权益，才符合紧急避险的目的，对于国家、社会和公民才是有益的。否则，因小失大，本末倒置，就失去了紧急避险的意义。② 尤其是我国《刑法》不允许保全个人生命而牺牲他人生命的避险行为。

5. 对于行为指向的对象在忍受义务上不同

正当防卫的场合，防卫行为指向的对象——即不法侵害一方必须忍受防卫人的反击行为。这主要是因为正当防卫是不法侵害者引起的，不法侵害者对于

---

① 参见刘明祥著《紧急避险研究》，中国政法大学出版社1998年版，第120页。
② 参见赵秉志主编《刑法新教程》，中国人民大学出版社2001年版，第198页。

防卫人权益面临侵害负有不可推卸的责任，所以不法侵害者负有忍受义务，即无权再以正当防卫的借口对防卫人的反击行为进行抵抗，也无权以损害无辜的第三者权益的方式实行紧急避险转嫁危险。而在紧急避险的场合，由于避险行为通常是与危险的形成没有关联的第三者，如果要求第三者对避险行为予以忍受，显然违背了人们基本的感情，因此，被损害的第三者不负有忍受危险损害的义务，可以对避险人实施抵抗，也可以通过损害他人权益的方式实施再避险或者连锁避险。

6. 实施行为的主体范围略有不同

依据我国《刑法》第 20 条的规定，正当防卫对行为主体的范围并没有任何限制，即只要有紧迫的不法侵害的存在，而有必要实施正当防卫的，无论任何人都可以实施，人民警察也可以对不法侵害实行正当防卫。当然，此处的人仅仅限于自然人，单位不在其列。但是，在紧急避险场合下，依据《刑法》第 21 条第 3 款的规定，紧急避险的实施主体范围有一定的限制，即某些在职务上、业务上负有特定责任的人，为了避免本人的危险，不能实施紧急避险，这也就是紧急避险的禁止条件。① 这是因为这些人负有排除危险的义务，他们如果为避免个人危险，在需要其实施紧急避险时不实施，例如消防队员贪生怕死，拒绝执行命令去救火，可能会给公私财产和他人生命造成更大的损失，从而违背设立紧急避险制度的初衷。② 需要指出的是，法律的这一禁止性规定并不意味着负有特定职责的人员一概不能避险，在排险过程中，负有特定职责的人为了避免本人危险也可以采取一定的避险措施。③

7. 民事后果大相径庭

正当防卫是民事责任的完全抗辩事由，依据我国《民法通则》第 128 条的规定，"因正当防卫造成损害的，不承担民事责任"。可见，所有的正当防卫行为均是民事合法行为。当然，防卫过当须承担相应的民事责任，据我国《民法通则》第 128 条的规定，"正当防卫超过必要的限度，造成不应有的损害的，应当承担适当的民事责任"。而在紧急避险的场合，则不能完全排除民事责任。据我国《民法通则》第 129 条的规定，"因紧急避险造成损害的，由引起险情发生

---

① 当然，也有学者对我国紧急避险的"禁止条件"之合理性提出了质疑。
② 参见王作富主编《刑法》（第二版），中国人民大学出版社 2004 年版，第 113 页。
③ 参见高铭暄、马克昌主编《刑法学》，高等教育出版社、北京大学出版社 2000 年版，第 143 页。

的人承担民事责任。如果危险是自然原因引起的,紧急避险人不承担民事责任或者承担适当的民事责任"。可见,为了体现对被损害的无辜的第三者利益的保护,紧急避险并不完全免除民事责任,换言之,紧急避险行为可能成为民事违法行为,并因而承担损害赔偿责任。①

8. 价值取向不同

一般讲,法是通过抑制或者防止对于一定价值、利益之侵害,以维护该价值秩序。从受保护之价值主体来看,则是在保障合法权益不受他人侵害。从法秩序角度,正当防卫与紧急避险体现了不同价值取向。从个人层面看,正当防卫是为了反击他人之侵害行为以保护自己,而对该违法行为自我主张之基本权利;从国家层面来看,正当防卫则意味着有国民代行原本属于国家权限之法的确证之任务。无论强调上述哪一个层面,都将导向是否对于正当防卫做限制性的理解。从产业社会高度复杂化之国家立场来看,正当防卫之"社会化"问题,不外乎是尝试正方防卫之成立范围。而在紧急避险的情况下,由于是受法秩序所保护之正当价值、利益之对立或者冲突,所以与正方防卫之情形完全不同。从个人主义之观点,由于不应将落于自己之危难转嫁给他人,因此回避危难之行为,不值得大肆提倡。将紧急避险行为理解为符合维持法秩序的正当行为,可能更容易理解其价值取向。法乃价值秩序,既然是秩序,则其中自然存有价值之顺序,而在紧急避险之情形下,为了保护更高价值而牺牲较低价值之行为,则在肯定价值顺序之限度内,应承认其为保全秩序之行为。②

三、对物防卫——正当防卫与紧急避险的临界点之争

以上仅仅是从理论层面对正当防卫与紧急避险的界限予以一定的解说,但事实上,在某些情况下,正当防卫与紧急避险的区别会出现似是而非的现象,最典型就是有关对物防卫问题。我国《刑法》中没有真正意义上的对物防卫

---

① 正是基于这种考虑,有学者指出,紧急避险行为虽然不具有犯罪的社会危害性,但由于它毕竟对合法权益造成了损害,这是一种灾难性的后果,因而不宜说它是一种有益于社会的行为;紧急避险虽然不具有刑事违法性,并且大多具有民事违法性,所以,也不能笼统说它是合法行为(参见刘明祥《论紧急避险的性质》,载《法学研究》1997年第4期)。在我们看来,刘明祥教授的观点尽管有其合理的一面,但也有失当之处。

② 参见陈子平著《刑法总论》(2008年增修版),中国人民大学出版社2009年版,第191页。

(sachwehr)的概念，对物防卫概念主要是源自大陆法国家。对物防卫概念中尽管有"防卫"要素，我们无法否认其与正当防卫的相似，但更多的是，对物防卫具有不同于正当防卫的独特性质。依据德国的法律规定，为了避免由该物引起的迫切危险，允许对他人的财物加以毁损、破坏（可以类推包含无主物），但以此等毁损或破坏是避免危险所必要的，且与被避免的危险相比，在价值上应以均衡为限。①"对动物的独立'攻击'（由于人的追猎所引发），根据现行法律不能进行正当防卫，而是可实施紧急避险。"

一般讲，"物"分为动物与非动物，非动物当然不能自发地侵害他人，但它却可以在人的意志支配下，被用来作为违法犯罪工具，而被实施防卫的情形之定性认识较为一致——即一般都认为这种情况对物的防卫，其实质是对物背后的人的防卫，造成物损坏的，应认为是正当防卫。而对于来自动物的侵害，成立正当防卫还是紧急避险，或者不属于刑法调整对象，学界认识不一。

（一）动物的主人故意利用动物侵害他人的情况

这种情况下，理论界的认识是一致的。即动物只不过是动物所有者进行不法侵害的工具，动物所有者通过动物的侵袭，来达到自己的非法目的，反击动物甚至将动物打死，实质上是通过毁坏其犯罪工具的方式对动物所有者动物所有者的不法侵害实行的一种正当防卫行为。因此，这种反击行为不是对物的紧急避险，而是对人的正当防卫。

（二）非动物的主人利用动物侵害他人的情况

刑法学界对此存在不同观点，有"正当防卫说"和"紧急避险说"。"正当防卫说"认为，非动物的主人驱使他人的动物侵袭了其他人，应与上述动物主人故意利用动物作为工具进行不法侵害同等看待。②"紧急避险说"则认为，紧急避险的特征之一，就是所侵害的是与侵袭无关的第三者的合法利益。驱使非本人的动物侵袭他人，被他人将动物打死或打伤，使得没有实施不法侵害的他人财产受到损害，正好符合紧急避险的特征。③

---

① 参见［德］汉斯·海因里希·耶赛克、托马斯·魏根特著，徐久生译《德国刑法教科书》，中国法制出版社2001年版，第427页。
② 黄明儒：《紧急避险若干问题研究》，载《刑法问题与争鸣》（第9辑），第54页。
③ 参见姜伟著《正当防卫》，法律出版社1988年版，第77页。

笔者以为，这种情况也属于正当防卫的情形，动物的归属并不能影响行为的性质。首先，在上述情况下，反击人主观上具有维护自己合法权益，并且排除侵害的防卫意图而非避险意图，反击行为是在防卫意图支配下所实施的行为。其次，从紧急避险的特征来看，遭受损害的利益是与危险无关的第三者的利益，而被驱使的动物在侵袭时并不是与危险无关第三方利益，而是与不法侵害人共同构成侵害主体。行为人在遭受到动物侵袭的紧急情况下，没有时间也更没有义务去辨明动物为谁所有。再次，从最终损害结果的承担者角度看，反击行为所造成结果的民事侵权赔偿义务，应该由驱使人承担，而不是反击人负担。我国的《民法通则》和《侵权责任法（草案）》都规定，因正当防卫造成损害的，不承担民事责任；《民法通则》第129条规定：因紧急避险造成损害的，由引起险情发生的人承担民事责任。而反击行为所造成民事侵权赔偿结果由驱使人承担，这就完全排除了紧急避险成立的可能性。因此，无论是从刑事责任还是民事责任角度来看，反击行为人的行为都是阻却责任的，应是正当防卫行为。

（三）动物自发地侵害他人人身安全，而被行为人打死打伤的情形

如果动物自发地侵害他人人身安全，而物主或管理者没有故意或者过失，物之侵害行为不应属于物主或管理者的不法侵害。在这种情况下，防卫人对侵害物造成损害的法律后果，有两种学说，"紧急避险说"和"正当防卫说"。[①]"紧急避险说"认为，这种情况下不存在过错方，应属于"正"对"正"的关系，遭受损害的是第三者的利益，应当成立紧急避险。正如学者指出，如果侵害物自发侵害法益，不是物主或其管理者行为所致，当物为法律保护物时可以紧急避险，当物不受法律保护时，则不存在正当防卫问题。[②]"紧急避险说"也是日本刑法理论界的通说。而"正当防卫说"认为，成立紧急避险，必须保护的利益大于被损害的利益，但某些情况下保护利益与被损害利益相当或小于被损害利益，如果不以正当防卫论，则不能保护被侵害人的正当利益。

笔者认为，法律调整的是人与社会之间的矛盾或者冲突关系，如果是野生的、国家允许捕猎的动物或者无主动物自发侵害公民的人身安全，被行为人打死打伤的，由于不存在合法权益的损害，因此谈不上正当防卫或紧急避险的问

---

① [日] 木村龟二主编，顾肖荣等译：《刑法学词典》，上海翻译出版公司1991年版，第203页。
② 参见彭卫东著《正当防卫论》，武汉大学出版社2001年版，第89页。

题。正如有学者指出,"对于无主动物之侵害,予以反击,纵使将其杀伤,亦完全不能承认毁损器物罪之构成要件该当性,故此种情形,原本即不产生对物防卫成立与否之问题"[①]。至于国家保护的珍稀动物自发地侵害公民的人身安全而被打死打伤的,该如何定性呢?法确实具有评价规范的一面,动物的侵袭以及自然现象的破坏尽管侵犯法益,但法作为意思决定规范的另一面似乎更为重要。将不具有意思能力的动物甚至自然现象施予法准则规制的做法,必将有损于"作为人类共同体规范"的法的实质,也难免会使得违法的观念形式化。况且,我国刑法第 20 条明文规定正当防卫必须针对"不法侵害人",野生动物的侵袭活动虽不是"不法侵害",但明显属于据以实施紧急避险的"危险"范畴。[②]因此,笔者认为,这种情况下虽然行为人实施的是一种反击行为,其行为不是指向第三者,但是行为损害了第三者——国家的利益,因而认为反击行为成立紧急避险是稳妥的。

[①] [日] 川端博著,余振华译:《刑法总论二十五讲》,中国政法大学出版社 2003 年版,第 185 页。
[②] 马克昌主编:《犯罪通论》,武汉大学出版社 1991 年版,第 755 页。

第八章
正当防卫制度的拓展性思考

第一节　学派论争下的正当防卫制度

一、刑法学派论争概述

在刑事责任的理论根据问题上，西方刑法发展史上最经典的对立是刑事古典学派与刑事近代学派之间的论战，而两派争论在很大程度上就是刑法主观主义（又称为行为人主义）与客观主义（又称为行为主义）的对立。[①] 刑法客观主义学派和刑法主观主义学派是西方刑法发展历史上存在的两种非常重要的学术流派。刑法客观主义学派是在全面继承启蒙思想的基础上发展起来的。为了反对中世纪刑法的任意性、宗教性、身份性和残酷性，刑法客观主义学派极力主张刑事责任的根据应当从客观行为中寻求。这种客观化的思想无疑在当时具有巨大的进步意义。然而，在19世纪末20世纪初期，由于突变的社会背景和自然科学的发展，刑法客观主义学派开始被刑法主观主义学派取而代之，后者在当时成为刑法理论界的主流学派。刑法主观主义学派主张以实证的科学方法为先导，以犯罪人格作为科学研究的目标，认为刑事责任的根据应当从具体的犯罪人中寻求。刑法主观主义学派的诸多思想至今仍然在西方各国的刑法立法、司法以及理论的发展中扮演着重要的角色。尽管刑法思想之争从发端到现在已经100多年了，但不可避免地，上述争论对当今世界各国刑事法治的发展都产生较大的影响。然而究竟什么是刑法主观主义和客观主义呢？

我们知道，主观与客观本是哲学上的一对范畴，主观是指人的意识、精神；客观指人的意识以外的物质世界，或指认识的一切对象。客观是不依赖于主观而独立存在的，主观能动地反映客观，并对客观事物的发展起促进或阻碍的作用。而本书将详细阐述的刑法主观主义以及与之息息相关的刑法客观主义显然

[①] 正因为如此，下面对于刑事古典学派与刑法客观主义学派、刑事近代学派与刑法主观主义学派不加区分予以使用。当然，严格讲来，刑法客观主义学派与刑法主观主义学派的提法可能并不是非常准确。

和哲学上的范畴相去甚远。一般讲，在刑法学研究中，"主观"主要涉及主体的内心活动，例如德日刑法中的作为构成要件性行为的主观要素，就是指行为人内心的意图（包括故意、过失以及目的等）、动机等因素；而客观则指行为人实施的一定的身体动静以及与此有关事实或外在表现。但在刑法理论上，对于主观主义与客观主义之分野则存有分歧，大体上存在以下见解：第一，关于判断结果之妥当性。从判断结果对何人妥当出发，可以区分为主观主义与客观主义。凡判断结果只对具体的当事人为妥当时，为主观判断，属于主观主义的范畴。反之，判断内容不但对于具体的当事人本身，而且对于一般人亦属妥当者，为客观判断，属于客观主义范畴。例如，关于过失犯罪中预见能力的判断，以当事人能否预见的标准，属于主观主义，以社会上一般人能够预见为标准，属于客观主义。第二，关于判断内容之价值。价值有属于个人的，也有属于国家的，其中视个人价值为绝对的，为主观主义；重视社会及国家价值的，为客观主义。对于个人价值的尊重，虽然也是间接对社会及国家价值的尊重，但当个人价值与社会及国家价值发生冲突时，重视个人价值者宁可牺牲社会及国家价值而不放弃个人价值的，在这一意义上，主观主义与客观主义仍有差别。第三，关于价值判断之对象。虽然价值判断的对象限于人的行为，然而所谓人的行为，不仅指人的身体动静，而且指行为主体为实现其意志而外化的外部举动并引起结果的复杂历程。在观察人的行为时，着重主观因素，例如动机、意思、性格与人格的，是主观主义；而着重客观的外部动作及外界所引起的结果的，是客观主义。

在我们看来，上述第一种见解实际上涉及的是解决问题的判断标准问题，即采用平均人的能力标准还是行为人的能力标准，或者根据一般经验还是行为人个人的认知判断。据此，客观主义根据平均人的能力进行判断，例如对于有无过失或者有无期待可能性的判断，客观主义根据平均人的能力决定判断结果能否避免，或能够期待行为人实施合法行为。而主观主义则是根据行为人个人的能力来进行判断，例如对于有无过失或者有无期待可能性的判断，主观主义依据行为人个人的能力，来判断行为人是否能够避免结果，或能否选择不实施不法行为。我们认为，这种争论不能称为刑法主观主义与刑法客观主义之争。因为在比较具体行为人与平均人能力时，无外乎出现三种结果，即高于、等于和低于平均人能力三种情形，这三种情形表示三种程度不同的认知经验。如果行为人的能力高于平均人，则必然以属于行为人层级（即高级层别）的平均能力作为判断标准，例如将过失犯罪区分为普通过失犯罪与业务过失犯罪，在业务过失犯罪的场合下，从事一定业务的人，必须具备属于专业层次的平均能力。而如果行为人存在智力或体能障碍，则应当依据层次较低的能力标准作为判断依据，并且是以较低层级的平均标准为依据。可见，上述无论高于或者低于平均人的不同层级的判断，还是在不同层级作平均值的判断，并不存在主观与客观的问题。①还需指出的是，解决问题的判断标准问题实际上是刑法理论通常所讲的"客观说"与"主观说"的问题。而刑法主观主义和刑法理论上关于诸种问题的判断标准上的"主观说"存在重大区别：刑法主观主义是关于犯罪和刑罚论诸多问题的思想体系，它包括很多具体的理论观点，属于宏观层面的范畴；"主观说"是关于判断事物的标准和立场，仅仅涉及刑法理论中一个具体问题的判断标准，属于微观层面的范畴，比如刑法中判断过失的标准的"主观说"就是行为人标准等。因此，刑法主观主义与"主观说"存在重大差别，不应当混同。而关于第二种见解，我们认为，更确切地说，应当是刑法价值取向上的个人自由与社会秩序的对立，而不应当归结为刑法主观主义和刑法客观主义的争论。当然，刑法主观主义与刑法客观主义在国家观上的对立是社会本位与个人本位的对立。因此，将价值取向上的个人自由与社会秩序的分歧归结为刑法主观主义和刑法客观主义之争，显然是不妥当的。基于上述分析，我们认为，主观主义与客观主义从根本上讲是在价值判断的对象方面存在重大分歧。正如有学者指出的那样，主观与客观相统一原则中的主观与客观，不仅仅是指犯罪的主观要件和客观要件，更主要的是指对犯罪的评判标准。主观，指主观标准，以此作为唯一评价标准的就是主观主义；客观，指客观标准，以此作为唯一评价标准的就是客观主义。②因此，我们认为，上述三种关于刑法主观主义与刑法客观主义含义的理解，只有上述第三种意义的刑法主观主义与刑法客观主义，才是原本意义上刑法主观主义与刑法客观主义。

那么，该如何来准确界定刑法主观主义和客观主义呢？对此，学者们往往也存在不同的理解。日本刑法学者大塚仁先生认为，刑法主观主义是指从犯人的反社会性格——即反复实施犯罪行为的犯人的危险性乃至社会危险性——中

---

① 参见许玉秀著《当代刑法思潮》，中国民主法制出版社2005年版，第438～439页。
② 参见陈兴良著《刑法哲学》，中国政法大学出版社1992年版，第551页。

找到刑事责任的基础的立场。①而日本刑法主观主义学派的代表人物牧野英一先生则认为，主观主义，亦可称为犯人主义或人格主义，是一种根据有无反复造成侵害的可能性——即根据其性质的恶劣程度以及对社会的危害性——来决定刑罚的观点。②我国学者近两年来也开始关注刑法客观主义和刑法主观主义，但是，他们并没有为刑法主观主义做出明确的定义。如张明楷教授指出，"主观主义认为，刑事责任的基础是犯罪人的危险性格即反复实施犯罪的危险性。主观主义立场旨在贯彻特殊预防的目的，实现社会防卫"③。而另一位对刑法客观主义和刑法主观主义关注较多的学者周光权也仅仅是指出，"刑法主观主义者反复阐述的观点就是，犯罪行为是犯罪人恶性或犯罪性的表征，而重视对犯罪行为的定型化并无意义，问题的关键在于考量行为的危险性，甚至完全可以用行为的危险性或侵害性来取代犯罪成立的客观要素"④。

而在我们看来，准确地讲，刑法主观主义或客观主义首先应当是一种思想体系。我们认为，与其将刑法主观主义或客观主义界定为一种立场，⑤不如将其界定为一种内容丰富的思想体系更为确切。刑法主观主义学派和刑法客观主义学派对刑法理论中很多重大问题都有自己独到的见解，这些观点会集成为两个有机的整体和体系，即刑法主观主义思想体系和刑法客观主义思想体系。比如在犯罪本质问题上，刑法主观主义一般采用"规范违反说"，而客观主义一般采用"法益侵害说"；在共犯的问题上，刑法主观主义采用"犯罪共同说"与"共犯独立说"，而客观主义一般采用"行为共同说"与"共犯从属说"等。其次，刑法主观主义和客观主义是关于什么是刑事责任的基础之理论体系。刑法主观主义与刑法客观主义的根本对立就在于什么是刑事责任的基础：刑法客观主义一般认为行为是起决定作用的，刑法主观主义则认为行为人才是起关键作用的，即刑法主观主义的价值判断的重心在于行为人，而刑法客观主义的价值判断的

---

① 参见大塚仁著，冯军译《刑法概说》（总论），中国人民大学出版社2003年版，第51页。
② 参见李海东主编《日本刑法学者》（上），法律出版社、成文堂1995年版，第72～73页。
③ 参见张明楷著《刑法的基本立场》，中国法制出版社2002版，第39页。
④ 参见周光权著《法治视野中的刑法客观主义》，清华大学出版社2002年版，第102页。
⑤ 本书不同意关于刑法主观主义立场或刑法客观主义立场的提法，认为上述提法可能会不利于我们吸收刑法主观主义或刑法客观主义的合理思想。主观主义和客观主义应当有多层含义：首先，主观主义或客观主义应当是一种思想体系——即作为刑事责任根据的不同的思想体系；其次，主观主义或客观主义也是一种刑法学方法论，西方刑法发展史上最具有代表性的方法论就是实证分析和价值判断，实证主义在刑法学研究中主要表现为主观主义，而价值判断在刑法学研究中主要体现为客观主义；最后，主观主义或客观主义也可以界定为一种立场，正是由于主观主义具有实证分析的特殊研究视角，从根本上有别于客观主义的价值判断，因此，我们也可以把它称为刑法学研究的立场。

重点在于表现于外部的行为。因此，总结起来，刑法主观主义就是指以行为人的反社会性格——即反复实施犯罪行为的危险性乃至社会危险性——作为刑事责任基础的思想体系；而刑法客观主义是指以行为人实施的犯罪行为及其危害事实作为刑事责任基础的思想体系。

二、刑法主观主义、客观主义和正当防卫

正当防卫是刑法中相当重要的制度。刑法主观主义思想与刑法客观主义思想在正当防卫制度中的争议较大的问题主要集中在防卫意思问题上。

正当防卫的成立是否需要防卫意思，历来是学界存有争议的问题。在德国，防卫意思是否必要，是很久以来悬而未决的问题，而现在的日本仍然在进行激烈的争论。[①] 刑法主观主义思想与刑法客观主义思想在此问题上的对立，主要是"必要说"与"不要说"的对立。"必要说"认为，行为是主观与客观的统一体，防卫行为也是如此，如果没有防卫意思，就不是防卫行为。"因为刑法中的行为是由主观的要素与客观的要素而成立的，这点在防卫行为中也当然成为前提，所以与承认作为犯罪成立条件的主观的违法要素相对应，也应当承认主观的正当化要素。"[②] 而且从法律条文上分析，一般规定正当防卫是"为了排除……"或"为了保护……"而进行的防卫，这就肯定了防卫意思的必要性。"不要说"则认为，违法性的有无，属于行为客观方面的问题，因此，违法性阻却的判断也应当与行为人的主观没有关系。[③] 我国刑法学界在20世纪80年代以前，一般没有将防卫意思列为正当防卫的成立条件，后来逐渐将防卫意思列为正当防卫的必备条件，而且很少形成争议。但是，对正当防卫的意思内容以及与之相关的偶然防卫问题则很少涉及。在西方刑法学界，上述"必要说"与"不要说"的对立则主要集中在防卫的意思内容与偶然防卫上。[④] 下面从刑法主观主义与刑法客观主义的相比较的视角，详细

---

① 参见张明楷著《外国刑法纲要》，清华大学出版社1999年版，第160～161页。
② 马克昌著：《比较刑法原理》，武汉大学出版社2002年版，第350页。
③ 参见[日]大谷实著，黎宏译《刑法总论》，法律出版社2003年版，第215～216页。
④ 参见[日]川端博著，余振华译《刑法总论二十五讲》，中国政法大学出版社2003年版，第171～182页。

探讨防卫的意思内容与偶然防卫问题,希望对中国刑法的正当防卫制度的研究有所裨益。

首先,在正当防卫的防卫意思内容上,防卫意思本来应包括防卫目的与防卫认识,前者说明行为人对侵害人进行反击是出于防卫,后者说明行为人认识到自己的行为是防卫行为。刑法主观主义一般认为,防卫意思就是防卫认识,只要认识到自己的行为是与紧迫的不法侵害相对抗的行为,就是具有防卫意思。这样来解释防卫意思是为了处理基于兴奋、愤怒而进行的防卫行为。在基于兴奋、愤怒进行防卫时,防卫人不可能具有防卫的目的;但如果不承认这种情况下的防卫是正当防卫,又不妥当;不过,基于兴奋、愤怒进行防卫时,防卫人认识到了自己的行为是与紧迫的不法行为相对抗的行为,因而具有防卫认识。所以,刑法主观主义一方面认为防卫意思是必要的,另一方面又认为防卫意思仅限于防卫认识。① 我们认为,刑法主观主义在正当防卫的意思内容上充满人性的观点,是值得称道的。正如大谷实先生指出的那样,"防卫意思的本来意义,是积极地防卫不法侵害,保护自己或他人的权利的意思(目的或意图说),但是,即便是本能的自卫行为,也不能否定其是出于防卫意识而实施的,另外,正当防卫的规定中也考虑了本能的反击行为,这是毫无疑问的,因此,防卫意思,在没有积极的防卫意图、动机的场合,也应当是认可的。所以,在反击的时候,即便是由于亢奋、狼狈、激愤而没有积极的防卫意思的场合,或者在攻击意思和防卫意思并存的场合,也不能马上否定其具有防卫的意思"②。在面对不法侵害的攻击,尤其是较大强度的暴力侵害,防卫人进行反击,在某种程度上可能是出于一种本能反应,因为突如其来的暴力侵害可能很大程度上抑制了防卫人的意志自由,防卫人可能因恐惧害怕、惊慌失措之状态,出现认识盲点及意识范围狭窄,疏于履行避免不当结果发生的义务,造成不法侵害人伤亡这样的重大损害。正如有学者指出的那样,"人的心理活动中的情感因素虽对防卫意图的成立无决定性作用,但对防卫意图的各个因素都有着相当的影响,如在愤怒或恐惧的情绪中,人的认识客观外界的视野会大大缩小,理解事物本质的能力会大大减弱,面对紧迫的不法侵害行为,行为人没有时间进行充分的认识(广度和深度)和认真

---

① 参见张明楷著《外国刑法纲要》,清华大学出版社 1999 年版,第 161～162 页。
② 参见[日]大谷实著,黎宏译《刑法总论》,法律出版社 2003 年版,第 216～217 页。

的思考（分析和判断）"①。法律应对其予以同情，予以宽宥。纵观世界各国刑法典，诸多国家都在规定防卫过当必须负刑事责任的一般原则之外，还规定了防卫人因惊愕、恐慌等心理因素造成防卫不适当的结果，不以防卫过当论处的例外情况。例如1998年11月13日颁布的《德国刑法典》第33条规定："防卫人由于惶惑、害怕、惊吓而防卫过当，不负刑事责任。"②1996年修订的《瑞士联邦刑法典》第33条第3款第2项正当防卫人由于可原谅的惶惑或惊惶失措而防卫过当的，不处罚。"③1974年9月29日日本法制审议会总会决定的《日本改正刑法草案》第14条第3款在前项情况下（即防卫行为超过限度的情况下——引者注），认为其行为出于恐怖、惊愕、兴奋或者过于惊慌失措，因而，不能非难行为人的，不处罚。"④以上立法例也清晰地表明了在世界范围内防卫人由于精神刺激将防卫意思等同于防卫认识的立法趋势。

而我国《刑法》以往在正当防卫的认定上，尤其是正当防卫的防卫意思的把握上，较为严格。多年来，在实践中对正当防卫和防卫过当的处理，较多地是对正当防卫的条件卡得过严，以至于将许多本不属于防卫过当的案件按防卫过当处理了，甚至有把正当防卫案件按故意犯罪判了极刑。⑤因而公民同犯罪作斗争的积极性遭到极大挫伤。我们认为，1997年《刑法》修订在很大程度上是放宽了正当防卫的防卫意思的认定，体现了刑法主观主义的合理思想。具体来讲，1997年立法者对于正当防卫制度修订的根本意图是"为了保护被害人（即防卫人——引者注）的利益，鼓励见义勇为"⑥，依据这种意图，立法者对防卫过当规定的重大修改之一是在原有的"超过必要限度"之前增加了"明显"两字。尽管只有两个字的修订，可其背后的意义和价值却是很大

---

① 姜伟：《浅议正当防卫的主观因素》，载《法学研究》1984年第6期。
② 参见徐久生、庄敬华译《德国刑法典》，中国法制出版社2000年版，第51页。
③ 参见徐久生译《瑞士联邦刑法典》，中国法制出版社1999年版，第8页。
④ 参见张明楷译《日本刑法典》，法律出版社1998年版，第100页。
⑤ 侯国云、白岫云著：《新刑法疑难问题解析与适用》，中国检察出版社1998年版，第125~126页。
⑥ 王汉斌：《关于〈中华人民共和国刑法（修正草案）的说明〉》，1997年3月6日第八届全国人民代表大会第五次会议，参见高铭暄、赵秉志编《新中国刑法立法文献资料总览》，中国人民公安大学出版社1998年版，第1831页。

的。^①1979 年《刑法》中正当防卫制度运作障碍的最根本症结在于，国家对于防卫者提出了过于苛刻的要求，没有顾及防卫人在紧迫的不法侵害面前心理与生理的反应。故 1997 年《刑法》关于正当防卫规定修订的基本出发点就是放宽正当防卫的限度条件，扩充正当防卫的外延，充分关注防卫人防卫时的心理变化，意图避免出现约束、限制正当防卫行为的局面。立法者表面上增加"明显"看似轻描淡写，实则可谓用心良苦，它可以说是立法者"对公民脆弱人性倾注刑法的同情之泪"^②的彰显。故在防卫权实施的特别紧急的场合，防卫人的主观心理必须被充分考虑与关注，防卫意思可以等同于防卫认识。"倘若法律不对人性的脆弱表现相当的尊重，便会背离人类所应有的怜悯之心"。^③可见，我国 1997 年《刑法》中关于正当防卫的规定，实际上是一定程度地认可了在紧急情形下防卫意思等同于防卫认识的见解，这在一定程度上体现了刑法主观主义思想。

其次，关于偶然防卫问题。所谓偶然防卫，也称作意外正当防卫，就是行为人的防卫行为与其意思无关，偶然满足了正当防卫的客观要件的场合。^④如兄弟甲乙二人在同一球队，与另一支队伍的丙有过节。有一天，两队相遇，打得十分火爆。在比赛结束前的几秒钟，丙按捺不住，佯装进球攻门而冲向乙，欲实施伤害性的攻击。此时，在后面的甲也有意借机修理丙，毫无缘由地从背后冲撞丙，丙倒地重伤。^⑤从上述案例，我们可以看出，在偶然防卫的场合下，行为人主观上具有侵害他人权益的故意，客观上的侵害行为却巧合了正当防卫的

---

① 一般讲，"明显"仅仅是表征程度的客观范畴，人们通过感官体验与理性抽象在头脑中将这一范畴正确地反映出来，对于"明显"的判断往往是在防卫行为实施后，法官代表社会一般人进行程度判断。但如果将"明显"的判定脱离防卫人心理状况，就无法实现防卫案件的个别正义，对见义勇为的防卫人恐怕是有失公平的。应当看到，司法者对于"明显"的判断是在没有受到任何攻击或威胁的安定状况下做出，而防卫人在突然的不法侵害面前，除非经过特种训练，否则不免会手足无措，情绪或大或小发生变化，这一切也必然会影响对客观情势的认识能力。还需指出，对于"明显"一词若仅从客观方面进行判断，实质上只是对防卫行为的结果性评价，并没有涉及防卫行为的过程。在我们看来，对于防卫行为应当尽可能避免任何机械、静态的分析，并应更加注重动态的过程研究。从此角度而言，对于"明显"一词含义客观与主观相统一的理解实乃动态分析防卫行为之内在要求，而关注"明显"一词的主观心理方面，亦是动态分析防卫行为过程的必然结论。因此，"明显"不仅要重视客观的因素，而且还必须对防卫人当时的心理投以关注，即"明显"不仅指根据一般人的认识超越必要限度，而且它还应当涵括行为人也认识到自己的行为超过了必要限度。如果仅仅是一般人认为超越而防卫人由于恐慌、兴奋等心理因素而对此缺乏认识，也不能被认为是"明显超过"。
② 这原是日本刑法学者大塚仁教授对期待可能性理论的评述，我们在此援引用于说明对于"明显"应赋予其主观心理的内涵。请参见冯军著《刑事责任论》，法律出版社 1996 年版，第 245 页。
③ 冯军著：《刑事责任论》，法律出版社 1996 年版，第 245 页。
④ 参见[日]大谷实著，黎宏译《刑法总论》，法律出版社 2003 年版，第 216 页。
⑤ 参见黄荣坚著《基础刑法学》（上），中国人民大学出版社 2009 年版，第 161 页。

客观条件，该侵害行为虽然损害了对方的权益，但却因与防卫行为偶合，在客观上形成了制止不法侵害、保护合法权益的效果，并且未发生危害社会的结果。而对偶然防卫究竟该如何处理，刑法理论存有争议。刑法主观主义主张犯罪是行为人人身危险性的征表，行为人主观上并没有防卫的意图，并且具有侵害他人的意图，可见，其人身危险性较大，应当对其予以处罚，所以，刑法主观主义一般认为偶然防卫构成犯罪。而在刑法客观主义那里，行为才是刑事责任的根基，其一般注重从外部考察行为人所实施的行为，注重行为的客观效果。而偶然防卫在客观上达到了正当防卫的效果，故刑法客观主义认为偶然防卫应等同于正当防卫而免责。具体来看，刑法客观主义以行为人"防卫意图不要说"为基础，认为防卫意思不是正当防卫的必备要件，故而，偶然防卫仍然是正当防卫；刑法主观主义认为防卫意思是正当防卫的条件，故依此说，偶然防卫构成故意犯罪。这里面又可分为"故意犯罪既遂说"与"故意犯罪未遂说"。[1] 而在我国刑法中，对于偶然防卫的定性，我国刑法理论通说认为，偶然防卫行为由于欠缺防卫的认识，也就谈不上防卫目的了，因而不具备正当防卫的主观条件，所以其行为不具备正当防卫的主观条件，其行为不构成正当防卫。[2] "在偶然防卫中，行为人的行为是基于侵害他人合法权益的故意而实施的，并不具备正当防卫的意图，即便在客观上制止了他人的不法侵害，也不能成立正当防卫；如果造成严重后果，构成犯罪的，则应当追究其刑事责任。"[3] 但也有学者认为偶然防卫不具有可罚性，正当防卫不以防卫意思为成立条件，偶然防卫以造成损害的方式保护了另一法益，缺乏法益侵害性，所以偶然防卫具有与正当防卫同样的法律效果，属于正当防卫的一种。如甲故意伤害枪击乙时，乙刚好正在持枪瞄准丙实施故意杀人行为，但甲对乙的行为一无所知。按照这种观点，乙要侵害丙的生命法益，甲侵害了乙的生命法益，正好通过侵害乙的法益保护了丙的法益。[4]

首先，必须明确的是，偶然防卫是具有一定社会危害性的。在偶然防卫的场合下，行为人主观上有侵害他人的意图，这是毋庸置疑。那么，在客观上偶

---

[1] 参见刘明祥《论偶然防卫》，载《法学家》1996年第3期。
[2] 参见马克昌主编《犯罪通论》，武汉大学出版社2006年版，第749页。
[3] 李文燕、杨忠民主编《刑法学》（修订版），中国人民公安大学出版社2007年版，第102页。
[4] 参见张明楷著《刑法学》，法律出版社2007年版，第181～182页。

然防卫是否具有社会危害性，对于行为人来讲是具有关键意义的，因为它是关系到行为人的行为能否构成犯罪，是否应受刑事处罚的一个重要标准。例如，一个小偷进入豪宅，将其所有能带走的值钱的东西都盗走了，而在其行窃时，豪宅失火（小偷并不知情），当晚豪宅化为灰烬，后来小偷被抓获后，追回了失主被盗的全部财产。在这个案例中，能说这个小偷实际上保护了失主财产的盗窃行为不是犯罪吗？在实践中，当一种负的价值与正的价值同时存在时，往往很容易让人忽略其中的负面价值，从而宽宥其行为。但是，这种正的价值并不能否认其负面价值的存在，偶然防卫的行为人故意实施不法侵害时的心理态度，是为法律所否定并追究的主观心理态度，而其在客观上的防卫效果也并不能排除其社会危害性。① 因此，在偶然防卫的情形下，行为人出于犯罪的故意，实施了刑法所禁止的行为，而且已经引起了符合构成要件的结果的发生，其行为完全符合犯罪的特征，应追究其刑事责任。但是，究竟是承担犯罪既遂还是犯罪未遂的责任呢？

我们认为，由于偶然防卫者主观上不存在对于第三者的急迫不正的侵害之认识，且往往具有故意或者过失的心态，故偶然防卫行为属于不正行为。当然，第三者的侵害行为也属于不正行为，因此，偶然防卫中出现"不正"对"不正"的行为关系。另一方面，虽然偶然防卫行为属不正行为，但从结果来看，保全第三者的权益，客观上达到了正当防卫的效果。因此，在偶然防卫的场合，由于是"不正"对"不正"的关系，只是在结果上属于"不正"对"正"的关系，故而在这种场合按犯罪未遂可能更为妥当。② 从具体层面看，在偶然防卫的情况下，行为人出于犯罪的故意，已经着手实施了其危害社会的行为，但该行为实际产生的结果却是制止不法侵害、保护合法权益的防卫效果，而不是《刑法》分则犯罪构成所要求的危害社会的结果。危害结果未发生的原因，是行为人未认识到对方正在实施不法侵害以及他的不法侵害行为在客观上是益于社会的，是行为人意志以外的因素。综上，在偶然防卫的处理上，我们原则上支持刑法主观主义将其作为犯罪的观点，但处罚上可以从轻处理，因为偶然防卫从构成上符合犯罪未遂的成立条件，以犯罪未遂的处罚原则对偶然防卫进行具体处理，也并无不妥。以主观上认知侵害情状的不存在，而单方面地否定了阻却客观不

---

① 韩超：《偶然防卫之我见》，载《法制与社会》2009年第2期。
② 参见[日]野村稔著《刑法总论》，全理其等译，法律出版社2001年版，第231页。

法的可能性，是忽略了客观不法在不法结构中的地位，违背刑法犯罪结构之基本概念。或许也正因为如此，难怪德国通说一致认为，对于偶然正当防卫的行为人只能论以未遂，而不能论以既遂。[①]

第二节 正当防卫与人权保障

一、人权以及刑法中人权保障概述

人权问题是我国社会普遍关注的一个重大问题。从世界范围来看，自第二次世界大战以来，鉴于法西斯对人的基本权利的肆意践踏，人权问题日渐为国际社会所普遍关注。1948年的联合国《世界人权宣言》拉开了现代国际人权保护的序幕，1953年生效的《欧洲人权及基本自由保护公约》则将人权保护推进到一个新的历史阶段，确立了目前最为有效的国际性和区域性人权保护机制。

"人权"作为一个概念，其内涵的界定一直以来成为困扰各国学者的难题。但这丝毫不影响各国政府对人权问题以及人权保护的高度重视，并将人权保护的宗旨贯彻于相关的立法中。我国作为发展中大国，历来非常重视对于公民的人权保障问题。例如我国《刑法》第2条规定："中华人民共和国刑法的任务，是用刑罚同一切犯罪行为作斗争，以保卫国家安全……保护国有财产和群众集体所有的财产，保护公民私人所有的财产，保护公民的人身权利、民主权利和其他权利……"另外，2004年3月，第十届全国人大第二次会议通过了新的宪法修正案，在《宪法》第二章《公民的基本权利和义务》第33条中，增加一款"尊重和保障人权"，此举意义重大，更体现了我国对人权保护的重视。

而在刑法学界，人权保障更是成为刑法的最重要的机能，马克思甚至将刑法盛赞为人民自由的《圣经》，就是极力推崇刑法的人权保障机能。在全球一

---

① 参见黄荣坚著《基础刑法学》（上），中国人民大学出版社2009年版，第161~162页。

体化加速以及我国批准加入国际人权两公约（即《公民与政治权利国际公约》和《经济、社会、文化权利国际公约》）的宏观背景下，刑法的人权保障机能更加引起人们的关注。"社会主义制度的宗旨，本在于最大限度地促进人的全面发展、充分实现人的价值，因而社会主义政治制度和法治应当是最为尊重人权、最有力地保护人权的；而且，社会主义人权的内涵应当包括经济、政治、社会、文化的全面平等。所以，随着我国社会的进步、法治的发展和人权观念的转变，尊重和保障人权日益得到国家的关注与重视。"[1]

然而，作为普遍意义上的人权概念与刑法人权保障之"人权"究竟是不是具有相同的含义，以及在多大程度上相通，是我们首先必须面临的问题。

从十七八世纪提出人权的思想到今天，无论从形式上抑或是从内容上，人权概念都有了较大的变迁。"人权从单纯的政治权利扩展为包括经济社会等多方面内容的综合权利，从少数消极权利变为积极权利，从个人权利扩展为集体权利，可以说，当今的人权几乎涵盖了社会生活的各个方面。"[2] 然而，这并没有具体解决人权的定义问题。究竟什么是人权呢？我们认为，根据人权的起源以及人权的现实状况来看，人权是一种作为人类成员而具有的权利，即人权首先是一种权利。权利作为人类社会特有的现象，是人们界定相互关系的一种特殊方式。从权利享有者角度看，最普遍的权利就是人权。人权不仅仅是一部分人的权利，而是全体人类成员的权利，最大普遍性是人权的内在要求。从人权的内部结构看，人权可以包括三种存在形态[3]：一是应有权利。应有权利从应然视角对人权进行透视，应有权利实际就是应当享有的权利。事实上，人权首先应当视特定社会的人们基于一定的社会物质生活条件和文化传统而产生出来的权利需要和权利要求，是作为人所应当享有的权利。可以说，应有权利是人权的最高境界。二是法定权利。应有权利被法律确认并以国家强制力予以保障，就转化为法定权利。人权作为一种法定权利，通常表现为公民权。而公民权就是公民的基本权利，包括公民的政治、经济、文化权利和其他社会权利。三是实有权利。实有权利是指在现实社会生活中人们实际享有的权利，是从实然状态对人权予以揭示。应有权利只有转化为实有权利，人权才能从观念层面落实到

---

[1] 赵秉志：《人权保障是当代刑法之鲜明主题》，载《刑法评论》（第7卷）。
[2] 参见李云龙主编《人权问题概论》，四川人民出版社1999年版，第1页。
[3] 参见陈兴良著《当代中国刑法新视界》，中国政法大学出版社1999年版，第207～211页。

现实层面。

人权的范围相当广泛，大致可以归纳为以下几个方面：第一，人身权利。人身权利是最早确立的人权，已经得到了世界各国的普遍认可。第二，政治权利。政治权利包括思想、良心和宗教信仰自由以及发表意见和参政的自由等。第三，经济、社会和文化权利。以《经济、社会、文化权利国际公约》制定为标志，经济、社会和文化权利被确立为人权的重要组成部分。第四，集体人权。集体人权是人们作为国家、民族等共同体享有的权利，主要包括民族自决权、生存权和发展权。第五，特殊群体的人权。这里的特殊群体主要是指社会中处于弱势的群体。

而人权保障主要是指，通过一定的手段，促使人权从应有权利向实有权利转化。其中，人权保障的手段中，最为重要的是法律的手段。而在法律体系中，刑法的强制性是最为严厉的，在其他法律不能充分保护法益时，刑法就会"挺身而出"，这就使得刑法实际上成为其他法律的保障法。"刑法是其他部门法的保护法，没有刑法作后盾，作保证，其他部门法往往难以得到彻底贯彻实施。"[①] 刑法涉及对公民的生杀予夺，其存在很大程度上是为了保护社会，使社会免遭违法犯罪的侵害。但是，作为一种权力，刑罚权如果不加以限制，任其扩展，难免会有践踏公民个人的自由权利之嫌。正是在上述的矛盾中，刑法中的人权保障的重要性得以充分显现。在我们看来，在刑事法领域，人权保障可以细化为被害人权利保障、被告人权利保障以及一般人权利的保障。被害人权利保障是刑法的人权保障的重要内容，刑法通过惩罚犯罪，而最大程度上对被害人的权利予以保障，为在法治国家确立法律的信仰提供安全基础。正如有学者指出，刑事法律所关注的正是公民的民主权、人身权、财产权等最基本的权利。通过将那些严重侵犯公民基本权利的行为规定为犯罪，并追究行为人的刑事责任，从而实现刑法对公民权利特有的保护功能。此为其一。其二，对于被告人的人权保障也是刑法人权保障不可或缺的内容。在现代刑事法律关系中，被指控为有罪的公民与国家司法机关之间存在权利与义务关系表明：被告人尽管被指控为有罪，但并不因此而处于完全丧失权利而被动地成为司法客体的地位，被告人的人权仍然受到法律的保障。这也正是现代法治社会区别于封建专制社会的

[①] 高铭暄主编：《中国刑法学》，中国人民大学出版社1989年版，第12页。

重要表现之一。"随着无罪推定制度的确立和正当的法律程序的建立，被告人的权利在法律上受到承认并予以保障。"[1] 正如日本著名学者西原春夫先生指出："刑法还有保障机能，即行使保护犯罪行为者的权利及利益，避免因国家权利的滥用而使其受害的机能。对司法有关者来说，刑法作为一种制裁的规范是妥当的，这就意味着当一定的条件具备时，才可命令实施科刑，同时当其他条件不具备时，就禁止科刑。"因此，在这种意义上，刑法是被告人（或者称犯罪人）的大宪章。其三，刑法的人权保障机能还表现在刑法对于全体公民的个人权利的保障。刑法的人权保障机能由于保障的个人不同，实际机能有异，具有作为善良公民的大宪章和犯罪人的大宪章两种机能。只要公民没有实施刑法所规定的犯罪行为，就不能对该公民处以刑罚，在此意义上，刑法就是善良公民的大宪章。[2]

二、正当防卫与人权保障的展开——反思逆防卫之合理性

在正当防卫制度中，也涉及公民的人权保障问题。首先，正当防卫制度设立的前提是对被害人以及善良公民人权的保障。就对一般人权利的保障而言，正当防卫制度应对全体公民的个人权利给予保障，也正是在这个意义上体现出刑法是全体公民自由的大宪章。根据社会契约论的观点，国家起源于一种"契约"，每一个社会成员放弃本身的"自然权利"以换取法律之下的新权利，而正当防卫的权利即是对公民的人权保障。公民既然保留着正当防卫的权利，国家就不能强行剥夺被防卫人自身的正当防卫权，否则，公民自由就会遭到践踏。但是，保障被害人以及善良公民也许仅仅是现代法治社会中正当防卫制度追求的一部分，此部分内容尽管非常重要，但同样不能忽视的是侵害者一方权利的保障。不能因为侵害者实施了侵害行为，就完全漠视了其基本人权的保障，侵害人在法律框架内的基本权利理应受到尊重和保障。依照我国法律，对于正当防卫中不法侵害人的合法权益，同一般公民一样予以保护。我国《宪法》第 33 条规定："凡是具有中国国籍的人都是中华人民共和国的公民"，"中华人民共和

---

[1] 参见陈兴良著《当代中国刑法新视界》，中国政法大学出版社 1999 年版，第 229 页。
[2] 参见 [日] 木村龟二主编，顾肖荣等译《刑法学词典》，上海翻译出版公司 1991 年版，第 10 页。

国公民在法律面前一律平等"。这从宪法角度诠释了给予不法侵害人平等保护的问题。那么，保障侵害人权利的尺度如何把握呢？

由此，就引出了一个争议较大的话题，也是与正当防卫中人权保障问题息息相关的一个话题——逆防卫问题。逆防卫是指犯罪人为免受来自于防卫人正在进行的不当防卫的侵害，在必要限度内所实施的防卫行为。有学者赞成"逆防卫"的提法，主张应当承认逆向正当防卫（即逆防卫权）的合法地位，克服现行正当防卫制度的痼疾，建立一个完备的逆防卫理论体系势在必行。为此，应当做到：（1）应该根据案件事实进行动态分析，客观认证犯罪人在案件中的作用、地位及其与对方之间的抗制与被抗制关系，以免犯罪人很有可能在这个力量的冲突和较量中处于弱势或逐渐走向弱势。（2）从社会角度，为了鼓励、支持公民更好地利用防卫权以保护其合法权益，大可不必通过确立极易侵害犯罪人合法权益的"无限防卫权"，而应用逆防卫反对日益膨胀的防卫权，以解脱对犯罪人人权境况深感不安的忧虑；无限防卫权是"病急乱投医"，这种设想通过确立无限防卫权来改善我国治安状况的做法从其设立起便注定是失败的，因为犯罪人为从防卫人的无限防卫权下死里逃生，同样会不惜任何代价，以前不用重创防卫权人，但在此刻却成为必要，这样一来就陷防卫人于较之以往更凶险的境地。（3）逆防卫即使反道德也在所不惜，因为从根本上讲，逆防卫的理念依据是"保障犯罪人人权"这一核心观点，有助于刑法学获取特别的问题角度，引起对刑法社会保护机能与刑法人权保障机能之平衡的关注。①

本书不同意保护"逆防卫"的提法，上述论者的见解是值得商榷的。首先，从"保障犯罪人人权"的角度，支持逆防卫是不恰当的。刑法不仅是犯罪人的大宪章，而且更具有普遍意见的是，它还是大多数善良人的大宪章。在刑事诉讼过程中，被告人或者犯罪嫌疑人面对是强大无比的国家机器，因此，赋予其拥有抗衡国家强势的人权保障，是一种适当的弱势保护。刑法中正当防卫不同于国家的刑罚，它是公民在遭遇急迫情势下的自我救济。这时候，犯罪人（侵害人）的保障与善良人（防卫人）的保障就会出现冲突。为了保护更大多数人的人权，必须在侵犯人和防卫人之间做出取舍，必须给予一方优势，才能普遍正义，那么法律在这时是选择偏向不法侵犯人呢，还是防卫人呢。显然，任何

---

① 参见张远煌、徐彬《论逆防卫》，载《中国刑事法杂志》2001年第3期。

国家法律恐怕都不会偏向不法侵害人，都会选择给予防卫人足够的优势。当然，不法侵害人之极少数遭受过当防卫者，其应有的权利也是应当受到刑法保障的。但是，由于没有两全的方法，这种刑法保障不能以剥夺防卫者的自由为代价，也不能因为少数人暂时受委屈，就让更大多数人去牺牲自己的利益。因此，逆防卫所倡导的给侵害人以普遍的及时救济权，于情于理于法都是站不住脚的。防卫行为无论是过当还是正当，毕竟与恶性的不法侵害有着本质的不同。对于不法侵害人来说，遭受到过当防卫的场合是存在的，但其能选择的合理方法只能是国家给予的事后司法救济。①法律在防卫与侵害之间只能倾向于防卫（当然这种倾向也不是无限度的，它应当是理性有限度的）。

其次，逆防卫之设置，违背时代发展趋势。现代法治国家在其法律中，一般都严格地区分不法侵害和正当防卫的性质，往往都是规定防卫过当有宽恕的余地，而很少有国家认可逆防卫权利的存在。尽管德国著名刑法学家冯·李斯特曾经说过，"可以针对合法攻击过当变成不法攻击，也即可以针对防卫过当的行为实施正当防卫"②。但这是没有现行法律支持的，相反，世界上关于正当防卫的立法趋势是对正当防卫的普遍宽宥。例如《法国刑法典》（1994）第122—6条规定："完成下列行动的人，推定其进行了正当防卫：（1）夜间击退破门撬锁，暴力或诡计进入其居住场所之行为者；（2）对盗窃犯或者暴力抢劫进行自我防卫者。"《西班牙刑法典》第8条第6款规定："为防卫陌生人之身体或财产，只要符合前述第四项第一款及第二款之规定情况，则防卫者不论出于报复或其他非法动机均不受限制。"《西班牙刑法典》第8条第6款规定："为防卫陌生人之身体或财产，只要符合前述第四项第一款及第二款之规定情况，则防卫者不论出于报复或其他非法动机均不受限制。" 可见，世界人权保障的趋势是欲给一方优势必须损害另一方的优势，允许公民的自我救济，宽宥其本能的防卫行为。

最后，从逻辑上来讲，我们也不主张逆防卫的提法。因为这样可能会造成无限连锁防卫，也很难说清谁是原始的侵害，谁是原始的防卫。即使承认侵害者具有逆防卫权，那么逆防卫是否也存在过当呢？如果逆防卫过当了，受害者实施"逆逆防卫"，如此循环只能发展为相互的殴打，连受害者最初的防卫行为的合法性都被破坏，这样就很不利于保护公民的合法权益。况且，判断防卫

---

① 张成敏：《评逆防卫论及"刑法第20条反对论"》，载《刑法评论》第3卷。
② [德] 弗兰茨·冯·李斯特特著，徐久生译：《德国刑法教科书》，法律出版社2000年版，第221页。

行为是否过当，本来就是一个专业性极高的问题，若将此问题交给不法侵害人来判断，由其来决定是否对防卫人来说无疑也是不公平的。正如有论者指出，逆防卫是在防卫过当的情况下实施的，防卫过当作为一种犯罪行为，它是一个需要事后由司法机关才能认定的事实，对于正在进行的防卫行为，我们如何认定它是否过当？如果不能认定其是否过当那么侵害人又如何实施所谓的逆防卫？[①]"界限越多，则难以界定的情况愈多；难以界定的情况愈多，则争论的问题愈多；争论的问题愈多，则法的不安定性愈多。"[②]因此，在公民遭受到紧急不法侵害的时候，在已经出现保障不法侵害人权利还是保障防卫人权利的"二难"情况下，再引入逆防卫的制度，势必会给纷繁复杂的不法侵害和防卫行为徒增纠缠不清的法律界定，人权保障也可能会因为陷入事实认定无果而难以实现，甚至连正常的司法事后救济都会变得异常困难。可见，逆防卫的提法，无助于刑法安定价值的实现，进而不利于当前背景下正方防卫制度的推行以及我国社会见义勇为之高尚道德之弘扬。

第三节 正当防卫制度在犯罪论中的定位反思
——兼论我国刑法犯罪论体系的建构

一、正当防卫的体系性思考

在正当防卫与犯罪构成之关系的界定上，我国刑法学界一直比较困惑。通说认为，犯罪构成是区分罪与非罪的唯一标准——行为符合犯罪构成之规定便成立犯罪，反之则排除犯罪的成立；而在论述正当防卫时，却又认为正当防卫行为虽然在形式上符合犯罪构成"四要件"的规定，但在实质上却并不具有社会危害性，因此不具备犯罪最本质的特征从而排除其社会危害性，不认为是犯罪。如此，通说便在正当防卫问题上自相矛盾，让我们不得不思考，犯罪构成

[①] 魏瑾华著：《试论正当防卫的成立条件》（中国政法大学硕士论文）2009年3月，第32页。
[②] [德]古斯塔夫·拉德布鲁赫著，舒国滢译：《法律智慧警句》，中国法制出版社2001年版，第17页。

作为一种认定犯罪的标准，其意义是否仅仅停留在形式层面，其自身是否仅仅适合作入罪判断而无法出罪，出罪功能之实施，是否必须经由另一标准即犯罪概念来完成呢？这样，在判定罪与非罪的标准问题上，似乎就出现了两套存有一定冲突的识别系统，符合犯罪构成的规定，但却难以满足犯罪概念的本质特征，那么，我们应当如何看待上述问题呢？

我们认为，上述矛盾看似不可调和，但实际上是由于我们对犯罪构成体系及其要件的精确含义缺乏深入细致的探究所引起的。在探究正当防卫与构成条件的关系之前，我们先来关注下对于正当防卫制度归属的称谓问题。正当防卫制度归属的称谓问题，目前我国刑法学界没有达成一致性的意见，有称之为"排除社会危害性的行为"，还有学者称之为"正当行为"。我们认为，上述两种称谓都不够精当。"排除社会危害性的行为"主要是过去很多刑法教科书照搬苏联刑法的理论而来的，从方法论上看，正当防卫等行为之所以被排除在犯罪之外，并非仅仅是不具有社会危害性，而主要是缺乏某些构成性的体系要件。而"正当行为"一词，主要是借鉴德日刑法中的相关理论而形成的。在目前大陆法系刑法中，往往将排除不法的根据与正当根据，在逻辑上并不加以区分。例如德国著名刑法学家克劳斯·洛可辛指出，"一个符合行为构成的举止行为是违法的，只要没有一种正当化理由可以排除这种违法性。人们可以不谈正当化的根据，而来谈'排除不法的根据'；在这里并不存在什么有意义的区别。"[①] 在实践中，发生的定性较为困难的案件，比如在相互殴斗中双方实力过于悬殊，实力弱小一方所进行的防卫认定，仅仅从客观层面进行剖析，而不考量主观层面的因素，对最终准确定性并无裨益。因此，比较理性的做法，是进行多角度多层次的挖掘，分析主观和客观每一层次内容的合理内核，才会在价值冲突的天平上做到精准评判。

从构成要件角度而言，正当防卫行为很难说是满足"四要件"的犯罪构成。首先，就犯罪客体来讲，正当防卫行为并没有侵犯刑法所保护的社会关系。侵害人自然享有健康权和生命权，理应受到刑法的保护，但其在侵害——防卫的特殊场合，上述保护还能有效吗？从法理上讲，当侵害人正在实施不法侵害，而国家的公权力机关无法及时地挺身而出之时，国家可以通过成文法包括刑法

---

① [德] 克劳斯·洛可辛著，王世洲译：《德国刑法学总论》，法律出版社2005年版，第388页。

规定，明确授权给在场的任何公民（当然包括被侵害人），鼓励其通过自身力量来救济将被侵犯的权利（当然，对不法侵害人的人身造成的损害须不能超过防卫限度的要求）在这种极其危急的时空背景下，刑法就失去了保护不法侵害人的权利的理由，否则就难言公平正义。"在法理上，此时至多存在当事人具体利益的冲突而不能认为存在法益或权利的冲突。任何法益或权利，都只能在人特定的人际关系中相对于法律的认可而存在。"[1]可见，正当防卫行为虽然从事实上对不法侵害人的权利构成侵犯，但并没有侵犯到刑法所保护的社会关系（或者法益），故不能认为符合犯罪构成客体之要件。

其次，从主观方面角度来看，在正当防卫的场合下，防卫人虽然主观上有对不法侵害人造成一定损害的所谓故意，但也仅仅是事实层面上的，而非规范意义上的刑法中的故意。依据我国刑法通说，犯罪故意一般是指，明知自己的行为会发生危害社会的结果，并且希望或者放任这种结果发生的主观心理状态。显然，正当防卫情境下，防卫人的事实故意，完全不能和犯罪故意相提并论。这里最关键的是，防卫人所明知并且追求发生的结果，是为了制止不法侵害而有利于社会的结果，绝非刑法意义上的危害结果，因此，自然没有犯罪故意。

由上，通过犯罪构成客体和主观要件的分析，正当防卫行为明显都不符合犯罪构成。有些人之所以会步入正当防卫符合犯罪构成的藩篱，在很大程度上，是对不同语境下的用语没有很好的区分所致。大陆法系刑法理论中的犯罪构成和中国视野中的犯罪构成尽管在表述上没有区别，但实际上差别很大。在大陆刑法中，正当防卫行为通常被认为是满足成立犯罪的第一个条件，即"构成要件符合性"，只是由于不符合犯罪成立的第二个条件——"违法性"，而做出出罪的判断。而依据我国刑法理论，通过"四要件"的属性则同样可以完成出罪判断，并且在逻辑上由于客体要件的前置，所以较德日体系能更容易导向性地形成出罪认识。[2]

---

[1] 冯亚东：《犯罪构成与诸特殊形态之关系辨析》，载《法学研究》2009年第5期。
[2] 参见冯亚东《犯罪构成与诸特殊形态之关系辨析》，载《法学研究》2009年第5期。

二、正当防卫制度在我国刑法理论"犯罪论"中"安置"问题

在分析正当防卫与构成条件的关系之后,我们再来谈谈正当防卫制度在犯罪论中如何安置的问题。

大陆法系、英美法系均将正当防卫置于犯罪构成体系之中。从大陆法系诸多国家刑法规定来看,正当防卫仅仅是被消极地予以认可的违法阻却事由。作为一种利益侵害行为,正当防卫虽然符合构成要件,但在刑法理论上被认为违法阻却事由,因而刑法上对这种反击行为明确规定不罚。英美法系犯罪构成具有双层次的特点,犯罪的成立不仅需要有实体意义上的犯罪要件,而且还需要诉讼意义上的犯罪要件——合法抗辩。合法抗辩(Legal defense),又称为免责理由。美国刑法把合法辩护分为两类:一类是"可得宽恕",如未成年、错误、精神病、被迫行为、醉态、胁迫等;另一类是"正当理由",如紧急避险、正当防卫、警察圈套等。如果行为符合犯罪本体要件,行为人不能证明自己存在合法辩护事由,即排除合法正当性,这就具备了责任充足条件。可见,英美法系国家刑法将正当防卫置于犯罪构成范畴之外独立成章,直接定名为"合法辩护",合法辩护作为广义的犯罪构成要件中的消极要件而存在。而在我国,与大陆法系和英美法系国家做法所不同的是,正当防卫行为不是刑法意义上的行为要素,因而由在行为要素基础上分别发展起来的由"四要件"所形成的我国传统耦合式犯罪构成体系,自然没有也不可能为刑法中的正当防卫行为提供应有的平台。如此,刑法中的正当防卫制度就被置于犯罪构成体系之外、与犯罪构成体系没有直接的关联。具体来讲,正当防卫成为一个在犯罪构成体系之外对犯罪主观方面所作出的判断,进而对行为性质的认定(即犯罪成立与否的认定)发挥作用的独立制度。这样的处理模式,使得对于犯罪行为的事实判断与价值判断、积极判断与消极判断、抽象判断与具体判断均在耦合式犯罪构成体系结构中一次性概括完成,因而从中"无法看到我们的司法者具体裁量案件的思维过程,只能看到最终思维的结果"[①]。使人难免对一次性承载如此众多而重大使命的司法裁断过程的能力及其结论的公正性心生疑虑;特别是在一些防卫

[①] 王明辉、刘良:《正当性行为与犯罪构成体系关系论》,载中国法学会刑法学研究会、西北政法学院2002年10月印行《中国法学会刑法学研究会2002年年会论文汇集》(上),第430页。

案件中存在一些模棱两可的情形，不免出现形式上触犯法条但实际上却为法秩序的整体精神所宽容的"犯罪"，难以找到"出罪"的突破口，致使形式违法性与实质违法性之间的冲突，抽象的、僵硬的法条规定与具体的、灵活的社会现实差异的矛盾，法律与情理的对抗在所难免。① 由此，法定的犯罪构成体系在实现刑法一般正义的同时，在实现刑法个别正义方面，也面临一定的挑战和危机。

基于刑法中的正当防卫制度在我国耦合式犯罪构成体系中的尴尬地位，学界就犯罪构成体系与刑法中的正当防卫制度等的关系模式展开了较为深入的存改之争，并由此形成了以刑法中的正当防卫制度为代表的排除犯罪性的事由是否应当纳入到犯罪构成体系中的争论。对上述争议，目前存在"肯定说"和"否定说"两种见解。"肯定说"认为，犯罪构成是犯罪成立的唯一根据，须将刑法中的正当防卫制度等置于犯罪构成体系之内解决。而只有对中国的犯罪构成体系进行较为彻底地改造，才能在中国的犯罪构成体系中为正当防卫制度等找到一个合理的结构化位置，这既是犯罪构成理论自身完善的需要，也是阻却犯罪事由理论自身发展的要求。经过改造后的犯罪构成体系，对于阻却犯罪事由的考察成为司法人员认定犯罪过程中的一个不可或缺的结构化思维过程，从而有效发挥犯罪阻却事由在保证正确处理案件、保障公民合法权利方面的功能。②

而"否定说"则不赞成将刑法中的阻却犯罪事由纳入犯罪构成体系之中，但具体见解存在着相当大的差异。例如，有学者虽然认为刑法中的阻却犯罪事由应当置于犯罪构成体系之外解决，但却并不赞同维系现行的耦合式犯罪构成体系，而是力主对其加以改造；还有学者出于维护现行耦合式犯罪构成体系的立场，否定将刑法中的阻却犯罪事由纳入到犯罪构成体系之内解决的。我们将前一种观点称为"改造纳入的否定论"，将后一种主张称为"维护纳入的否定论"。

其中"改造纳入的否定论"认为，"犯罪构成理论是为某一行为构成犯罪提供法律标准，因而其功能应当由积极要件来完成。但犯罪构成的积极要件本身又具有过滤机能。对于不具备这一要件的行为自然排除在犯罪构成之外。在苏

---

① 田宏杰：《刑法中的正当化行为与犯罪构成关系的理性思考》，载《政法论坛》2003 年第 6 期。
② 有关这方面的研究，详细请参见张明楷著《刑法学》，法律出版社 2007 年版，第 171～203 页；刘亮《犯罪构成与犯罪成立的关系》，中国法学会刑法学研究会 2002 年会论文；于改之、温登平《比较、反思与重塑：犯罪构成理论再探》，载《法学评论》2002 年第 3 期；杜永浩《犯罪构成理论批判与重构——兼及犯罪构成二重结构论》，载《山东公安专科学校学报（山东公安丛刊）》2002 年第 6 期；夏勇《定罪犯罪构成与设罪犯罪构成》，载《中国刑事法杂志》2002 年第 5 期。

联及我国的犯罪构成理论中，不存在专门性的消极要件。在英美法系的犯罪构成要件中，以犯罪构成的积极条件（犯罪行为与犯罪心理）为原则，以消极要件（合法抗辩）为例外，在消极要件中，主要是免责条件，这种免责条件被认为与遗嘱、合同、婚姻之类的民事行为无效的心理条件之间具有类似之处。尽管如此，在英美法系的犯罪构成理论中，犯罪构成的积极要件是基本的，违法性基本上是以违法阻却为内容的，意在将正当防卫、紧急避险等正当行为排除在犯罪构成之外，因而可以说是一种纯粹的消极要件"①。至于德、日递进式犯罪构成结构，"将违法性作为构成要件，重点研究违法阻却事由，并将违法与有责区分开来，认为违法是客观的，责任是主观的，这是一种主观与客观相分离的表现……违法性不是犯罪构成的一个要件，而是犯罪的特征之一……将违法性作为犯罪构成的一个具体要件，是降低了违法性的意义"。②基于此，"我们认为，犯罪构成要件应当是积极要件，而不应当包括消极要件。因此，不构成犯罪的情形作为构成犯罪的例外，不应在犯罪构成体系中考虑，而应当在犯罪构成体系之外，作为正当化事由专门加以研究"。"根据上述论述，我认为犯罪构成应当采取二分体系，即罪体与罪责。罪体是犯罪构成的客观要件，罪责是犯罪构成的主观要件，两者是客观与主观的统一"。③

而"维护纳入的否定论"则认为，无论是在我国、大陆法系还是英美法系的犯罪认定体系中，都是以完整意义上的危害行为为规制对象。只是不同的国家因民族思维方式及价值观念的差异而对同一事物采取的分析判断方法有所不同。我国的犯罪构成体系采取的是一种平面直观的视角方式，大陆法系采取的是一种立体多层的视角方式，而英美法系则采取的是实体与程序结合的认识方式。但不管怎样看问题，所评价的对象都少不了主体、客体、罪过和行为本体

---

① 参见陈兴良《犯罪构成的体系性思考》，载《法制与社会发展》2000年第3期。
② 参见陈兴良著《刑法哲学》，中国政法大学出版社1992年版，第549～550页。
③ 陈兴良教授在2003年出版的《规范刑法学》一书中进一步完善了这一体系，根据我国刑法中的犯罪存在数量因素的这样一个特点，在犯罪论体系中增补了罪量要件，从而形成了罪体—罪责—罪量这样一个三位一体的犯罪论体系。在罪体要件中讨论犯罪成立的客观要件，包括行为事实与违法两个层次的内容。在罪责要件中讨论犯罪成立的主观要件，包括心理事实与归责两个层次的内容。在上述体系中，正当防卫与紧急避险作为正当化事由是在罪体—罪责—罪量的体系以外讨论的。这样一种安排主要是考虑到正当化事由是在定罪过程中予以排除的，但其内容较为庞杂，如果纳入犯罪论体系中讨论，可能会混淆有关内容。但把正当化事由放到犯罪论体系之外考察，容易引起犯罪论体系没有完全解决罪与非罪问题的误解，犯罪论体系就会出现逻辑上的漏洞。基于这一考虑，我现在认为还是应当将正当化事由纳入犯罪论体系。这样，罪体包括行为事实与罪体阻却事由，罪责包括心理事实与罪责阻却事由。罪体与罪责是犯罪构成的必备要件，而罪量则是犯罪构成的选择要件。只是在刑法规定以情节严重或者数额较大为犯罪成立条件的犯罪中，才需要罪量要件。

四个基本方面。否则，刑法就一定是暴虐的，其合法性就值得怀疑。脱离不同法系的文化背景而追求所谓的"创新"注定是无大意义的，而简单照搬的方法当然也不足取。就解决同一问题而言，最简单的方法往往最科学。苏联的刑法学者们之所以建构起平面式的犯罪构成体系及"四要件说"，自有其道理和实用价值所在。几十年来我国的刑事司法过程基本上是按此思路进行并形成定式，它简单易行，具有高度的可操作性。因此，将犯罪构成的整体模型分解为客体要件、客观方面要件、主体要件和主观方面要件显然符合典型行为的特征，在现阶段中国制度转型的国情及民族笼统、模糊、大包容思维方式的背景下基本上是能够解决绝大多数问题的，并无重新构造之当务之要。[①]

那么，究竟该如何定位正当防卫这种特殊的制度呢？是在犯罪构成体系内部予以探究，还是置于其外进行考察呢？我国刑法学者张明楷教授在其新版的刑法学教科书中，进行了有益的探索，他大胆地将正当防卫制度植入客观构成条件进行研究，[②] 尽管其创见新颖别致，但我们认为似乎也存有一定问题。首先，由于包括正当防卫制度在内的排除犯罪性的行为内容比较丰富，置入任何一要件中进行单独分析，从体系的美感上来看，都不免有失平衡；如果放在犯罪客观方面论述，那么其鸿篇巨制不免令人瞠目，张明楷教授的尝试就付出了32页论述的代价，另外，置入要件还有可能冲淡对"要件"自身核心意义的解读，有喧宾夺主之嫌。其次，正当防卫涉及的要件并非仅仅只有一个方面，只置于一个要件予以解读，从说理上不免有些牵强。

我们认为，维持目前通说体系，可能不失为一种理性的选择。现有的犯罪论体系在认定犯罪上没有出现致命性的危机，我们需要做的是，在现有的体系中做一些有益的修补，而不是纠结于体系的创新或者变革。之所以维持传统体系，主要是考虑到：

第一，单独将包括正当防卫制度在内的阻却犯罪事由作为一部分，可能更有利于从不同构成要件之规定性分别深入剖析，这样可以从不同的视角较为全面清晰的揭示正当防卫出罪的理由。

第二，不必盲目照搬国外刑法对于正当防卫制度的安排。大陆法系刑法由于对正当防卫在违法性层面完全出罪，在体系导向上无须再进一步揭示该类行

---

① 参见冯亚东、胡东飞《犯罪构成模型论》，《法学研究》2004年第1期。
② 参见张明楷著《刑法学》，法律出版社2007年版，第171~203页。

为在主观上的高度正当性，因而不能很好地发挥弘扬正义的功效。[1]而在我们这样一个社会主义国家，千百年来我们历来崇尚舍生取义、见义勇为，仅在体系上将正当防卫界定为"违法阻却"，显然是远远不够的。实际上，一个国家的刑法能够真正保障人权，与犯罪论体系没有必然联系，而是与该国家的性质和刑法的性质有着必然的联系，如果是一个集权独裁的国家，哪怕采取了三阶段的犯罪论体系，也无益于人权的保障。如果是一个民主、法治、宪政、自由的国家，即使采用了平面耦合的"四要件"构成体系，也仍然能够有效地保障人权。因此，为了有效地保障人权，我们不应当纠缠于犯罪论体系构造之争，而是应该努力把我们国家真正建设成一个民主、法治、宪政、自由的国家，努力通过法治学说的引进和介绍，以改变老百姓和执政者的观念。

第三，由于正当防卫制度在性质上属于与犯罪相关联的一种特殊的行为样态，将其作为特殊的犯罪相关形态进行专门的论述，从逻辑上而言，可能更为严谨。这样整个犯罪论可以清晰地分为三大块内容——第一部分为犯罪论的基础篇，介绍犯罪论的一些基本原理和犯罪的概念；第二部分为构成要件篇，这是构建这个犯罪论的基石；第三部分为与犯罪相关联的特殊形态篇，介绍与犯罪成立相关联的一些重大制度，比如犯罪未完成形态、共同犯罪以及排除犯罪性事由等。

第四节　正当防卫案件中的举证责任研究

一、防卫案件证明责任概览

自从国家出现，刑事诉讼证明即被打上公权的烙印，当事人自助证明也被公力证明取而代之。行使司法权的国家机关拥有证明权，具备证明主体资格，

---

[1] 参见冯亚东《犯罪构成与诸特殊形态之关系辨析》，载《法学研究》2009年第5期。

成为证明的主要主体。① 在刑事案件中，控诉方负有举证责任，辩护方没有举证责任，相反具有辩护的权利，这是普遍一致的做法。② 而且西方多数国家还承认被告人的沉默权。

在进入诉讼阶段的防卫案件中，防卫人的角色已转换为犯罪嫌疑人与被告人。关于犯罪嫌疑人、被告人应否承担举证责任及责任范围问题是刑事举证责任研究中争论的焦点，各国认识不一。英美法系国家在举证责任归属问题上，并不坚持控辩双方对等平衡原则，而是倾斜于对被告人的保护，在这一精神导向下，举证责任分配的总原则是"证明被控犯罪的每个因素和因此认定被告人有罪的责任，自始至终归于起诉方。而且起诉方还要使陪审团相信对所指控的犯罪全部要素的证明都已经达到排除合理怀疑的程度。而被告方一般不承担证明自己无罪的义务"③。只有为维护公共利益时，在具备以下几种情形之一时，才有提出证据证明有关事实的义务：（1）被告不在现场的证据；（2）被告人精神不正常的辩护证据；（3）被告人的行为是正当防卫的证据；（4）法官做出许可性推定的时候。④ 大陆法系国家中的起诉方原则上对于证明被告的犯罪负担举证责任，被告人原则上对自己的行为不负举证责任，但反驳起诉方时，对自己的主张负举证责任。⑤

我国刑事诉讼中的举证责任，是指由司法机关或某些当事人负责，他们必须提供证据证明案件事实或有利于自己的主张。否则，他们将承担其控告、认定或主张不能成立的危险的责任。⑥ 在公诉案件中，有学者认为被告人享有辩护权，而不负证明自己有罪或无罪的责任。其理由是：（1）这是被告人在诉讼中所处的特殊地位决定的。被告人是被追诉的对象，是无权收集证据的。而且绝大多数人身自由受到某种强制措施的限制，无收集证据的条件。（2）辩护权是法律赋予被告人的权利，其目的在于保证案件事实的查明，保障被告人的合法权益。即使被告放弃辩护权，不能因此导致不利于己的后果。（3）要求被告人承担举证责任，易陷入"有罪推定"的泥潭，使司法人员推卸自

---

① ③ 参见宋世杰、彭海青《论刑事诉讼证明中的责任区分》，载《国家检察官学院学报》2002年第1期。
② 应当指出，举证责任与证明责任是两个不同的概念，举证责任实质上是狭义的证明责任，基于论述需要，下面对于举证责任与证明责任不加区分予以使用。
④ 参见陈海光《刑事证据法热点问题新探——2000年中美证据法研讨会综述》，载《法律适用》2000年第7期。
⑤ 参见宋世杰《举证责任论》，中南工业大学出版社1996年版，第48页。
⑥ 崔敏、张文清主编《刑事证据的理论与实践》，中国人民公安大学出版社1992年版，第96页。

己的证明责任。[1]

在对防卫案件的审判过程中，法官应该更能体会到标准的游移。能够进入诉讼阶段，说明防卫结果是非死即伤的（刑法规定防卫过当是明显超过必要限度，且造成重大损害的，这里的重大损害就是重伤或者死亡），法官自然会受到来自受害方以及朴素的报应观念的压力。在这样一种传统"杀人偿命、伤人者刑"氛围之下，法官是极易倾向于判防卫过当的。法官的判决实际上已被一种无形的传统势力所操纵。惩罚的正当性以惩罚的准确性为前提，刑罚的震慑力很在大程度上源自其道德力量，即刑罚适用于真正的犯罪人而非无辜者时，才可能真正强化普通公民的守法意识。有学者则是更形象地称防卫行为是在"刀刃上跳舞"。[2] 对于防卫限度的认定，尽管有一定的客观标准，但更多需要考虑主观的因素，对于防卫人在防卫时的意志状态的评价则显得尤为重要。因此，控诉方应该对防卫人的异于常人的情形承担证明责任，比如说，控诉方举证证明防卫人能力超强，曾经获得过全国武术比赛的冠军，在面对多名持刀歹徒的攻击时，仍能收放自如，理性审慎地把握住防卫的限度等。反过来，防卫人仍然可以就自己紧急状态下的意志状态异常提供进一步的相关证据，比如防卫人既往的、痛苦的被侵害经历或者他人受侵害不利信息对其的负面影响等等。只要能够证明侵害和紧急情况的存在，那么主张防卫人超越理性、有失克制的证明责任就是公诉一方的，而且如果公诉方无法排除紧急状态下"本能反应"这个概念，则"理性"防卫的尺度就不可能定得过高。这也是法律不强人所难的具体体现。

在某些特定的情况下，防卫行为应该是自然成立的，无须特别证明。《法国刑法典》就将部分防卫行为直接推定为正当防卫。如《法国刑法典》第122—6条规定："完成下列行动的人，推定其进行了正当防卫：（1）夜间击退破门撬锁，暴力或诡计进入其居住场所之行为者；（2）对盗窃犯或者暴力抢劫进行自我防卫者。"防卫角色的推定，可以极大减少防卫者的举证责任，从而最大限度地保护防卫者。实际中有这样一个案例，可以说明防卫行为形成的自然性：一名爬水管的小偷于凌晨2时左右爬至四楼厨房外面，此时恰巧屋主起床上厕所，当他发现厨房外面有人影时，即意识到有小偷，极度惊吓之下便随手操起拖把，

---

[1] 参见沈德咏主编《刑事证据制度与理论》，法律出版社2002版，第800页。
[2] 参见张成敏《评逆防卫论及"刑法第20条反对论"》，载《刑法评论》（第3卷）。

朝厨房外面的人影打去。结果外面的小偷在挨打之后便失手从四楼掉下去摔死了。如果在室内，屋主采取如此行为自然不会有人非议，但此时小偷处于一种高度危险境界——身子悬在半空中，屋主的防卫是否过当则可能备受争议。我们不能苛求屋主对可能出现的情景去一一证明，唯一可以做的便是确认窃贼的这种偷盗行为的高危险性。只要屋主合理完成了阻止这种高危险性的偷盗行为的动作，其行为过程便可被客观地推定为正当防卫。①

"高度盖然性"的证明标准是以有利于被告人为前提的，如根据刑事诉讼基本原则——无罪推定原则，在心证不能确定时应做出有利于被告人的判决。对方当事人所负责任并非仅提供反证，使推定事实再度处于真伪不明状态即可。比如在连续击打行为存在的情况下，防卫人由于种种原因，在当时的具体情境下无法判断防卫限度时，应当采取有利于被告人的原则采信证据。证明责任的原则应该是："不适用特定规范其诉讼请求就不可能得到支持的当事人，承担法律规范要素在实际发生的事件中被实现的证明责任……他之所以承担证明责任，是因为，如果该要素的存在未予澄清，就不适用对其有利的规范，该事实上的不确定性成为他的负担。"② 显然，上述原则在防卫案件中应该是适用于控诉方的。

只要事实真伪不明，当事人一方在客观上就必须承担因不适用法律而带来的不利裁判结果。笔者以为，防卫人对防卫限度的辩解，只要动摇法官的内心确信，达到一定的合理程度即可。而控诉方对此提出反驳的，其证据要求必须达到"排除合理怀疑"标准。所谓"合理怀疑"，美国《加利福尼亚州刑法典》的表述为："它不仅仅是一个可能的怀疑，而是指该案的状态，在经过对所有证据的总的比较和考虑之后，陪审员的心里处于这种状况，他们不能说他们感到对指控罪行的真实性得出永久的裁决已达到内心确信的程度。"

二、特殊防卫案件的举证责任研究

前已经述及，一般来说，刑事案件中，控诉方负有举证责任，辩护方没有

---

① 参见郑雪刚《正当防卫的认定与推定问题研究》，苏州大学 2006 年硕士学位论文。
② ［德］罗森贝克：《证明责任论》，庄敬华译，中国法制出版社 2002 年版，第 12 页。

举证责任。但是，在一定情况下，辩护方承担一定的举证责任也是较为普遍的现象。正当防卫辩护就是典型的实例。正当防卫的行为如果抛开其防卫的意图，就是不折不扣的故意伤害或者故意杀人的犯罪行为，完全具备故意伤害或者故意杀人的构成要件。正是由于正当防卫意图以及正当防卫效果的存在，排除了正当防卫行为的犯罪性，使符合犯罪构成要件的行为成为正义的行为、合法的行为、有利于社会的行为。① 尤其是在特殊防卫案件，本来的立法初衷是鼓励公民勇敢地同犯罪作斗争，但是也造成了一种危险，这种危险是指可能使不轨之徒易于歪曲利用无限防卫权以遂其杀人目的。② 从实践角度来看，特殊防卫权作为被告人的无罪辩护的事由，其司法认定有相当的难度。特别是防卫案件中被告人（即防卫开始时的不法侵害人或被方为人）已经死亡的案件，控、辩、审往往对于案件的性质存在较大的争议。并且，特殊防卫权也会造成一种危险，这种危险是指可能使不法之徒易于歪曲利用特殊防卫权以遂其杀人目的。因此，对于特殊防卫权必须严格审查、防止滥用，这里有必要认真对待特殊防卫案件的举证责任的问题。

在诉讼理论中，举证责任是指由司法机关或某些当事人负责，他们必须提供证据证明案件事实或有利于自己的主张，否则，他们将承担其控告、认定或主张不能成立的危险的责任。根据我国刑事诉讼法规定，刑事公诉案件的举证责任由公安以及其他司法机关承担，犯罪嫌疑人、被告人不承担举证责任，亦即他们不承担证明自己无罪的责任。之所以如此规定是因为，首先，依据我国法律明确规定，公安以及其他司法机关只有取得足以证明犯罪嫌疑人、被告人有罪证据，才能将犯罪嫌疑人、被告人逮捕、起诉、定罪判刑。否则，不能证明犯罪嫌疑人有罪，就不能对犯罪嫌疑人逮捕、起诉、定罪判刑。其次，被告人之所以不负举证责任，还由其在刑事诉讼中所处的特殊地位所决定，被告人是追诉的对象，对他可能采取强制措施限制其人身自由，与代表国家的强有力的控方相比，被追诉一方处于相对弱小的境地：既没有收集证据的权力，也没有收集证据的条件。值得一提的是，传统理论认为，为了保证案件查处的公正，保障犯罪嫌疑人、被告人的合法权益，犯罪嫌疑人、被告人提供证据证明自己无罪或罪轻是其辩护权的题中之义。而不是举证责任的内容，他们即便没有提

---

① 参见刘大元《试论正当防卫辩护的举证责任》，载《安徽教育学院学报》2006年第3期。
② 范忠信：《刑法典应力求垂范久远——论修订后的刑法的局限与缺陷》，载《法学》1997年第10期。

供证据证明自己无罪或罪轻，也不会导致被判处有罪或罪重的法律后果。然而，在我们看来，这仅仅是案件的一般适用原则，特殊防卫案件由其特殊性所决定，其举证责任应有别于一般案件中仅由公安机关以及其他司法机关负担举证责任的做法，这类案件可以使用"谁主张，谁证明"的原则，即举证责任倒置的特殊原则。

首先，对特殊防卫案件适用传统的做法，将会使一些不法分子假借特殊防卫之名而行实施犯罪之实，规避法律。详言之，特殊防卫权可以成为某些犯罪人达到非法目的的手段，例如不法分子可在防卫挑拨后，借口特殊防卫权而将对方置于死地。[①] 在这种情况下，如果仍采取传统的做法将举证责任置于公诉一方，则可能因为防卫案件的特殊性而成为证据不足的疑罪。而在实行无罪推定原则的情况下，疑罪从无是必然结论。[②] 因此，如果对于特殊防卫案件采用传统的证明原则可能会与立法者强化正当防卫权利的宗旨背道而驰，有放纵犯罪之虞，很难说是公正合理的。

其次，特殊防卫案件举证责任适用"谁主张，谁证明"的原则，亦有法律依据。修订后的《刑事诉讼法》第35条规定"辩护人的责任是根据事实和法律，提出证明犯罪嫌疑人、被告人无罪、罪轻或者减轻、免除其刑事责任的材料和意见，维护犯罪嫌疑人、被告人的合极权益。"这里证明无罪的材料和意见，实质上就包含了狭义上的举证责任在内，特殊防卫作为被告无罪辩护的一种事由，当然也应当适用上述法律的规定而不能有所例外。故而，对于特殊防卫案件，公安以及其他司法机关为了查清案件的事实真相，显然应当全面收集证据，既包括不利于被告人，也应包括有利于的，但被告人对于自己所提出的特殊防卫的主张，也应当承担相应的证明责任。否则，通过司法机关收集到的基本证据足以证明被告人实施了故意杀人或伤害的行为，而未收集到被告人实施特殊防卫的证据，被告人及辩护人虽然提出特殊防卫的主张，但未能提供有力的材料和意见，应当认为特殊防卫不能成立，被告方就应对自己所实施的造成他人伤亡的结果承担相应的法律责任。

再次，特殊防卫案件中举证责任转移亦有国外立法例的支持。如法国刑法典第328条规定：(1) 将夜间越墙或破窗侵入住宅者杀死、杀伤或击伤；(2)

[①] 卢勤忠：《特殊防卫权与刑事立法思想的误区》，载《法学评论》1998年第4期。
[②] 陈兴良：《刑事法治的理念建构》，载《刑事法评论》（第6卷）。

将暴力行窃者或者暴力抢劫者杀死、杀伤或者击伤。上述两种情况，防卫人须提出证据证明自己无法律责任。这一立法范例较好地体现了在防卫案件中指控犯罪的举证责任由控方承担的一贯原则，也可变通为受指控一方承担证明自己无法律责任的举证责任。

最后，从更深一层来看，特殊防卫案件中举证责任转移的特殊制度，在很大程度上是由于法官在决断防卫案件过程中没有特别有效可靠的技术保证。我们知道，"在某些司法问题上，技术的发展至今还无法保证司法获得理想的正确结果，这就会促使或迫使司法采取各种制度来回应或避免可能的或更大的错误"[①]。在特殊防卫案件中，在很多场合下仅且防卫人与侵害人两方处于现场，并且防卫行为很可能导致侵害人死亡，囿于当前查证这类案件的技术限制，法官事后对于特殊防卫的认定往往会处于较为困难的境地。通过举证责任的转移，就在一定程度上避免了特殊防卫可能带来的不公。在这个角度而言，在特殊防卫案件中适用特殊的举证原则，是在特定物质技术条件下追求相对公正的结果，是务实可取的。

综上所述，公诉案件应当由负责指挥犯罪的司法机关负担嫌疑人、被告人有罪的责任，这可以说是一般性的原则。但在特殊防卫案件中，由于特殊的立法目的以及对特殊防卫案件追究的困难性决定了可以采用特殊诉讼手段，故而，不能排除举证责任的倒置这种原则之外的例外存在，即由犯罪嫌疑人、被告人承担对特殊防卫案件的举证责任，如果其未能履行这种责任，可以推定其有罪。

但是，必须提出，"在特殊防卫案件中，被告方负一定的举证责任应当不同于一般案件中追诉方的举证责任，两者的最大差异来自于证明标准不同"[②]。证明标准，是指诉讼中对案件事实等待证事项的证明所须达到的要求，也就是说，承担证明责任的诉讼主体提出证据进行证明应达到何种程度方能确认待证事实的真伪存否从而卸下除其证明责任。[③] 证明责任应当与证明能力相当，由于被告一方所具有的实际证明能力显然无法与强大的公诉方相提并论，所以要求被告方的辩解性证明达到无罪证明的明显无误的标准是不现实、不合理的。故而，

---

① 苏力著：《制度是如何形成的》，中山大学出版社1999年版，第13页。
② 程荣斌：《内地的刑事证据制度》，载《刑事法评论》（第5卷）。
③ 龙宗智：《试论我国刑事诉讼的证明标准——兼论诉讼证明中的盖然性问题》，载《法学研究》1996年第6期。

追诉方证明被告人有罪要达到"事实清楚,语气确实、充分"的最高证明标准,即达到排除合理怀疑的程度;而被告方证明标准,只需达到证明该项事实存在之可能性大于其不存在之可能性,即完成了举证责任,反驳的责任就转移给了追诉方,即被告人举证不必证明到充分合理怀疑的程度。

在司法实践中,证明标准即为证据充分或证据不足的分界线——线上为充分,线下者为不足,那么,在特殊防卫案件中被告方履行证明责任应当达到何种具体程度。我们认为,对此可以借鉴美国刑事司法制度的有关规定。根据美国刑事司法制度,关于否定罪责的辩护一方的证明责任,大致有两种情况:一种是被告一方承担证明自己无罪的较大责任,即被告一方有责任提出证明自己无罪的优势证据(a perponderance of evidence),即完全排除陪审团和法官的合理怀疑的证据。另一种是被告一方承担证明自己无罪的较小责任,即辩护一方只提出足以使陪审团怀疑指控理由的若干情况便可。但是在这种情况下,控告方为反驳辩护,仍须提出无疑证据。而根据行为的社会的价值不同,合法辩护事由可以分为可得宽恕辩护与正当理由辩护,可得宽恕辩护中被告一方通常应承担较小证明责任。典型的可得宽恕辩护如未成年、被迫行为等。正当理由辩护中被告一方通常承担较小证明责任。典型的正当理由辩护如紧急避险、正当防卫等。美国证据法则和证据理论中,将证明的程度分为九等:第一等是绝对确定,由于认识论的限制,这一标准无法达到;第二等为排除合理怀疑,为刑事案件做出定罪裁决所要求,也是诉讼证明方面的最高标准;第三等是清楚和有说服力的证据,某些司法区在死刑案件中当拒绝保释以及做出某些民事判决时有这样的要求;第四等是优势证据,做出民事判决以及肯定刑事辩护时的要求;第五等是可能的原因,适用于签发令状,无证逮捕、搜查和扣押,提起大陪审团起诉书和检察官起诉书,撤销缓刑和假释,以及公民扭送等情况;第六等是有理由的相信,适用于"拦截和搜身";第七等是有理由的怀疑,足以将被告人宣布无罪;第八等是怀疑,可以开始侦查;第九等是无线索,不足以采取任何法律行为。[①] 参照上述标准,我们认为,在防卫案件中,防卫人举证只需达到优势证据程度,即提出证据证明自己正当防卫的可能性要大于非正当防卫的可能性即可。若控诉方对此无法排除,即应推定防卫人正当

[①]《美国联邦刑事诉讼规则和证据规则》,卞建林译,中国政法大学出版社1996年版,第22页。

防卫行为成立。

下面以一案例来予以具体说明：2005年10月6日晚，倪某与黄某、武某等人在漳州市区丹霞路金苑姜母鸭店喝酒后回到自家楼下。因怀疑被告人蔡某明与其前妻张某有不正当关系，倪某即于11时许打电话约被告人蔡某明至漳州市区丹霞路豪佳香牛排人文咖啡馆面谈。10月7日凌晨0时许，被告人蔡某明先走出大门口，倪某结完账后也出大门，并用手拍打被告人蔡某明肩部，在被告人转身时又用手打其头部一拳，被告人蔡某明出于防护，还手打倪某一拳致倪某倒地受伤。后倪某因重度颅脑损伤致脑功能障碍死亡。法院认为蔡某明防卫过当一审判处其有期徒刑5年，并赔偿人民币30余万元。在该案中，笔者认为蔡某并未防卫过当。防卫过当需以防卫手段和防卫结果结合起来予以考虑。蔡某在被倪某打其头部后，并未持枪或持刀予以反击，而仅仅是用拳头予以反击。在手段上显而易见是具有相当性。蔡某反击一拳，有可能致倪某轻微伤、轻伤、重伤抑或死亡，当然也有可能什么伤都没有。事实上在大多数情况下，只要蔡某不是拳王泰森，他反击的一拳带来重伤或死亡的概率是微乎其微的。而且，他对行为所引起的后果也是不可控制的。在这样一种情况下，蔡某只需主张自己行为符合常态即可。控诉人若想指控其防卫超过必要限度，则必须举证证明其具备绝对控制局势的能力，比如说蔡某是散打高手，他只需一招就可制服倪某。防卫的结果"产生于所允许的防卫手段中所充满的危险性，并且是与这种手段一起被正当化的"。传统司法体系在处理防卫案件时，有一个误区，总是将防卫人对防卫结果明知或应知的标准等同于故意杀人或故意伤害。从刑罚设置中，我们能够明显看出，即使是防卫过当，其处罚程度也应低于相当的过失犯罪。在笔者看来，防卫人对自己的防卫行为符合常态的主张便是一种最好的优势证据，因为人人均可依据自己的经验与理性予以判断和评析，其具有大众标准。

再退一步讲，在防卫案件中，"明显超过"尺度的指控证明暧昧不明时，也应当有利于防卫人的推定。在承担证明责任的一方究竟是否达到法定证明标准问题上，一旦存在疑义，或者发生模糊不清的情况，那么，裁判者都应做出有利于被告人的判定。具体而言，检控方所承担的证明被告人有罪的责任，究竟是否达到"排除合理怀疑"的程度，这一点并不是十分明确的时候，裁判者应当做出被告人无罪的裁判结论；辩护方对本方诉讼主张所承担的举证责任，如果转移到检控方身上，而控辩双方就该主张的成立所做的证明如果既不能肯定也不能否定时，那么，裁判者也要做出该主张成立的裁判结论。不能证明防卫人防卫过度，或已有证据不能排除合理怀疑时，应认为防卫人无罪。这一项又可引申出两条规则：无罪之推定规则和疑罪从无规则。无罪之推定规则指当不能证明被告人有罪时，应推定为无罪，被告人不得被要求对无罪事实举证；疑罪从无原则，亦称有利被告原则，即指已有证据不能充分证明被告人有罪，不能排除合理怀疑，不能推翻"无罪推定"时，应宣告被告人无罪。此种情况下，亦即推定防卫人正当防卫成立。①

我们建议，在特殊防卫的场合下，由被告方承担证明自己无罪的较小责任，即被告方只需针对控方的故意杀人或故意伤害的指控，提出足以使法官怀疑控告理由的若干情况，而不必直接证明自己实施了特殊防卫而免责。这种做法不仅考虑到了特殊防卫案件司法认定的困难以及控辩双方在诉讼中强弱对比的特殊地位，而且可以弥补特殊防卫制度在实践中可能出现的疏漏，在很大程度上避免不法之徒借特殊防卫实施犯罪，因而，在特殊防卫案件中由被告方承担较小证明责任，可以说是合理可取的。

---

① 参见郏雪刚《正当防卫的认定与推定问题研究》，苏州大学 2006 年硕士学位论文。

第九章
正当防卫制度的当代中国命运

第一节　邓某娇案件的思考

　　2009年湖北省恩施自治州成为公众关注的焦点。一个来自于恩施的柔弱女子举动成了街头巷尾热议的话题。事情的经过是这样的。2009年5月10日晚，邓某大、黄某智等人酒后到该县野三关镇雄风宾馆梦幻娱乐城玩乐，黄某智强迫要求宾馆女服务员邓某娇陪其洗浴，遭到拒绝。邓某大、黄某智极为不满，对邓某娇进行纠缠、辱骂，在服务员罗某等人的劝解下，邓某娇两次欲离开房间，均被邓某大拦住并被推坐在身后的单人沙发上。当邓某大再次逼近邓某娇时，被推坐在单人沙发上的邓某娇从随身携带的包内掏出一把水果刀，起身朝邓某大刺击，致邓某大左颈、左小臂、右胸、右肩受伤。一直在现场的黄某智上前对邓某娇进行阻拦，被刺伤右肘关节内侧。邓某大因伤势严重，经抢救无效死亡；黄某智所受伤情经鉴定为轻伤。针对当时社会的普遍关注，央视网发起了一项针对案件当事人邓某娇刺死官员行为的网络民意调查。中国中央电视台网站为此在网站"女服务员刺死官员"专题页面设置了针对全国网民发起的网络投票活动，该投票针对的问题是"女服务员刺死官员，算正当防卫吗"。该问题有下列三个选项："1.属于正当防卫，不应该定罪；2.属于防卫过当，但也不能叫故意杀人；3.不好说，此事还有待斟酌。"据统计，截至2009年6月8日18时，参与该项调查活动的网民人数高达11.7万人次。根据调查结果显示，赞成邓某娇行为"属于正当防卫，不应该定罪"的网民高达108679人次，占总投票数的92.89%。而赞成邓某娇行为"属于防卫过当，但也不能叫故意杀人"投票数的仅有7328票，占总投票数的6.31%。选择"不好说，此事还有待斟酌"的网民人数则仅有940人次，仅占总投票数的0.80%。从网络民意调查活动结果可以看出，目前绝大多数网民对邓某娇行为报以极大的同情和支持态度。但这些网络热词，却真真切切地成了最常见的"弱者的武器"。"信法不如信访，信访不如信网"似已在许多当事人心中成为既定事实。[①] 湖北省巴东县人民法院认为，邓某娇在遭受邓某大、黄某智无理纠缠、拉扯推搡、言词侮辱等不法侵害的情况下，实施的反击行为具有防卫性质，但超过了必要限度，属于防卫过当。被告人邓某娇实施了故意伤害致人死亡的行为，其行为构成故意伤害罪。案发后，邓某娇主动向公安机关投案，如实供述罪行，构成自首。经法医鉴定，邓某娇为心境障碍（双相），属部分（限定）刑事责任能力。据此，依法判决对邓某娇免予刑事处罚。

从我们看到的案件报道事实来看，我以为，法院的判决是冷静理性的。法院判决认定的事实，邓某娇用刀刺死邓某大的行为，属于防卫过当性质。首先我们从构成条件角度来分析，邓某娇的行为是否是正当防卫。邓某娇用刀刺击邓某大的行为在起因上具有防卫的根据，由于她是在受到邓某大、黄某智一再实施不法侵害的情况下为保护自己的合法权益而被迫自卫，完全符合正当防卫的前提条件。那么，邓某娇的防卫行为是否符合正当防卫的限度条件呢？这可以说是本案的关键。从当时的情景分析，在邓某娇所在的经营场所领班阮某某和邓某娇其他同伴在场的情况下，邓贵大、黄某智的不法侵害行为显然没有达到严重危及邓某娇人身安全的暴力犯罪程度，他们只是通过拽拉推扯以及侮辱等来发泄对邓某娇拒绝他们不法要求的不满情绪。在这种情况下，邓某娇持水果刀刺击邓某大的颈部、胸部并造成邓某大死亡的行为，就与邓某大等人的不法侵害行为明显失衡，从而属于刑法禁止的"明显超过必要限度且造成重大损害"的防卫过当行为了。因此，邓某娇的防卫行为明显超过必要限度造成了邓

[①] 为什么民众"舍法求法"？国家保密局长、原中国社科院法学所所长夏勇先生认为，这"不奇怪"。因为"正义既非仅仅在法院，也非必然在法院。法律问题既非只能通过法律途径来解决，也非必然能够通过法律途径来解决。""倘若法外的救济手段能够更好地满足当事人的意愿和利益，为什么非得走法律程序呢？"是的，在司法权威未完善确立的转型时代，无论是强制要求或是苦口请求，都很难将当事人拉回到既定的法制轨道上来——除非有足够多的经验事实证明，这一轨道既便捷，又有效。对当事人而言，他们的亲身验证或他们的所见所闻却总是在告诫着那些合法的救济管道未必一定通畅。之所以要寻求网络舆论的支持，并非是为了寻求非法的利益，更多的仍只是追求合法的结果或符合大众心理的司法正义。这种"舍法求法已然超越法治的工具性（instrumental）立场而指向一种真正合格的实质性的（substantive）法治"。如果不看到"舍法求法"被广为采纳的社会背景，我们就容易将这些喧嚣的网络舆论当作是不值得一听的感性诉求。若人为地将网络舆情与司法理性对立起来，这种理性的秉持未必就能捍卫法治，有些时候还很可能会产生相反的结果。新中国倡行"法治道路"不过十几年光景，法治建设充其量只是"初级建设阶段"。若以为司法机关只需闭门生产正义，就可以应对"舍法求法"，那也未免太过本本主义与浪漫主义。司法公信的获得，司法权威的提升，还需要民众的参与，更亟待民众的感知。影响性诉讼本是司法官员与民众展开互动，并让民众感知司法正义的最佳媒介。一味回避只会错失良机，并将导致更多的误解——法律是神圣的，但法律又是世俗的。司法判断是职业的，但司法判断又应当是常识的，为裁判所依据的法律就建立在世道人心之上。如果民众不懂法律神圣，或不明白司法官的职业判断，司法官就有义务向民众解疑释惑。

某大死亡的重大损害，不符合正当防卫的限度条件，不是正当防卫。

其次，邓某娇的防卫过当行为依法应承担刑事责任。根据《刑法》第 20 条第 2 款的规定，正当防卫明显超过必要限度造成重大损害的，应当负刑事责任，但是应当减轻或者免除处罚。因此，对邓某娇刺死邓某大的行为，应当根据《刑法》分则的规定定罪量刑。从本案的发展过程看，邓某娇是在数次躲避邓某大、黄某智的不法侵害未成功的情况下，情急之中持水果刀刺击再次扑向自己的邓某大，无疑不具有剥夺邓某大生命的意图，她显然是希望通过伤害不法侵害人以达到保全自己的结果。因此，对她的行为应认定为故意伤害罪，并以《刑法》第 234 条规定的故意伤害致人死亡的量刑幅度作为邓某娇应负刑事责任的基准，然后再依照上述《刑法》第 20 条第 2 款的规定减轻或者免除处罚。最后，邓某娇的防卫过当行为适格于从轻或减轻或者免除刑事处罚的规定。需要指出的是，由于本案死者邓某大等人实施不法侵害在先，自身行为有重大过错，加之邓某娇在防卫过当后又具有依法可以从轻或者减轻处罚的自首情节，且邓某娇属于依法可以从轻或者减轻处罚的限定刑事责任能力人。故综合全部案情慎重考虑，我以为，人民法院对邓玉娇免予刑罚处罚的处理比较恰当。

第二节 对当下正当防卫案件的再思考

近来，正当防卫之立法的规定与司法实务并没有进行有效的衔接，下面我们将通过"于某案""武汉摸狗案"以及"昆山砍人案"进一步反映正当防卫制度在实际操作中存在的问题。

一、案件的事实认定和问题

（一）山东聊城"于某案"

2014 年、2015 年，于某的母亲苏某与丈夫于某向赵某先后借款，约定月息为 10%。2016 年，赵某纠集杜某、张某、郭某等人到苏某所开公司——山东源大工贸有限公司索要欠款，尔后通知程某和被害人严某等多人到达源大公司。为催促苏某还款，赵某等人在办公场所叫嚣，于财务室以及餐厅处盯守，并在办公楼门厅外烧烤、饮酒，之后，苏某在于某和另外两名员工的陪同下，进入一楼接待室，并被对方没收手机。在这个过程中，杜某辱骂于某、苏某及其家人，将烟灰弹到苏某身上，向对方裸露下体，脱下于某的鞋子让苏某闻，实施拍打于某面颊的行为；其他讨债人员实施了揪抓于某头发或按压于某肩部不准其起身等行为。随后，民警接到报警赶到现场，到接待室询问缘由同时警告双方不得打架，便离开了接待室出去寻找报警人。于某和苏某想随民警离开接待室，被杜某等人阻拦要求他们坐下，被于某拒绝后，实施了卡于某脖子并将其逼至角落，于某便从桌上拿起水果刀警告对方不要靠近，杜某对其进行言语挑衅并逼近对方，此时于某持刀刺向正在逼近他的人，导致一人死亡，两人重伤，一人轻伤。本案经审理后，一审法院判认定于某构成故意伤害罪，判处无期徒刑。经被告人上诉，二审法院以故意伤害罪改判于某五年有期徒刑。本案发生后，在全国引起了很大的争议，刑法学者的观点基本呈现"一边倒"的趋势，普遍评价于某的行为构成正当防卫；而法院却认为于某属于防卫过当，构成故意伤害罪。为什么司法实务和理论观点表现出如此大的反差？问题争议的焦点主要是于某的防卫行为是否超过必要限度，造成不应有的损害。

（二）江苏昆山"刘某龙正当防卫案"

2018 年 8 月 27 日 21 时许，刘某龙开着宝马车越线非机动车道时，与骑着自行车的于某明相遇，双方发生纠纷。位于驾驶位置的刘某龙下车冲向于某明，两人发生争执进行推搡、互踢，纠缠了约 50 秒后，刘某龙返回宝马车拿出刀，并再次冲向于某明向对方砍去，而于某明对此进行防卫，在此期间，刘某龙手中的刀脱手掉落，二人立即冲上去抢刀，于某明在抢得刀后，随即向刘某龙砍去，受伤的刘某龙进行躲避并欲跑回车内，在逃跑的过程中于某明仍在追砍，刘某龙再次中刀，并经抢救无效死亡。公安机关认为于某明属于正当防卫，不构成犯罪，做出不予立案的决定。此事发生后，有人认为于某明的行为属于正当防卫，也有人持反对观点，认为他构成防卫过当。主要的争议点是：刘某龙面对于某明持刀追砍时连续躲窜逃避，已经失去了伤害于某明的能力，此时的不法侵害已经消除，于某明连续的攻击行为应构成防卫过当甚至可能是故意杀人。

(三) 湖北武汉"摸狗案"

2016年2月28日,杨某伟、杨某平在武昌区杨园街偶遇彭某明遛狗,因杨某平摸了彭某明所牵的狗,双方为此发生口角之争,彭某明当即扬言要找人报复二人。约过了10分钟,彭某明邀约三名男子,手持工地上常用的洋镐把找杨氏二人,彭某明首先冲到杨某伟家门口,与其发生打斗,杨某伟用单刃尖刀朝对方胸腹猛刺数刀。尔后另外三名男子相继冲上来,用洋镐把对杨某伟进行殴打,杨某平从家中取出刀后,朝彭某明胸部猛刺。经鉴定,彭某明因急性失血性休克而死。一审法院认为杨某伟、杨某平合伙故意伤害他人,构成故意伤害罪。本案现已被发回重审,二审期间争议的焦点主要是杨氏兄弟的行为是属于正当防卫还是斗殴。2018年12月19日,备受关注的武汉"摸狗案"二审宣判,武汉市中院认为,弟弟杨某伟的行为系防卫过当,具有自首情节;哥哥杨某平属正当防卫。

二、上述案例涉及问题分析

(一) 过于关注法益衡量

在司法实践中,一旦出现伤亡等严重后果,一般就认定为防卫过当,主要理由是"超过必要限度,造成不应有的损害",主要症结是对防卫限度的认定存在争议。理论上,针对防卫限度问题,主要有三种学说:"必需说""适当说""基本相适应说"。"必需说"认为,行为人的防卫行为只要是针对不法侵害采取的必要手段,则不认为超过防卫限度。"适当说"要求防卫人的行为正好足以制止不法侵害,未对侵害人造成多余的损害。"基本相适应说"是指防卫人的防卫程度与不法侵害人的侵害程度相适应。"基本相适应说"和"适当说"更倾向于关注造成的损害结果,这与我国司法现状形成了高度的统一,但是我国司法实务中更关注结果,甚至出现了以结果为中心的情况。究其原因是司法机关在认定案件性质时,一直进行着法益权衡,从而导致了过于注重结果,出现"唯结果论"的断案模式。

在"于某案"中,法院认定于某系防卫过当,造成一死二伤一人轻伤的危害后果，以故意伤害罪判处于某五年有期徒刑。审判机关认定防卫是否"明显超过必要限度"，主要从不法侵害的性质、手段、强度、危害程度，以及防卫行为的性质、时机、手段、强度、所处环境和损害后果等方面综合分析判定。其裁判理由主要从下几个方面进行分析：首先，杜某等人实施不法侵害的前提是为了索要债务，在索债的过程中并未携带、使用武器；其次，杜某等人对于某和苏某实施的非法限制人身自由、侮辱、拍打于某面颊等行为，主观目的仍是迫使苏某及时还清欠款；再次，民警进入接待室时，警告双方不要打架，而杜某等人也并未动用武力，在民警离开接待室后，于某可以通过玻璃门知晓民警的动向；最后，在于某持刀警告对方不要靠近时，对方的言语挑衅和逼近行为对于某并未构成实质性的损害。①尽管裁判理由力求详细，但是都是以"造成严重后果"为中心展开的，而以上观点成为于某构成防卫过当的理由，实难令人接受。第一，杜某等人索债行为的前提就是非法的，在案件事实中，笔者阐明还款月息为10%，属于高利贷，而高利贷是不受法律保护的，但法院在事实认定中没有对这一行为进行性质判断。有学者认为这一高利借贷事实的遗漏，是肯定正当防卫的主要障碍。②假设法院在审判之初直接认定杜某等人索要非法债务，那么后面于某的行为就具有防卫的正当性。第二，杜某对于某、苏某实施了严重侮辱行为，虽然不是后面正当防卫的理由，但是对于某造成了心理伤害，为后面于某实施防卫行为埋下了隐患。其次是杜某等人实施的限制人身自由的行为，从约16时一直持续到约22时，将于某等人长期扣押在特定的场所，在此期间于某等人的行为都受到了限制，在杜某到达接待室后，于某、苏某等人不得离开接待室，并对二人进行了言语攻击和身体击打。在民警到达后，于某想要离开，杜某等人进行阻拦便知，杜某等人限制甚至剥夺了于某等人的人身自由。根据我国《刑法》第238条的规定，非法拘禁罪是指非法拘禁他人或者以其他方法非法剥夺他人人身自由的行为。以及第3款的规定："为索要债务非法扣押、拘禁他人的，依照前两款规定处罚。"我国《刑法》第20条的内容包括对限制人身自由所做的防卫，根据案件事实，对于某等人的不法侵害一直存在，即使民警进入接待室也未终止不法侵害的进行，于某可以进行正当防卫保

---

① "于某案"的案件事实和裁判理由均来自北大法宝的司法案例。
② 陈兴良：《正当防卫如何才能避免沦为僵尸条款——以于某故意伤害案一审判决为例的刑法教义学分析》，《法学家》2017年第5期。

护自己的人身自由不受侵犯。第三，于某的防卫行为是必要的。法院的裁判理由中认为在民警到达又离开接待室后，于某可通过闪烁的警灯获得安全感，紧迫的威胁已经消除，而杜某等人在民警离开后对于某实施的言语攻击和逼近行为不足以构成刑法规定的紧迫的威胁，事实上是错误解读《刑法》第20条第一款的规定。于某在民警到达前，已经处于一种极度紧张压抑的状态，而这种状态是杜某等人造成的，在民警到达又离开后，使得于某处于崩溃边缘，于某在民警离开且未解决问题的情况下，要求走出接待室，但受到了杜某等人的阻拦，于某的人身自由仍然受到了限制，此时现实的不法侵害仍在进行且具有紧迫性，于某拿起水果刀要求对方不要靠近，但对方不仅语言攻击并且逼近于某。而法院认为于某此时应该产生足够的安全感并冷静应对，不免要求过高，对于某也是一种苛求，换言之，如果此时仍然要求于某不做反抗任由对方继续进行不法侵害，于理不合，于法难循。第四，于某的防卫行为没有超过必要限度。在民警到达未能解救于某母子时，于某只能寻求私力救济进行自我保护，此时在考虑于某行为是否过当时，应该从双方人数、力量的的悬殊、对方存在严重的侮辱行为、于某等人已被限制人身自由长达六个多小时等方面进行综合考虑，因此于某的防卫行为未超过必要限度，符合正当防卫。

综上所述，审判机关在审理"于某案"时反映的问题是：尽管于某面临现实的正在进行的不法侵害，只要防卫行为造成伤亡后果，法院判决便认为超过必要限度。这是一种将防卫利益和攻击利益简单化、绝对化比较，从而得出防卫过当的错误结论，采用这种方式的后果就是导致利益失衡。在国家权力缺位时，不能严格要求防卫人同审判人员一样，在处理问题时严格按照法律程序上的规定，进行法益衡量和遵守比例原则，相反，只要防卫人制止不法侵害的防卫行为必要、适当，就符合正当防卫的规定。①

（二）忽视不法侵害的存在

在司法实践中，很多案件存在事先准备工具或言语问题的很容易被认定为故意伤害，从而忽视甚至否定不法侵害的存在，以至于否认行为人的防卫性。以"武汉摸狗案"为例，本案中争议的焦点是杨氏兄弟二人是与彭某明等人进

---

① 周光权：《正当防卫的司法异化与纠偏思路》，《法学评论》2017年第5期。

行互殴构成故意伤害，还是因正当防卫超过必要限度构成防卫过当。笔者认为杨氏二人属于防卫过当。第一，存在现实的不法侵害并正在进行。杨某平摸了彭某明的狗后，双方发生口角，彭某明扬言要报复，随后带了三人前往杨氏二人所在地。彭某明率先拿着洋镐把冲上前去殴打杨某伟，现实的不法侵害已经存在并正在进行。第二，不能因杨氏二人事先准备刀具以及言语回击就否认其行为的防卫性。彭某明扬言报复在先，杨某伟说"我等着"而后准备刀具，其行为只是为了预防侵害，既不存在事先挑衅也没有积极应战，因为彭某明等人是来到杨某伟家门口，对杨氏二人进行人身侵害，因此也不存在互殴的可能性。第三，杨某平捅刺彭某明的行为具有防卫性属于防卫过当。根据一审法院判决书，法院认为杨某平是看着弟弟杨某伟被打的情况下，出手捅刺彭某明，不存在自己面临不法侵害的情形，行为不符合防卫过当的法律特征。首先，彭某明扬言报复的是杨氏二人，四人身强体壮，其中一人为退伍军人，一人为在校体育生，较杨氏二人而言，人数和力量上都有压倒性的优势，因杨某平并未出现在视野中便集中火力对准杨某伟，而杨某平在目睹杨某伟被对方殴打得满头是血的情况下，出于保护自己弟弟生命安全和自己的主观心态，其行为具有防卫性，同时，根据《刑法》第20条第一款明确规定，"不法侵害"包括本人和他人的人身受正在进行的不法侵害，也证明了杨某平行为的防卫性构成过失致人死亡。杨某平处于保护自己弟弟生命安全的目的实施的捅刺行为，并没有伤害的故意。审判机关将彭某明等人的侵害行为割裂处理，忽视了杨某平行为的完整性，将不法侵害一分为二，错误解读了法律规定，从而得出了不恰当的结论。第四，杨某伟的行为属于防卫过当。审判机关在判决书中阐明，"杨某伟持刀猛刺被害人胸腹部数刀，手段较为残忍，导致被害人死亡具有主要责任，其行为已不属于仅为制止不法侵害而实施的防卫行为"，否定了辩护人提出的防卫过当。杨某伟行为实施的前提是彭某明等人不法侵害的存在，人身安全面临着紧迫的威胁，该理由将杨某伟的整体行为分为数个行为，否定了行为的防卫性也不妥当。

关于此案的认定尚存诸多争议。主要原因是司法实务中倾向于将"不法侵害"限定为纯粹的无辜一方受到严重暴力攻击的情形，而且仅限于保护自己的权利，一旦出现伤亡后果便轻易否定不法侵害的存在，然而这种观点与我国的立法制度和理论研究大相径庭。从《刑法》第20条规定得出，我国针对不法侵害的范围较广，包括针对人身、财产以及其他权利进行的防卫，而且不限于保护自己的权利。事实上，有些基层司法可能悖离了立法初衷，对正当防卫进行了片面化的理解有失准则。

（三）忽略正当防卫的行为条件

"刘某龙正当防卫案"中，刘某龙之行为直接被认定为正当防卫，民众呼声基本呈现出"一片叫好"的趋势，而此案也让很多学者看到了未来正当防卫的"大好前景"，但本案仍然存有疑问。以冯军教授分析的疑点为主，主要有以下几个方面：第一，于某明是正当防卫还是紧急避险？我国传统刑法理论认为，《刑法》第20条规定的"不法侵害"主要是指达到法定年龄，具有控制自己行为能力的人实施的不法行为。但目前我国刑法理论主张对儿童、精神病人实施的不法侵害也可以进行正当防卫，但同时主张，"在对未达到法定年龄、无责任能力的人"的不法侵害采取回避措施并不存在特别负担的情况下，不宜进行正当防卫"[①]。冯军教授认为，公安机关抽测刘某龙的血样，达到87mg/100ml，是醉酒状态，与无刑事责任能力人的状态一样，如果于某明知道刘某龙处于醉酒状态，在刘某龙进行攻击时，于某明没有特别负担应该采取紧急避险，不宜进行正当防卫。而公安机关在认定案情时，既未考虑于某明是否明知刘某龙处于醉酒状态，也未考虑于某明当时采取回避行为是否存在负担，直接认定于某明为正当防卫则有失妥当。第二，于某明在整个行为过程中是否有所克制？冯军教授认为，如果于某明在明知刘某龙处于醉酒的状态，就应该对自己的行为进行克制。但是，于某明在整个行为过程中都是在积极应对，没有丝毫的避让，并趁着有利的时机进行强有力的反击。第三，根据我国《刑法》第20条第3款的规定，刑法意义上的"行凶"是指对对方造成人身伤亡的危险。但刘某龙在用刀对于某明进行攻击时，只是击打对方的的脖颈、腰部和腹部，造成于某明局部挫伤并未对对方造成实质性的损伤。持相反观点的认为于某明在面临对方持刀侵害时，很难做出理性判断，不能以造成防卫人实际损害为前提，应从第三人的认知水平进行价值判断。冯军教授认为，应区分"苛求"和"合理"要求的界限，不能一味忽视实际的具体情况。第四，于某明的还击行为在何时已经不必要了或者说何时已经超过必要限度？这也是本案中最大的争议点。只有

[①] 张明楷：《刑法学》（上），法律出版社2016年版，第199页。

在刘某龙对于某明可能仍会造成严重伤害后果时，于某明的还击行为才是必要的。在于某明将刘某龙砍成致命伤后，刘某龙手捂伤口逃向自己的宝马车，而于某明继续追逐砍向对方。冯军教授认为，于某明后续的行为陷入了认识错误，刘某明已经丧失了还击的能力，即使跑回宝马车，也不能说明他仍会侵害于某明。总而言之，无论于某明是否陷入了认识错误，也不能否定他行为的过当性，对于某明的后续行为应评价为防卫过当。

以上是针对本案的主要问题进行的分析总结，从形势而言，认定于某明属于正当防卫合理合法，不存在过多的争议，但很多细节经过推敲处理后，仍存在很多的问题，这是否与侦查机关粗略认定案件性质以及对正当防卫反应过激所致，尚待商榷。

三、对立法和司法的启示

为了更好地研究正当防卫制度在我国的司法实践中应用的情况，有学者曾针对2001年到2017年被认定为防卫过当的案件进行了梳理，其中被认定为正当防卫的案件占大多数。[①] 其主要理由是防卫手段超过必要限度造成重大损害，使正当防卫沦为学者口中的"僵尸条款"，无法发挥它应有的作用和价值。然而随着正当防卫日益受到学界和社会的关注，开始出现了肯定正当防卫的现象，但是认定正当防卫的片面化同样值得深究。

（一）以防卫行为为核心，维持规范的利益衡量

首先需要对行为做出法与不法的评价，其次考虑双方的利益。而司法实务界偏向于结果认定，首先对结果做出评价，其次才会在结果的基础上考虑行为的合法性，如果仅仅评价行为，一旦造成重大危害后果，被害人的利益则无法得到保障，过于追求结果，形成了流于表面的利益衡量，会忽略对实质的法益保护。而这种利益衡量都不被目前存在结果无价值论和行为无价值论主张的两种利益衡量说所肯定。结果无价值论主张的利益衡量说认为，有法益侵害或危

[①] 尹子文：《防卫过当的实务认定与反思——基于722份刑事判决的分析》，《现代法学》2018年第1期。

险的行为就是违法。① 一旦有了利益冲突，在判断行为人的行为时需要进行利益比较，为了首要利益可以牺牲次要利益，而正当防卫就是进行利益比较选择后的一种违法阻却事由。根据周光权教授对利益衡量说的归纳和解释，利益衡量说体现在两个方面：一是利益不存在。即行为人所侵害的法益不被法律所保护，例如得到被害人承诺（前提是被害人对该法益有处分权且未超过必要界限），此时行为的违法性被阻却。二是利益的优越性。即利益与利益间发生冲突时，保护较优越的利益而侵犯其他利益会阻却违法性。在解决实际问题时，利益不存在较利益的优越性来认定正当防卫会有很大的困难，学者们往往从利益的优越性角度解释正当防卫。此时侵害方和防卫方的利益相冲突时，如果防卫方的利益更值得法律所保护，则会对侵害方的利益进行缩小解释，因此结果无价值论是更倾向于实质意义上的利益衡量。行为无价值论（二元论）较结果无价值论而言，更加侧重于从防卫行为和防卫结果两方面进行综合考虑，反对根据损害后果评价防卫行为，否则会限制正当防卫的范围。

　　与理论界相反的是，司法机关在进行案件评判时，过于关注法益，往往以结果为中心展开，扩大了防卫过当的范围。以"于某案"为例，因为过于关注最后的损害结果，司法机关在认定行为性质时，完全是以"结果"为着眼点和最后的落脚点，最终得出防卫过当这一令人咋舌的结论。值得我们注意的是，利益衡量只是评价行为人的一种手段，需要结合防卫行为进行综合判断。《刑法》第 20 条第 2 款在规定"造成重大损害"时，根据周光权教授的总结，可能会出现三种防卫行为：一是防卫行为未超过必要限度；二是行为超过必要限度（但未明显超过必要限度）；三是行为明显超过必要限度。前两种行为并不构成防卫过当，而第一种行为则不需要进行利益衡量即可得出行为人正当防卫的结论；第二种行为需要先对防卫行为进行评价，结合利益衡量和结果这种辅助性手段，才能对防卫人的行为性质、强度、损害后果等方面进行综合判断。当然，进行法益衡量的前提是存在"重大损害"的情形，如果不存在重大损害时，则要考虑防卫行为的必要性，换言之，首先对防卫行为进行评价，则会出现不需要考虑防卫结果的情形，这也是笔者接下来需要讨论的话题。

---

① 周光权：《正当防卫的司法异化与纠偏思路》，《法学评论》2017 第 5 期。

(二) 结合防卫行为，对正当防卫进行精细化处理

根据防卫过当两条件说，防卫过当必须同时具备防卫行为是否明显超过必要限度和防卫结果是否造成重大损害。而学界对刑法规定的防卫过当的认定条件，即"明显超过必要限度（防卫行为的必要性）"和"造成重大损害（防卫结果）"逻辑关系存在三种认识。一是认为二者是并列关系，防卫行为明显超过必要限度的同时必须造成重大损害，才成立防卫过当；二是认为二者是包容关系，将造成重大损害包含于明显超过必要限度中，只要防卫行为明显超过必要限度必然造成重大损害；三是认为二者是交叉关系，其主要理由是明显超过必要限度的行为可能造成重大损害也可能造成一般损害，而造成重大损害可能是明显超过必要限度的行为引起，也可能是未明显超过必要限度的行为导致。既可以弥补前两者观点的不足之处，又可以对防卫行为进行过程性评价和结果性评价。[1] 二者即是独立的个体又是统一的整体，第一种和第二种认识没有从辩证法的角度将二者进行统一梳理，因此，笔者更倾向于第三种观点。但无论是哪一种观点，在适用正当防卫制度时，评价防卫行为和防卫结果必有先后之分。有学者认为，防卫行为的必要性应该优先于防卫结果考虑，如果否定了防卫行为的必要性则不再需要进行后续的评价。主要理由如下：一是满足立法的要求。刑法优先将防卫行为的必要性放置在前，遵从了逻辑思考的方式，避免了复杂的利益衡量，减少误差，防止减少公民正当权利的行使。二是结合当前的司法现状，司法机关在进行法益衡量时，容易出现法益失衡的问题。如果优先考虑损害结果，司法实务中的正当防卫就难以有认定的空间。[2] 笔者十分认同周光权教授的观点，但仍有补充之处。笔者认为优先考虑防卫行为的必要性不仅可以防止扩大防卫过当的认定，同时对防卫行为进行优先评价，亦能防止对正当防卫认定的片面化和简单化，但这仅限于出现"造成重大损害"结果的情形。其次，根据交叉关系说和两条件说，笔者认为如果未造成重大损害结果，便不属于防卫过当，仍在正当防卫的限度内，对防卫行为就没有评价的必要，换言之，只要出现造成重大损害的场合，就可以将防卫行为判断置于司法评价的优先地位，从而合理地扩大正当防卫认定的空间。

---

[1] 郭泽强、胡陆生：《再论正当防卫的限度条件》，《法学》2002 年第 10 期。
[2] 周光权：《正当防卫的司法异化与纠偏思路》，《法学评论》2017 第 5 期。

（三）防止正当防卫司法异化的现象

首先，防止正当防卫限缩适用的不当状态。针对目前我国正当防卫限制过严的现状，陈璇教授试图从"维稳优先"的治理理念和中国人传统的"生死观"以及理性思维进行分析，认为这是限制正当防卫适用的主要原因。但劳东燕教授否定了这种观点，理由如下：一是在立法层面，并不存在对正当防卫限制过严的现象；二是认为如果国家以"维稳优先"为主，那么与刑法规定的以保护防卫人人身、财产以及其他权利为目的的正当防卫制度则相悖离；三是中国人传统的生死观念以及实用理性思维一直存续且很难改变，那么立法的意义何在？[①] 劳东燕教授对此提出了自己的观点，认为我国的司法机关将自己置于解决纠纷的位置，模糊了与其他解决纠纷机构的界限。从形式上而言，似乎解决了众多个案纠纷，但并未对行为的法与不法进行有效的评判并宣布针对未来行为的普遍有效规则，人们无法通过既有的规范进行有效的自我评价和一般评价，从而处于一种对未来恐慌的状态，现有规范的存在也就失去了意义。

其次，防止任意扩大正当防卫，减少认定正当防卫认定条件的社会乱象。随着扩大正当防卫制度适用的呼声日益高涨，目前我国司法机关也在做着相应改变，正当防卫制度的认定不再过于艰难，但是出现了认定正当防卫片面化的现象，对过程性评价并未进行严格的刑法意义上的法律认定。冯军教授在分析"昆山砍人案"中提出，对正当防卫的处理，需要根据刑法的具体规定，进行刑法教义学的分析，不能为了激活我国刑法的正当防卫条款，简单地追求社会效果，忽略行为细节，粗略地认定防卫行为的正当性。因此，为了防止正当防卫司法异化现象，同时错误地适用正当防卫制度，并结合劳东燕教授的观点，总结了以下几个方面：一是对正当防卫进行严格的刑法教义学解释，逐渐从以立法为中心转向以司法为中心；二是对正当防卫制度的认定，需要以关注未来为导向对行为进行综合分析和价值判断；三是司法机关应重新认识自己的角色定位，以发挥审判职能作用为主，纠纷解决为辅。

通过对近几年关于正当防卫个别案件的整合和分析，我们试图挖掘案件背后更深层次的问题和原因。关于正当防卫制度适用的过于严格性引发的一系列争议和问题，这与我国司法实务中偏向于法理与情理的考量有关，也夸大了法

---

① 劳东燕：《正当防卫的异化与刑法系统的功能》，《法学家》2018年第5期。

律理性思维模式与一般公民的朴素理解间的对立。但是法律的适用对象面临的是普遍大众，关于正当防卫的理解和适用在进行法理上的阐释后，仍然需要不断靠近大众的普遍正义观，关注并尊重他们对法律的直观感受。近几年影响性诉讼日益增多，个案的审理通常折射出的社会问题超越了案件本身需要解决的问题，尤其是关于正当防卫案件的出现对社会法治起到了很好的推动作用。同时，需要警醒的是要正确把握正当防卫制度的适用，这就不仅要求严格的遵循立法上的条件限制，也要以法律专业素养为核心进行价值判断，既不能让正当防卫束之高阁，沦为"僵尸条款"，也不能矫枉过正，以牺牲个案正义短暂性地实现社会目的。

第三节 "权力与权利"框架下正当防卫制度地位之反思

为什么一个普普通通的刑事案件会引起社会铺天盖地的关注，我们认为，这里面涉及的不仅仅是正当防卫和防卫过当的界限问题，而且还关系到正当防卫制度在将来社会的地位以及价值取向问题。正当防卫作为我国刑法中的重要制度，其历来受到人们的关注。1997年《刑法》修订，正当防卫作为十大焦点问题纳入立法者的视野，刑法修订后，学界关于正当防卫尤其是《刑法》第20条第3款的性质与意义进行了较为热烈讨论，但很多观点（例如本书前面提及的"无限防卫说"与"无过当防卫说"）没有抓住正当防卫的本质进行思考。笔者一直在思考，为什么会出现上述现象？这也迫使笔者从根本上对正当防卫制度进行反思。正当防卫制度赋予公民制止犯罪的权利，从此角度而言，它具有一定的社会功效。但这种功效究竟有多大？2018年12月19日，最高司法机关围绕正防卫发布了一批指导性案例，其意图在于激活防卫制度并且警示恶意滋事者，让公民敢于行使正当防卫权，保证公民面对凶残暴徒时无须畏首畏尾。在笔者看来，上述案例的发布具有教义学的价值，确立了"正不必向不正低头"的原则，但我们也要理性地认识到，正当防卫的功效应当是有限的，否则就会导致国家责任的不适当放弃而滋生私刑。而那些过分强调《刑法》第20条第3

款价值甚至将其理解为不受约束的防卫权的观点，不唯是夸大正当防卫的社会功效，甚至将正当防卫作为维护社会秩序的一种手段。长期以来，人们对于正当防卫在整个刑法的地位的认识有不当之处，这种不当认识在一定程度上导致了对正当防卫尤其是《刑法》第 20 条第 3 款性质的理论分歧。因而，我们有必要重新对正当防卫的价值予以深刻的反思。

正当防卫作为一种重要的法律制度，总是处于不断发展变化之中。由 1979 年刑法中正当防卫规定到 1997 年刑法修订后的正当防卫规定，我们或许可以洞察出正当防卫制度的演变轨迹，而这种制度的演变在客观上是与国家的刑法模式息息相关的。进而言之，国家刑法模式的选择在很大程度上决定了正当防卫制度的安排方式。因而，从总体上把握刑法模式的变化规律可能会有助于勾勒未来正当防卫制度的发展情况。众所周知，依法治国，建设社会主义法治国家是我国今后民主法制建设的首要目标。从社会所处的形态来看，我国正处于向法治国家转型之中，反映在刑法模式上，就是要严格奉行罪刑法定的客观主义范式。[①] 故而，刑事立法必须立足于这一实际情况，立法者应该把自己看作一个自然科学家，他不是在制造法律，不是在发明法律，而仅仅是在表述法律，他把精神关系的内在规律表现在有意识的现行法律中。[②] 上述的经典论断，也强调了立法应当从实际出发，即尊重客观实际，从客观存在的经济、政治、文化等实际情况出发进行立法的思想。

正当防卫制度作为一种重要的刑法制度，它不惟是对客观实际情况的法律表述。从现实来看，我国当前社会治安问题仍然存在，某些犯罪不断发生，对公民的人身权利和财产安全构成了极大的威胁，而公安机关又存在警力不足、资源有限及快速反应能力较差的缺陷，在这种现实状况中，强化对公民正当防卫权利的保护，鼓励广大公民利用正当防卫同一切危害国家、社会利益、公民的人身及财产权益的违法犯罪行为作斗争，是十分必要的。上述做法实际上是放大了正当防卫的权力意蕴，这也可能是一部分同志主张《刑法》第 20 条第 3 款规定的是不受防卫限度制约的防卫权的原因。但是，必须指出的是，正当防卫还具有权利的意蕴，它始终是以国家刑罚权的必要救济措施的面目出现并存在的，它不是也永远不可能是国家刑罚权的替代物。而保护人权已经是当今世

[①] 参见陈兴良、周光权《困惑中的超越和超越中的困惑》，载《刑事法评论》（第 2 卷），第 41～42 页。
[②] 参见《马克思恩格斯全集》（第 1 卷），人民出版社 2006 年版，第 183 页。

界的大势所趋，而我国2004年《宪法》修订更是将"人权保障"写入宪法，这一修订意味着我国法治建设将向着人权保障方面转向。因此，从保护人权的角度，防卫权的地位或价值不可能凌驾于国家刑罚权之上，而是必须受制于国家刑罚权。无论社会如何发展，情势如何变化，只要国家和法律没有消亡，惩治保护社会合法权益，维持社会秩序永远是国家而不是公民的责任。[①] 换言之，作为"私力"权利性质的公民的正当防卫权利，永远只能是国家"公力"权力的补充，而绝不能是与国家"公权力"地位相同，甚至有过之而无不及。这应是立法者在设置正当防卫制度必须把握的原则。在当前社会境况下，强化正当防卫权，鼓励公民同违法犯罪分子斗争，似乎不应予以指责。但随着社会的发展，法治国家思想的不断深入人心，我们认为，应当逐渐弱化正当防卫制度在刑法中的地位和价值。

从大陆法系诸多国家刑法的规定来看，正当防卫仅仅是指为了防卫自己或他人的权利，对急迫不正的侵害实施的不得已的反击行为。[②] 作为一种利益侵害行为，正当防卫虽然该当于构成要件，但在刑法理论上被认为违法阻却事由，因而刑法上对这种针对不法侵害的反击行为明确规定不罚。可见，正当防卫在大陆法系国家刑法中，仅仅是被消极地予以认可的违法阻却事由。[③] 这可能是与他们所处的社会背景密不可分的，以德国为例，随着德国由法治国向文化国的过渡，刑法的重心在于保证最小限度地摧毁犯罪人，并帮助他们复归社会。[④] 在英美法系国家，正当防卫制度的地位也与大陆法系国家中的正当防卫的地位类似。美国刑法在犯罪成立上是双层模式结构，第一层次是犯罪本体要件，包括犯罪行为和犯罪心态；第二层次是责任充足要件，包括各种合法辩护事由。其中，合法辩护事由又可以分为两类，一类是"可得宽恕"，包括未成年、错误、精神病以及被迫行为等，相当于大陆法系中的责任阻却事由；另一类是"正当理由"，包括正当防卫和紧急避险等，相当于大陆法系中的违法阻却事由。可见，英美刑法中合法辩护事由，是作为广义的犯罪构成要件中的消极要件而存在的。并且，更值得关注的是，同大陆法系诸国相比，正当防卫制度在英美法

[①] 参见田宏杰《防卫权及其限度》，载《刑事法评论》（第2卷），第262～263页。
[②] 参见王政勋著《正当行为论》，法律出版社2000年版，第91～93页。
[③] 参见赵秉志主编《外国刑法原理》（大陆法系），中国人民大学出版社2000年版，第125页。
[④] 参见王世洲《联邦德国刑法改革》，载《外国法译评》1997年第2期。

系国家采取了限制较大的政策。这主要体现在防卫条件上——多数英美法系国家要求防卫者"能躲避就不自卫",即防卫是出于迫不得已,而大陆法系一般都没有这一限制。[①] 总的来讲,在两大法系中,国家规定正当防卫的重心不是为了制止犯罪和侵害,而是原谅无奈的个人维权。很难想象,这些国家会鼓励公民走上街头,见义勇为制止不法侵害。正如我国台湾地区学者陈子平教授指出,无论是强调个人价值,还是国家价值,都将导向应对正当防卫做限制性的理解。从产业社会高度复杂化之国家立场来看,正当防卫之"社会化"问题,不外乎是尝试正方防卫之成立范围。[②]

故而,在这种背景下,正当防卫制度的价值在整个刑法体系中只能是极其有限的。可以预见,随着我国法治国家建设的不断深入,正当防卫权的从属、补充性会得以充分凸显,人们也可以能够理性地对正当防卫的有限价值和作用予以认识。

只要人类社会存在,就必然会有社会冲突。正当防卫作为解决社会冲突的一种手段,在整个法律体系和社会生活中,到底扮演着何种的角色及发挥着什么样的作用,始终是我们必须予以关注的重大问题。正当防卫这种私力救济不能因为满足受害人报复或泄愤的欲望,安抚被害人和社会公众受到伤害的法感情,而违背法律的正义原则。自由必须受到限制,同时,防卫自由即正当防卫权利的行使应有合理的限度。事实上,刑法的发展史就是以公共产品——刑罚制度逐步替代私人报复历史,公民的私力救济权随着社会的进步而不断受到严格限制。在此阶段,科学合理的正当防卫立法,既要致力于保护公民的合法权益不受侵犯,又要兼防止公民滥用防卫权,以尽可能地实现公正和功利的有机结合,当然随着社会的演进,国家恐怕不会再制定出过度鼓励私力救济而可能危及社会安全及公民自由的法律制度。因为,我们相信,在那时,国家对公民的防卫权予以无论多么严格的限制可能都不过分。

---

① 参见储槐植著《美国刑法》(第二版),北京大学出版社1996年版,第118页。
② 参见陈子平著《刑法总论》(2008年增修版),中国人民大学出版社2009年版,第191页。

参考文献

一、著述类

[1] 高铭暄、马克昌主编：《刑法学》，北京大学出版社、高等教育出版社年版。

[2] 高铭暄、马克昌主编：《刑法学》，中国法制出版社年版。

[3] 马克昌主编：《犯罪通论》，武汉大学出版社年版。

[4] 高铭暄主编：《中国刑法学》，中国人民大学出版社年版。

[5] 高铭暄主编：《刑法学原理》，中国人民大学出版社年版。

[6] 高铭暄主编：《刑法学》，法律出版社年版。

[7] 王作富主编：《刑事实体法学》，群众出版社年版。

[8] 王作富著：《中国刑法研究》，中国人民大学出版社年版。

[9] 王作富主编：《刑法》，中国人民大学出版社年版。

[10] 赵秉志著：《犯罪主体论》，中国人民大学出版社年版。

[11] 赵秉志主编：《刑法争议问题研究》，河南人民出版社1996年版。

[12] 赵秉志主编：《新刑法教程》，中国人民大学出版社1997年版。

[13] 赵秉志主编：《外国刑法原理》（大陆法系），中国人民大学出版社2000年版。

[14] 赵秉志主编：《刑法新教程》，中国人民大学出版社2000年版。

[15] 赵秉志主编：《刑法学通论》，高等教育出版社1993年版。

[16] 齐文远主编：《刑法学》，法律出版社1999年版。

[17] 陈兴良著：《正当防卫论》，中国人民大学出版社1987年版。

[18] 陈兴良著：《刑法适用总论》，法律出版社1999年版。

[19] 张明楷著：《刑法学》，法律出版社1997年版。

[20] 张明楷著：《犯罪论原理》，武汉大学出版社1991年版。

[21] 张明楷著：《刑法的基础观念》，中国检察出版社1996年版。

[22] 张明楷著：《外国刑法纲要》，清华大学出版社 1999 年版。

[23] 张远煌著：《现代犯罪学的基本问题》，中国检察出版社 1998 年版。

[24] 李希慧著：《刑法解释论》，中国人民公安大学出版社 1995 年版。

[25] 姜伟著：《正当防卫》，法律出版社 1988 年版。

[26] 高格著：《正当防卫与紧急避险》，福建人民出版社 1985 年版。

[27] 王政勋著：《正当行为论》，法律出版社 2000 年版。

[28] 周国均、刘根菊著：《正当防卫的理论与实践》，中国政法大学出版社 1988 年版。

[29] 郭守权等著：《正当防卫与紧急避险》，法律出版社 1987 年版。

[30] 冯军著：《刑事责任论》，法律出版社 1996 年版。

[31] 储槐植著：《美国刑法》（第二版），北京大学出版社 1996 年版。

[32] 侯国云、白岫云著：《新刑法疑难问题解析与适用》，中国检察出版社 1998 年版。

[33] 张文显著：《法哲学范畴研究》（修订版），中国政法大学出版社 2008 年版。

[34] 王安异著：《刑法中的行为无价值和结果无价值研究》，中国人民公安大学出版社 2005 年版。

[35] 彭卫东著：《正当防卫论》，武汉大学出版社 2001 年版。

[36] 何家弘主编：《证据学论坛》（第一卷），中国检察出版社 2000 年版。

[37] 王以真主编：《外国刑事诉讼法学参考资料》，北京大学出版社 1995 年版。

[38] 高忠智：《美国证据法新解——相关性证据及其排除规则》，法律出版社 2005 年版。

[39] 刘善春等：《诉讼证据规则研究》，中国法制出版社 2000 版。

[40] 曲新久：《刑法的精神与范畴》，中国政法大学出版社 2000 年版。

[41] 陈兴良著：《刑法的价值构造》，中国人民大学出版社 1998 年版。

[42] 宗建文：《刑法机能研究》，中国方正出版社 2000 年版。

[43] 苏力：《阅读秩序》，山东教育出版社 1999 年版。

[44] 田宏杰著：《刑法中的正当行为》，中国检察出版社 2004 年版。

[45] 周光权著：《法治视野中的刑法客观主义》，清华大学出版社 2002 年版。

[46] 张明楷著：《刑法的基本立场》，中国法制出版社 2002 年版。

[47] 程燎原、王人博著：《赢得神圣——权利以及救济通论》，山东人民出版社 1998 年版。

[48] 曲新久著：《刑事政策的权力分析》，中国政法大学出版社 2003 年版。

[49] [英] A. J. M. 米尔恩著，夏勇、张志铭译：《人的权利与人的多样性——人权哲学》，中国大百科全书出版社 1995 年版。

[50] [美] E. R. 克鲁斯克、B. M. 杰克逊著，唐理斌等译：《公共政策词典》，上海远东出版社 1992 年版。

[51] [美] 波斯纳著，朱苏力译：《法理学问题》，中国政法大学出版社 1994 年版。

[52] [英] 洛克：《政府论》（下篇），商务印书馆 1964 年版。

[53] [日] 野村稔著：《刑法总论》，全理其等译，法律出版社 2001 年版。

[54] [日] 川端博著：《刑法总论讲义》，成文堂 1997 年版。

[55] [日] 木村龟二主编：《刑法学入门》，有斐阁 1957 年版。

[56] [日] 平野龙一著：《刑法总论Ⅰ》，有斐阁 1972 年版。

[57] [日] 大塚仁著，冯军译：《刑法概说》（总论），中国人民大学出版社 2003 年版。

[58] [日] 中山研一著，姜伟、毕英达译：《刑法的基本思想》，国际文化出版公司 1988 年版。

[59] [德] 弗兰茨·冯·李斯特，徐久生译：《德国刑法教科书》，法律出版社 2000 年版。

[60] [美] 哈罗德·J. 伯尔曼著，梁治平译：《法律与宗教》，三联书店 1991 年版。

[61] [德] 汉斯·海因里希·耶赛克、托马斯·魏根特著，徐久生译：《德国刑法教科书》，中国法制出版社 2001 年版。

[62] [法] 卡斯东·斯特法尼等著，罗结珍译：《法国刑法总论精义》，中国政法大学出版社 1998 年版。

[63] [日] 小野清一郎著，王泰译：《犯罪构成要件理论》，中国人民公安大学出版社 1991 版。

[64] [意] 贝卡利亚：《论犯罪与刑罚》，中国大百科全书出版社 1993 年版。

[65] [意] 杜里奥·帕多瓦尼著，陈忠林译：《意大利刑法学原理》（注评

版）评，中国人民大学出版社 2004 年版。

[66]［德］罗森贝克，庄敬华译：《证明责任论》，中国法制出版社 2002 年版。

[67]［德］古斯塔夫·拉德布鲁赫著，舒国滢译：《法律智慧警句》，中国法制出版社 2001 年版。

[68]［德］京特·雅科布斯著，冯军译：《规范人格体社会——法哲学前思》，法律出版社 2001 年版。

二、工具书类

[1] 高铭暄等主编：《中国刑法词典》，学林出版社 1988 年版。

[2]《现代汉语词典》，商务印书馆 1996 年版。

[3] 高铭暄、赵秉志主编：《新中国刑法立法文献资料总览》，中国人民公安大学出版社 1998 年版。

[4] 马克昌主编：《刑法学全书》，上海科学技术文献出版社 1993 年版。

[5]［日］木村龟二主编：《刑法学词典》，上海翻译出版公司 1991 年版。

[6]《马克思恩格斯全集》（第 1 卷），人民出版社 2006 年版。

三、论文类

[1] 赵秉志、刘志伟：《正当防卫理论若干争议问题研究》，《法律科学》2001 年第 2 期。

[2] 赵秉志、田宏杰：《特殊防卫权问题研究》，《法制与社会发展》1999 年第 6 期。

[3] 赵秉志、肖中华：《正当防卫立法的进展与缺憾》，《刑法问题与争鸣》2000 年第 2 辑。

[4] 王作富、阮方民：《关于新刑法中特别防卫权规定的研究》，《中国法学》1998 年第 2 期。

[5] 陆中俊：《试论正当防卫与人民警察执行职务行为的区别》，丁慕英等

主编：《刑法实施中的重点问题研究》，法律出版社 1998 年版。

[6] 谢玉童：《紧急避险，期待可能性与意志自由》，《刑事法判解》1999 年第 1 卷。

[7] 姜振丰：《关于正当防卫的几个问题研究》，刘守芬、黄丁全主编：《刑事法律问题专题研究》，群众出版社 1998 年版。

[8] 王政勋、贾宇：《论正当防卫限度条件及防卫过当的主观罪过形式》，《法律科学》1999 年第 2 期。

[9] 卢云华：《试论正当防卫过当》，《中国社会科学》1984 年第 2 期。

[10] 田宏杰：《防卫权及其限度》，《刑事法评论》1998 年第 2 卷。

[11] 张远煌：《罪前情景》，《法商研究》1999 年第 3 期。

[12] 张莉、郑鸿鹄：《关于无限防卫权问题的再探讨》，《政法学刊》2000 年第 2 期。

[13] 陈兴良：《论无过当之防卫》，《法学》1998 年第 6 期。

[14] 童之伟：《再论法理学的更新》，《法学研究》1999 年第 2 期。

[15] 卢勤忠：《无限防卫权与刑事立法思想的误区》，《法学评论》1998 年第 4 期。

[16] 刘艳红、程红：《"无限防卫权"的提法不妥当》，《法商研究》1999 年第 4 期。

[17] 段立文：《对我国传统正当防卫观的反思》，《法律科学》1998 年第 1 期。

[18] 彭卫东：《论防卫过当》，《法学评论》1998 年第 4 期。

[19] 熊向东：《也论刑法中的"无限防卫权"》，《中央政法管理干部学院学报》1998 年第 6 期。

[20] 刘明祥：《关于正当防卫与紧急避险相区别的几个特殊问题》，《法学评论》1998 年第 1 期。

[21] 刘明祥：《论偶然防卫》，《法学家》1996 年第 3 期。

[22] 杜宝庆：《无过当防卫的法律适用》，《中国刑事法杂志》1999 年第 3 期。

[23] 张兆松：《论特别防卫权的若干问题》，《人民检察》1999 年第 10 期。

[24] 范忠信：《刑法典应力求垂范久远》，《法学》1997 年第 10 期。

[25] 杨晋平：《无限防卫权的价值与完善》，《刑法问题与争鸣》2000 年

第 2 辑。

[26] 季美君、张国卫：《论正当防卫的客观条件和特殊防卫权》，杨敦先等主编：《新刑法施行疑难问题研究与适用》，中国检察出版社 1999 年版。

[27] 张明楷：《简论"携带凶器抢夺"》，《法商研究》2000 年第 4 期。

[28] 魏东：《"无限防卫权"质疑》，《刑法问题与争鸣》2000 年第二辑。

[29] 刘艳红：《刑法第 20 条第 3 款"行凶"一词的理论考察》，《法学评论》2000 年第 6 期。

[30] 祝尔军、王杰：《论无限防卫权》，《刑事法学要论》，法律出版社 1998 年版。

[31] 陈璇：《正当防卫中风险分担原则之提倡》，《法学评论》2009 年第 1 期。

[32] 张巍：《对不作为不法侵害的正当防卫》，《北京航空航天大学学报（社会科学版）》2008 年第 1 期。

[33] 王海桥、马渊杰：《对正当防卫适用中两点困惑的思考》，《中国检察官》2008 年第 2 期。

[34] 李金明：《论外国刑法中正当防卫的限度》，《北京理工大学学报（社会科学版）》2008 年第 2 期。

[35] 叶清明：《警察执行职务与正当防卫行为辨析》，《湖北警官学院学报》2008 年第 2 期。

[36] 雷丽清：《正当防卫的正当化根据——法益侵害说与规范违反说之对立》，《理论观察》2008 年第 4 期。

[37] 贾成宽：《论正当防卫制度中的不法侵害》，《中国刑事法杂志》2008 年第 6 期。

[38] 黎宏：《论正当防卫的主观条件》，《法商研究》2007 年第 2 期。

[39] 陈璇：《论正当防卫中民众观念与法律解释的融合——由张德军案引发的问题和思考》，《中国刑事法杂志》2007 年第 4 期。

[40] 许强：《论正当防卫中的不法侵害——在现实刑法语境下客观不法的提出》，《刑事法评论》2007 年第 2 期。

[41] 冯亚东、胡东飞：《犯罪构成模型论》，《法学研究》2004 年第 1 期。

[42] 冯亚东：《犯罪构成与诸特殊形态之关系辨析》，《法学研究》2009 年第 5 期。

[43] 陈璇：《正当防卫中风险分担原则之提倡》，《法学评论》2009年第1期。

[44] 游小华：《正当防卫限度的判断标准》，《河北法学》2009年第4期。

[45] 董晓松：《论犯罪完成后之正当防卫》，《昆明理工大学学报（社会科学版）》2009年第6期。

[46] 张明楷：《故意伤害罪司法现状的刑法学分析》，《清华法学》2013年第1期。

[47] 劳东燕：《结果无价值逻辑的实务透视：以防卫过当为视角的展开》，《政治与法律》2015年第1期。

[48] 璇：《侵害人视角下的正当防卫论》，《法学研究》2015年第3期。

[49] 陈兴良：《正当防卫如何才能避免沦为"僵尸条款"——以于欢故意伤害案一审判决为例的刑法教义学分析》，《法学家》2017年第5期。

[50] 周光权：《正当防卫的司法异化与纠偏思路》，《法学评论》2017年第5期。

[51] 周光权：《论持续侵害与正当防卫的关系》，《法学》2017年第4期。

[52] 张明楷：《正当防卫的原理及其运用——对二元论的批判性考察》，《环球法律评论》2018年第2期。

[53] 邹兵建：《互殴概念的反思与重构》，《法学评论》2018年第3期。

[54] 魏超：《法确证利益说之否定与法益悬置说之提倡——正当防卫正当化依据的重新划定》，《比较法研究》2018年第3期。

[55] 于改之、吕小红：《比例原则的刑法适用及其展开》，《现代法学》2018年第4期。

[56] 邹兵建：《正当防卫中"明显超过必要限度"的法教义学研究》，《法学》2018年第11期。

[57] 周详：《防卫必要限度：学说之争与逻辑辨正》，《中外法学》2018年第6期。

[58] 梁根林：《防卫过当不法判断的立场、标准与逻辑》，《法学》2019年第2期。

[59] 潘星丞：《正当防卫中的"紧迫性"判断——激活我国正当防卫制度适用的教义学思考》，《法商研究》2019年第2期。

[60] 王钢：《警察防卫行为性质研究》，《法学家》2019年第4期。

附　录

硕士论文后记

　　本文的写作始于 2000 年春季，对我来说，论文的撰写不啻是一次艰难的精神跋涉，它使我得以真正体悟到"痛并快乐着"的求知过程。当然，讨论刑法中正当防卫这样一个博大精深的理论问题，对我这样一个长期徘徊在刑法学殿堂之外的后学者来说，一年的探索时间恐怕是远远不够的。尽管如此，我还是愿意将我思考的一点体会记录下来，作为一个阶段性的交代。

　　回首三年硕士求学生活，首先应当感谢的是刑法学专业导师组的各位导师。朱继良教授、吴安清教授、郑昌济教授、胡新教授四位老先生以严谨的学风和渊博的知识给我以启迪与影响；张远煌教授对我的扶持与关照，使我时刻铭记在心；夏勇教授清晰、独特的学术研究路径为我开辟了面目全新的论域；杨宗辉教授亦师亦友的关怀使我得以始终激情满怀地去面对生活；辛忠孝副教授豁达、谦抑的为人，使我受益良多；赵俊新副教授对我从事教学实践的提携与鼓励，亦使我不能忘怀。特别应当感谢的是，恩师齐文远教授及师母夏建华老师几年以来在为人为学方面对我的无限的关怀与厚爱。从三年前无私地接纳处境困难的我，到三年中耐心地启迪天资笃笨的我，这里面不知道凝聚了先生多少心血与感情。先生的悉心教导、不断督促及善意的批评是弟子在学术征途上不断奋进的动力，是弟子这一生最可珍视的精神财富。师恩浩荡，弟子最好的回报方式恐怕应是永不停息地求索下去……我还愿把诚挚的谢意遥送给远在中国人民大学的赵秉志教授，赵教授三年前不仅对我有再造之恩，而且这三年中还一直关心着我的学习科研情况，使我在前行的路上未曾敢有一丝懈怠。

　　最后，我还要将我的感激之情献给我的家人，多年以来，他们一直纵容着我的任性，从物质和精神上为我排除种种障碍，使得我能义无反顾地将求学与学问之路进行到底。

郭泽强
谨识于江城辛巳年夏初

院读研趣事

数月前，刑法学研究生章松涛君嘱托我为目前读研的同学们写点什么，一直没曾提笔，主要觉得自己学术科研方面亮点太少，羞于分享。最终，还是拗不过松涛君的坚持，回忆往事，聊表心曲，与诸君勉。

从1998年算起，今年是进入中南大第18个年头，8年的副教授也终于熬成了正了，于是"头衔少了副，工资多了点"。一路走来，影响自己最多的不是人民大学三年的北漂读博生活，也不是武汉大学两年多的博士后经历，而是在中南大读研三年的简单而快乐的乡村田园生活。

一、"胁从"到"首要分子"之路

1998年9月，由于种种原因，我被中国人民大学调剂到当时的中南政法学院攻读刑法学研究生，心中自然有很多惆怅与无奈。一入学，我就咬牙开始着手准备，希望三年后通过考博再考回人民大学，以解心头之"恨"。在大量涉猎专业书籍的同时，我竟无可救药地爱上了刑法学的学术研究。当时，1996级和1997级有几个刑法学研究生特别活跃，刘代华师兄（现执教于我校刑事司法学院）、吴学斌师兄（现执教于深圳大学法学院）和李立众师兄（现执教于中国人民大学法学院）并称为三驾马车，他们也是我的导师之外对我影响最大之人。1998年年底，三驾马车发起成立"青年刑法论坛"，志在为刑法学爱好者打造思想砥砺之平台。开始不知"论坛"为何物的我，懵懵懂懂地就被师兄"胁迫"拉进了组织，谁承想这个愣小子竟然将来发展成为论坛的"首要分子"，那是后话暂且不表。成立之初，论坛发展资金捉襟见肘，不像现在各项学科经费充足，研究生活动动辄有上千元的支持。学生生活尚且不易，只是每人象征性交10元钱会费，我们只得把目标瞄准导师。所以，后来齐文远老师、夏勇老师、杨宗辉老师都纷纷慷慨解囊，你300元我200元的，为论坛的发展助力。从开始的被动参与，到后来的主动组织，我是论坛上做过演讲最多的学生之一，"《刑法》第267条第2款的合理性追问""揭开死刑的神秘面纱""国家与市民社会"等，这些演讲后来基本都发表成了铅字。再往后，我担任了论坛的两届主席，组织了"声势浩大"的模拟法庭，组织出版了《青年法学》"青年刑法论坛"专刊等，为论坛的发展壮大立下赫赫战功。后来连当时的法外系的江溯也被我成功"教唆"成为论坛会员，目前已经是北京大学刑法学副教授的他谈到原来的经历时，也还不忘我这个当年的领路人。我当时的女朋友、现在孩子的母亲，总是抱怨我在读研时"脚踏两只船"，首先是学术活动，然后才是她，现在想来，也确实惭愧，读研期间几乎没有什么像样的花前月下，反倒是天天双双醉心于南北教的小教室里自习，也算志同道合的革命组合吧。2008年底，我从武汉大学法学院博士后流动站出站，回到母校，"青年刑法论坛"早已销声匿迹。于是，我又决定再一次"青年"一把，在有关老师和同学的协助下，恢复重建青年刑法论坛"为"青年刑法沙龙"。至今，"青年刑法沙龙"运行平稳，作为曾经的"首要分子"，如今的指导老师，我也会一直关注下去。

二、导师的"贴身保镖"

在政院读研，最让我热血沸腾的是，将自己的一知半解化成文字，然后找人分享我的"文字感动"。当时，我的导师——齐文远先生成为为数不多的分享"受害者"，但凡只要有机会，甭管先生高兴与否，我总会找他讨教。在我撰写论文期间，恰逢学校处于重大机构调整中，齐先生从原来的中南政法学院法律系调整到新组建的中南财经政法大学法学院担任党委书记兼副院长，当时工作千头万绪，先生确实有点疲于奔命的感觉。可我总有办法，把先生给"挖"出来。现在很多研究生抱怨导师太忙，难得谋面，其实，作为学生可以更加主动些，并有策略些。那时的我，往往是经过周密的踩点、尾随等预备工作，最终都能将上述"预备行为"转化为见面"得逞"。于是，我不是趁着会议间歇向先生提一些问题，就是追到先生的本科课堂，等先生下课后"护送"他回办公室。齐先生的办公室当时在学校附小的位置，也就是现在外招附近的老干部处，漫漫长路，是我剥削齐先生的大好时机，我总是要利用路上的工夫讨论点想法，甚至有时为了要搞清楚一个小难题守候在齐先生家楼下很长时间。估计要是再让齐老师重新选择，他可能不会选我这样"难缠"的学生。不过，功夫不负有心人，2001年6月硕士论文答辩，我提交的洋洋洒洒八万字的论文《论正当防卫制度》，以全优的成绩通过硕士学位论文答辩。后来，围绕正当防卫的研究，我也没有"中止"。硕士毕业后，我以优异的成绩考入中国人民大学法学院师从我国著名刑法学家王作富老先生攻读博士学位。尽管在读博期间，我将学位论文选题定位"刑法主观主义研究"，但也没有舍弃对正当防卫的关注和研究，连续发表了多篇有见地的以正当防卫为主题的高质量学术论文，获得学界的较好评价。博士毕业后，我进入武汉大学法学院博士后流动站师从"北高南马"中的马克昌教授进行从事研究，利用所收集的丰富文献资料，又进一步对正当防卫进行了探索。齐先生曾多次耳提面命教育我，"板凳要坐十年冷，文章不写一句空"。2010年底，我的《正当防卫研究的新视界》一书，通过学校的出版资助，在中国社科文献出版社得以出版。从1999年开始关注正当防卫，到2010付梓出版，十年磨一剑，也算是对多年的冷板凳一个回报吧。

三、强壮的蜗牛永在路上

每年和新的研究生见面，夏勇教授总是提及我在体育方面的诸多特长，让我哭笑不得。不过，除了"混迹"于刑法学圈子外，我在另外一个圈子也算小有名气。所以，我经常夸下海口，自己是跨界人才——学校刑法学科中长跑和羽毛球最好的，同时也是学校长跑和羽毛球爱好者中刑法学研究做得最好的。举证如下：

不务正业之一：长跑。当时我在政院读研时有个外号叫"小熊"，主要是因为我当时有些胖，跑起来像个憨态可掬的小熊一样。不过，"小熊"一样可以傲视群雄。经过苦练，我在校运会上也拿了不少第一，也算金牌小熊了，与章青山（现就职于浙江省高院）、段国华（现在北京做律师）、蔡永胜（现就职于外交部）等人合称为"长跑四大天王"。这"四大天王"也绝非浪得虚名，因为当时运动会是不分本科生与研究生的，与平均年龄小几岁的莘莘学子一起竞争，对于我们这帮老哥哥来讲也是拼了。后来，随着实力的提高，甚至那些本科特招生跑1500米的时候，都偷偷和我商量，让我跑慢点，最好跟着他跑。因为根据当时的规则，计算成绩，如特招生第一，普通生即使是第二，成绩也是第一，但如果特招生第二，那就只有屈居老二了。去年，因出国错过了第一届教工冬季长跑比赛的我，"宝刀不老"，在第二届教工长跑比赛中获得第二名。

不务正业之二：羽毛球。政院读研的简单日子，非常惬意，业余生活除了长跑以外，便是打羽毛球了。小时候一直跟父亲在室外打球，也算是野战高手，可是室内却是新手，可以说政院是我羽毛球走向室内的起点。记得当时有个学弟余向阳（现任职于学校党委宣传部），羽毛球水平还不错，暑假的时候，我们两个人在南湖体育馆，你来我往，大战了三百回合，如同洗了桑拿，每次基本都是我败下阵来，嘴上认输，心中有诸多不服。不过，最近我和余老师两人还经常在一起练习羽毛球，只是我一直在坚持，他中间几乎没怎么练，差距一下就拉大了，我们那帮球友直呼不可思议，也都把这作为羽坛的趣事在朋友群里分享。后来去了人民大学，我也没有停止练球的脚步，包括和传奇的何家弘何老爷子过招。博士毕业后，是我羽毛球进步的黄金时期，在武汉大学读博士后期间，我参与了武大法学院的教工羽毛球队，跟着林亚刚老师、皮勇老师等人一打，就是好几年。从开始的超级菜鸟，到最后连教练都不是我的对手，我在私下里不知道下了多少功夫，磨坏了多少双鞋子。执着的努力也得到了满满的回报，从2006年至今，我获得过很多羽毛球业余比赛的冠军头衔，包括全国法学教授羽毛球邀请赛的单打冠军，武汉法学系统羽毛球邀请赛混双冠军等，这两年尽管又是挂职，又是出国，但球一直未曾离手，我会一直坚持下去的。

据说，这个世界上只有两种动物可以到达埃及金字塔的光辉顶点，一个是雄鹰，另一个是蜗牛，雄鹰天赋异禀，而蜗牛坚忍不拔。自觉没有过人的天赋，唯一拿得出手的就是坚守了，所以，多年以来，我也一直把自己定位为蜗牛，一只可能有点强壮的蜗牛。当然对我来讲，塔尖仍然遥远。学术、公益与运动，没有止境，强壮的蜗牛永远在路上……

出版补记

近年来，学界对于"正当行为"的研究，可谓方兴未艾。尤其是 2016 年发生于某案，2018 年发生昆山反杀案，更是将正当防卫制度推向了风头浪尖。然而对于"正当行为"中的正当防卫制度，则投入的精力显得不够集中，尤其是《刑法》1997 年修订后，仅仅只有一本有关正当防卫的专著，显然很难满足正当防卫理论研究的需要。因此，从很早开始，我就按捺不住心中强烈的冲动——撰写一本以权利与权力作为分析框架来解构"正当防卫"的小书。

呈现在读者面前的这本《"权利与权力"框架下的正当防卫制度研究》是在我的硕士论文《正当防卫研究》的基础上，经过这几年来的持续不断修订后完成的。从 2001 年开始，我连续在一些学术刊物上发表了文章《正当防卫制度的再思考》（载《法学评论》2001 年第 4 期）、《再论正当防卫的限度条件》（载《法学》2002 年第 10 期）、《正当防卫制度之价值观念层面的思考》（载《法学家》2002 年第 6 期）、《刑法第 20 条第 3 款与第 1 款关系研究》[载《云南法学》2003 年第 2 期，该文已为报刊复印资料《刑事法学》2003 年第 8 期全文转载，后又被《中国刑法学精粹》（2004 年卷，高等教育出版社）收录]。在攻读博士学位期间，我的博士导师王作富教授曾就正当防卫问题尤其是司法实践中防卫问题，给予我多次指导，令我受益匪浅，使得我一直对于正当防卫问题能够长期关注与不懈研究，谨此深表谢忱。2004 年年底我进入武汉大学法学院师从我国著名刑法学家马克昌教授从事博士后研究后，马先生曾就"特殊防卫权"等问题数次给予指导，并且在工作和生活上都给予了我无私的关爱与襄助，使得我能够在武汉大学法学院浓厚的学术氛围及怡人的自然环境下潜心学术研究。在我攻博期间，北京师范大学刑事法律科学研究院的赵秉志教授曾慷慨地提供给我大量的文献资料以及参加科研项目的宝贵机会，并且一直鞭策我在学术研究的路上前进，使我深受鼓舞和感动，不敢懈怠。中南财经政法大学齐文远教授是我攻读硕士阶段的指导老师，也是我踏入刑法学术研究之门的领路人，多年来一直关心着我的成长，现在又不辞辛劳为本书写序，在此也表达我的感激之情。特别需要指出的是，华东政法大学的孙万怀教授多年前就对我另辟蹊径从权利与权力角度研究正当防卫青睐有加，并且作为拙著《"权利与权力"框架下的正当防卫制度》的第一位读者，给予了很多中肯意见，也笃定了我深入研究的决心。不过，万怀兄可能没有预见到我以此为题出版了专著，没想到这一滴水珠竟然让愚钝的我看到了一片海洋，正所谓"阳春白雪觅蹊径，高山流水遇知音"。北京师范大学刑事法律科学研究院王秀梅教授、刘志伟教授、阴剑锋教授、中国人民大学法学院时延安教授，中国社科院法学所的邓子滨教授，以及我的同窗好友曾粤兴教授、柳忠卫教授、王志祥教授、石磊研究员、陈志军教授以及我现在的同事：徐汉明教授、夏勇教授、杨宗辉教授、赵俊新教授、田国宝编审、康均心教授、胡向阳教授、苏彩霞教授、董邦俊教授、童德华教授、王良顺教授、徐立教授、程红教授、周详教授、王安异教授、夏朝晖副教授、丁友勤副教授、刘代华师兄、张克文副教授、李正新副教授、李波副教授等也都不同程度地对我的论文写作有所启示与帮助，在此一并致以感谢。

当本书即将付梓出版之际，我深感正当防卫制度的博大精深以及自己学术功底的浅陋，比如我注意到就是针对正当防卫中的前提条件"不法侵害"中"不法"的认定，学界已经有很多学者就此撰文进行探索，由于时间和篇幅的考虑，本书仅仅涉及了一些。我得承认，实际上本书的眼界还是有一定局限性的，对于正当防卫制度的研究仍然停留在规范层面，价值层面仍然值得完善。文中必然存有较多纰漏与不足之处，因此，也恳请学界的各位前辈和老师惠以指正。

2019 年 7 月 31 日于江城武汉